Zum 60. Geburtstag
Ulrich Wagner

Essen am 04.09.99

Klartext

Ernst Schmidt

Vom Staatsfeind zum Stadthistoriker

Rückblick auf mein bewegtes Leben

Die Umschlagabbildung zeigt Ernst Schmidt
in seinem Archiv im Ruhrlandmuseum.

Verfasser und Verlag danken der Allbau-Stiftung

 ALLBAU-STIFTUNG

und der Sparkasse Essen für ihre Unterstützung.

Die Deutsche Bibliothek – CIP-Einheitsaufnahme

Schmidt, Ernst:
Vom Staatsfeind zum Stadthistoriker : Rückblick auf mein bewegtes
Leben / Ernst Schmidt. / 1. Aufl. – Essen : Klartext-Verl. 1998
    ISBN 3-88474-682-0

1. Auflage, August 1998
Gesamtausstattung: Klartext Verlag
Druck: Gulde-Druck GmbH, Tübingen
© Klartext Verlag, Essen 1998
ISBN 3-88474-682-0
Alle Rechte vorbehalten

Inhalt

Geleitwort 9
Vorbemerkung:
Ein Leben lang geglaubt – geirrt – gelernt? 13

Kindheit – Jugend – Krieg
    Glückliche Kinderjahre 15
    Familieneinerlei 19
    Hinter Fahnen, Fanfaren und Trommeln 21
    Schulentlassung – Lehre – Krieg 26
    Arbeitsdienst und Wehrmacht 32

Kriegsgefangener in der Sowjetunion
    Der Weg in die Gefangenschaft 37
    In Stalingrad 38
    Die Antifa-Schule 40
    Bekanntschaft mit Marx und Engels 43
    Die Heimkehr 45

Der Hitlerjunge wird Kommunist
    Enttäuschungen ebnen den Weg in die KPD 48
    Beginn der Parteikarriere 50
    Politischer Alltag der ersten Nachkriegsjahre 53
    Die Frau an meiner Seite 58
    Erfahrungen im „Kalten Krieg" 61
    Ich werde KPD-Spitzenfunktionär 64
    Erste Illegalität 65
    Stalins Sturz und das Verbot der KPD 72
    Zweite Illegalität 76
    Zweifel und Enttäuschungen 78

Die Kandidatur Renner zur NRW-Landtagswahl 1958
    Die Vorbereitung 82
    Die Ablehnung 84
    Einspruch und Klage beim Verfassungsgericht 86
    Im Visier von politischer Polizei und Verfassungsschutz 87

Die Zeitschrift „Der Ruhrbote"
    Geschrieben von Schaffenden für Schaffende 89
    Die Retourkutsche der Firma Krupp 91
    Ungesühnte Nazi-Justiz am Pranger 92
    Die Broschüre „Wir klagen an" 95

In der Mühle des kalten Krieges

- Festnahme und Haftbefehl … 96
- In Untersuchungshaft … 97
- Knast-Erlebnisse … 98
- Briefe nach Hause … 99
- Entlassung und Warten auf den Prozeß … 102

Ein Prozeß wider die Demokratie

- Anklageschrift und Eröffnungsbeschluß … 106
- Beginn der Hauptverhandlung … 107
- „Zeugen der Anklage" verweigern die Aussage … 109
- Fragwürdige Beweise und ihre Folgen … 110
- Walter F. gibt sich gesprächig … 113
- Ende der Beweisaufnahme … 115
- Plädoyers und Schlußworte … 116
- Urteil und Bewertung … 117

Revision und Warten auf den Strafantritt

- Die Revision … 120
- Ein Senatspräsident mit NS-Vergangenheit … 122
- Borbecker Bürger zeigen Flagge … 124
- Der „Fall Schmidt" in „Panorama" … 126
- Gescheiterter Gnadenerweis und Strafantritt … 129

In der Strafanstalt Anrath

- Die ersten Tage … 130
- Ich werde Kammerarbeiter … 131
- Sternstunden im Gefängnis … 133
- Geburtstag in Anrath … 135
- Menschenmuseen … 136
- Der verweigerte Geburtstagsbrief … 137
- Kritischer Rückblick … 138
- Ein unvergessener Freitag … 139
- Warten auf die Entlassung … 140
- Endlich in Freiheit … 141
- Wieder zu Hause … 143

In der Rolle des Dissidenten

- Ende des Prager Frühlings und Gründung der DKP … 145
- Erst ausgenutzt und dann getreten … 148
- Erste Essener Ausstellung über die NS-Zeit … 150
- „Lichter in der Finsternis" … 152

Die Essener Synagoge wird Mahn- und Gedenkstätte
    Ausstellungsvorhaben „Essen während des III. Reiches" 155
    Ein Brand erleichtert das Umdenken 156
    SPD treibt Synagogen-Plan voran 158
    1980: Städtische Mahn- und Gedenkstätte 159

Unvergeßliche Erlebnisse – wichtige Entscheidungen
    Ein ungewöhnliches Promotionsverfahren 162
    Diffamierungen. 163
    Austritt aus DKP und VVN 166
    Freier Mitarbeiter im Ruhrlandmuseum 169
    Eintritt in die SPD und in die Arbeiterwohlfahrt. 170
    1987: Erich Honecker in Essen. 172
    Produktive Teamarbeit 175

Ein notwendiges Dankeschön
    Hermann Schröter und Alfred Peter 177
    Erich Loch 178
    Walter Wimmer 179
    Peter Happel – Thomas Rother – Jürgen Lodemann 180

Nachbemerkungen. 185

Abkürzungsverzeichnis. 188

Ausgewählte Publikationen. 189

Geleitwort

Mit seinem bewußt persönlich geprägten Bericht legt Ernst Schmidt einen Rückblick auf sein bewegtes Leben vor, ein Leben, daß sowohl ein ganz besonderes ist, ein Leben, das sich zugleich auch so elementar in die deutsche Geschichte dieses Jahrhunderts einordnen läßt.

Besonders ist Ernst Schmidts Lebensweg deshalb, weil er in verschiedenen Abschnitten und Phasen ganz bewußt unterschiedliche politische Entscheidungen getroffen hat. Er ging den jeweiligen Weg auch dann weiter, wenn sein Handeln sanktioniert wurde, und nahm jeweils private sowie ökonomische Nachteile in Kauf. Vorwürfe gegen „Vorgesetzte" oder andere „Verantwortliche" sind, wenn überhaupt, dann nur indirekt und leise im Buch enthalten. Eher schimmert persönliche Enttäuschung durch, wenn er vom Verhalten der KPD-Funktionäre berichtet, die ihn und seine Familie – ohne Erklärung oder Begründung – einfach fallen ließen. Gewappnet mit der Erfahrung des Nationalsozialismus wandte sich Ernst Schmidt nach dem Krieg – erneut aus Idealismus – unmißverständlich der kommunistischen Ideologie zu und setzte sich unter großen Entbehrungen für eine erhoffte neue Gesellschaft ein. Erneut mußte er erfahren, daß er für seine „Auftraggeber" nur so lange „nützlich" war, wie sie ihn für ihre Ziele einsetzen konnten. Besonders ist deshalb, wie treu er sich in all diesen so unterschiedlichen Phasen blieb.

In seiner Rückschau – ebenso wie in seinem Engagement in der Gegenwart – ist es der redliche Umgang mit Tatsachen, Personen und Urteilen, der ihn kennzeichnet; kein Versuch, sich selbst zu schonen oder eigene Handlungsweisen zu schönen.

Die Überschrift, die er seiner Vorbemerkung gab: „Ein Leben lang geglaubt – geirrt – gelernt?", zeugt von diesem redlichen Umgang und bildet – wie schon in seinen früheren Veröffentlichungen – die wichtigste Grundlage dafür, daß sich seine Bücher nicht nur spannend lesen, sondern neben dem Einblick in ein individuelles Leben auch Zusammenhänge nahebringen, die in herkömmlichen persönlichen Berichten aus der Zeit des Nationalsozialismus, der „Umschulung" in einem sowjetischen Zentrum und der Bundesrepublik nicht zu finden sind.

Er reflektiert sein eigenes Funktionieren in jüngeren Jahren im Rahmen des Systems, er stellt sich die Frage, weshalb ihm die Macht des Systems erst spät bewußt wurde, wieso er im wesentlichen diese Strukturen erst in der Gefangenschaft durch Gespräche mit Mitgefangenen und dann durch die „Umschulung" unter kommunistischen Vorzeichen erkannte.

Dafür, daß er die „Umschulung" so verinnerlicht hatte, daß er sie zum Lebensprinzip machte, mußte er in den ersten Jahren der Bundesrepublik mit Repressalien umgehen und Inhaftierungen in den Jahren 1960 und 1965 erleiden. Überrascht darüber, daß sich andere als nur kommunistische Genossen für seine Freilassung einsetzten, reflektiert er in seinen Aufzeichnungen vom 17. November 1965 folgendes:

„Gegenwärtig erlebe ich, daß Menschen, die eine ganz andere Auffassung als ich vertreten, sich für meine vorzeitige Entlassung einsetzen. Darunter Pfarrer, Lehrer und ausgesprochen bürgerliche Leute ... Das Verhältnis zu den Menschen um mich herum war weitgehend vom Freund-Feind-Denken geprägt ... Gut waren nur jene, die alles das als richtig anerkannten, was man selbst vertrat. Die anderen waren böse, dumm und reaktionär ... Ein solches Denken verleitet zur Überheblichkeit und führt zur Isolierung."

Zu diesem Zeitpunkt stellt Schmidt eine zwischenmenschliche und moralische Frage, ohne dabei ein grundsätzliches politisches Überdenken der eigenen Handlungsweise einzubeziehen und ohne eine Analyse der Maßstäbe des vormaligen politischen Tuns zu leisten.

Viele Essener, die Ernst Schmidt in seinem unermüdlichen Wirken erlebten, drängten ihn, seine vielseitigen Erlebnisse und sein wechselvolles Leben, das immer im Zeichen politischer Auseinandersetzungen stand, aufzuschreiben. Nun hat er es getan und veröffentlicht dieses Buch in einer Zeit, da sich die Frage nach der Vergleichbarkeit des Unvergleichbaren immer lauter und immer deutlicher stellt, unlängst durch das Pariser „Schwarzbuch des Kommunismus". Bis zum Ende der Sowjetunion war allein die Frage nach einem politologisch-analytischen Vergleich der beiden totalitären Systeme unseres Jahrhunderts – dem Kommunismus und dem Nationalsozialismus – wie ihn etwa Hannah Arendt 1951 vornahm, – in weiten Kreisen verpönt, ließen sie doch die Strukturfragen gar nicht erst zu und überlagerten die Frage durch ideologisch geprägte Positionen. Man übte sich eher in Analyse und Vergleich verschiedener faschistischer Regierungen, nicht jedoch der Frage des Totalitarismus. Seit 1989/91 ist es anders, und die Frage scheint zulässig. Bei den ersten Versuchen, diese Totalitarismen gegeneinander zu stellen, mögen sich die Unterschiede am Ende als interessanter erweisen als die Ähnlichkeiten. Interessant ist dabei die Beobachtung von Gerd Koenen (FAZ 10.12.1997):

„Beide waren sie darauf aus, als das Substrat dieser neuen Gesellschaft einen ‚neuen Menschen' zu produzieren ... Darin, und nicht im staatlichen Terrorismus als solchem, der ein Mittel zu einem viel weitergreifenden Zweck war, lag der Totalitarismus der beiden Unternehmen."

Es geht um das wirkliche Dilemma zwischen Erkenntnissen einerseits und persönlicher Position andererseits. Ein deutliches Beispiel für diese Falle war erst der Slogan „Nie wieder Faschismus. Nie wieder Krieg". Die Gedankenkette lautet: Die Erfahrung mit Faschismus in der Vergangenheit (es wurde gern von „Faschismus", nicht vom Nationalsozialismus geredet) war, daß er zu Krieg führte. Da ein solcher verhindert werden soll, scheint die logische Konsequenz zu folgen: „Nie wieder Faschismus. Nie wieder Krieg". Dieser Slogan gibt vor, es handele sich allein um eine rationale Erkenntnis, die es direkt umzusetzen gilt.

Die Tatsache, daß auch dann, wenn eine Erkenntnis richtig ist, sie dennoch – objektiv – nicht dazu angetan ist, aus ihr zu lernen, ist eine Einsicht, die sich in breiteren politischen Kreisen immer deutlicher durchsetzt.

Auf genau diese Problematik macht Ernst Schmidt aufmerksam – vor allem mit dem von ihm gewählten Motto seiner Vorbemerkung: „Ein Leben lang geglaubt – geirrt – gelernt?" Nicht auf ein persönliches „Lernen", nicht auf ein individuelles Umgehen mit politischen Begebenheiten zielt dieses Buch ab, sondern auf das allgemeine, jetzt ins Bewußtsein vieler Bundesbürger kommende Dilemma von Erkenntnis versus persönlichem Handeln. Insofern ist Ernst Schmidts Buch so aktuell wie weniges.

Auf seine Weise beschäftigt diese Frage Ernst Schmidt ja auch, wenn er sich selbst fragt: „Gelernt?" Dies läßt sich auch bei seiner Einschätzung des Baus der Mauer in Berlin 1961 erkennen. Aufgrund eines Radiokommentars aus der DDR „wurde mir klar, daß man lügnerisch die Wahrheit verschwieg" – erneut eine moralische Wertung, die zu diesem Zeitpunkt noch ohne politische Folgen blieb, sondern „ich selbst zog daraus den Schluß, fortan die aktuelle Politik hinten anstehen zu lassen und mich nur noch mit der Erforschung der jungen Geschichte Essens zu beschäftigen".

Dies hat Ernst Schmidt seither mit großem Engagement getan und für Essen ein Archiv zusammengestellt, das seinesgleichen sucht. Sein Einsatz als „Zeitzeuge" in der Arbeit der ALTEN SYNAGOGE ist von diesem moralischen Anspruch geprägt.

Dieses biographisch geprägte Buch trifft den Geist unserer postkommunistischen Ära und wird hoffentlich die ihm gebührende Funktion im Konzert der Stimmen zum Thema der „Vergleichbarkeit des Unvergleichbaren" spielen.

Edna Brocke, April 1998
Leiterin der Städtischen Mahn- und Gedenkstätte
ALTE SYNAGOGE Essen

Edna Brocke und Ernst Schmidt 1988
bei der Vorstellung von „Lichter in der Finsternis", Band 2
(Foto: Stadtbildstelle)

Vorbemerkung

Ein Leben lang
geglaubt – geirrt – gelernt?

Die Worte „geglaubt, geirrt, gelernt" Charakterisieren ganz besonders zwei wichtige Abschnitte meines Lebens. Der eine umfaßt die zwölf Jahre der nationalsozialistischen Diktatur von 1933 bis 1945. Der andere jene Jahrzehnte danach, in denen ich mich als Kommunist verstand. Einstmals Hitlerjunge gewesen, trat ich im Herbst 1946 in die Kommunistische Partei Deutschlands (KPD) ein und blieb auch Mitglied nach dem Verbot der Partei in der Illegalität. Als es in der Bundesrepublik mit Gründung der Deutschen Kommunistischen Partei (DKP) 1968 wieder eine legale Kommunistische Partei gab, trat ich ihr bei. Erst im Oktober 1983 vollzog ich meinen endgültigen Austritt. Jahre zuvor schon hatte mich die Parteiführung als „Dissident" angesehen und auch so behandelt.

War ich im ersten Lebensabschnitt sozusagen Mitläufer gewesen, so war das im zweiten anders: Ich zählte bis 1956 in Essen zu den Spitzenfunktionären der KPD.

Am Anfang eines jeden Lebensabschnitts stand immer der Glaube. Ihm folgte der Irrtum. Man sollte annehmen, daß man aus Irrtümern lernt, aber das war bei mir nicht so einfach. Zwar zog ich aus meinem ersten großen Irrtum Schlußfolgerungen, die mein bisheriges Weltbild entscheidend veränderten, die mich lehrten, den Krieg zu hassen, den Krieg, der die letzten Jahre meines ersten Lebensabschnittes prägte, aber das Gelernte war zu wenig. So kam schließlich das, was zwangsläufig kommen mußte: Ich begann erneut zu glauben. „Wer glaubt, kann nicht wissen", diese Redensart gebrauchte ich in meinem zweiten Lebensabschnitt häufig. Allerdings sah ich mich stets als den Wissenden, als den, der die Weisheit gepachtet hatte. Heute weiß ich, daß ich nicht selten das nachplapperte, was andere mir vorgesagt hatten. Ohne es wahrhaben zu wollen, glaubte ich wieder, und dem Glauben folgte zwangsläufig wieder der Irrtum. Obgleich ich begann, diesen Irrtum zu spüren, verdrängte ich ihn, wollte ich ihn nicht wahrhaben, suchte ich immer wieder Ausreden. Darum dauerte es lange, viel zu lange, bis ich meinen erneuten Irrtum nicht mehr verleugnete. Und danach? Habe ich aus dem zweiten großen Irrtum gelernt? Auf diese Frage bleibe ich die Antwort schuldig. Hinter das Wort „Gelernt" setze ich jetzt ein Fragezeichen. Möglich, daß der Leser für mich die richtige Antwort findet.

Mein Dank gilt Dr. Edna Brocke. Sie schrieb das Geleitwort zu meinem Rückblick. Außerdem verhalf sie mir durch zahlreiche Gespräche zu wichtigen Erkenntnissen und richtigen Einschätzungen. Danken möchte ich auch Günter Streich, der mir bei der Fertigstellung des Manuskriptes mit Rat und Tat wertvolle Hilfe leistete. Schließlich möchte ich mich auch bei meiner Frau bedanken, die mit viel Geduld und ständiger Unterstützung meine Arbeit begleitete.

Kindheit – Jugend – Krieg

Glückliche Kinderjahre

Der 12. Oktober 1924 war ein Sonntag. Sieht man davon ab, daß 432 Jahre nach der Entdeckung Amerikas durch Christoph Kolumbus vergangen waren, daß am gleichen Tag der Zeppelin LZ 126 in Ludwigshafen zur Atlantiküberquerung startete und ich im Essener Stadtteil Borbeck das Licht der Welt erblickte, so unterschied sich dieser Sonntag nicht wesentlich von manch anderen Sonntagen vorher und nachher.

Irgendwann an diesem Tage hatte man die Hebamme Schlüter zu meiner Mutter gerufen. Sie wohnte in der Feldstraße 30, meine Eltern im Haus mit der Nr. 32. Heute heißt die Straße Kuhlmannsfeld, und aus der Hausnummer 32 ist 48 geworden. Die Familie, in die ich hineingeboren wurde, bestand seit jenem Sonntag fortan aus vier Personen: Mutter, Vater, die Schwester und ich. Auch bei der Geburt meiner Schwester Hedwig, am 23. März 1921, hatte man die Hebamme Schlüter gerufen, und schon damals war die Frau den kurzen Weg ins Nachbarhaus zur Wohnung meiner Eltern in den ersten Stock gegangen.

Adolf Schmidt, mein Vater, geboren 1888 im westpreußischen Brodnica, Kreis Schrimm, war 1907 in die damals noch selbständige Landbürgermeisterei Borbeck gekommen. Nach dem Besuch der Volksschule hatte er in Westpreußen das Schmiedehandwerk erlernt und am 16. April 1907 seine Gesellenprüfung mit der Note „gut" bestanden. Wenige Wochen später, im Juni 1907, fand er Arbeit als Hufschmied auf der zum Essener Bergwerksverein König Wilhelm gehörenden Borbecker Schachtanlage Neu-Cöln. Das Ruhrgebiet bot ihm die besseren Berufschancen. Auf den großen Gütern und Gestüten in Westpreußen wäre er einer unter vielen geblieben, auf der Zeche Neu-Cöln konnte er als einziger Hufschmied sein Können unter Beweis stellen.

Als nach dem Ersten Weltkrieg durch den Friedensvertrag von Versailles Westpreußen Polen zugesprochen wurde, kamen auch die Eltern und Geschwister meines Vaters aus Donatowo im Kreis Kosten nach Borbeck. Sie hatten allesamt für Deutschland optiert und mußten deshalb Westpreußen verlassen. Der Großvater war Müllermeister gewesen, hatte einst eine eigene Mühle besessen und in Donatowo eine Gaststätte betrieben.

Im Juni 1911 heiratete mein Vater die in Borbeck geborene Hedwig Buschmann. Sie starb am 2. November des Jahres 1918 an der spanischen Grippe, einer Seuche, die seinerzeit in Borbeck viele Opfer forderte.

Am 15. November 1919 heiratete Vater meine Mutter: Luise Buschmann, die jüngere Schwester seiner verstorbenen ersten Frau.

Vater liebte seine Arbeit und ging in ihr auf. Pferde waren für ihn Beruf und Hobby zugleich. Damals waren Pferde noch treue Kameraden der Bergleute. Viele lebten unter Tage. Vater versorgte sie, gab ihnen Futter, beschlug ihre Hufe, pflegte sie bei Krankheit. Auch über Tage gab es Pferde. Ihr Stall stand nahe dem Förderturm, dessen stählernes Gerüst wie ein ausgestreckter Finger in den Himmel ragte. Ganz oben waren die großen Räder, über die das Seil lief, an dem der Förderkorb hing. Hin und wieder nahm Vater mich sonntags in aller Frühe mit zur Zeche. Er mußte die Pferde füttern, und ich durfte zusehen. Seine Begeisterung für Pferde teilte ich gar nicht. Ich mied ihre Nähe.

Ernst Schmidt um 1932 vor der Evangelischen Volksschule Bochold III

Ernst Schmidt mit Schwester Hedwig, Juni 1934

Um uns herum wohnten allesamt Arbeiterfamilien. Die Männer arbeiteten mehrheitlich auf den Borbecker Zechen oder bei Krupp.

Meine Kindheit verlief unbeschwert, obwohl die Eltern nicht mit Reichtümern gesegnet waren. Sie lebten bescheiden, sozusagen von der Hand in den Mund. Es mag Anfang der dreißiger Jahre gewesen sein, als Mutter mich einmal zum Metzger schickte, um billige Leberwust für das Abendbrot einzukaufen. Anstatt schnurstracks nach Hause zu gehen, legte ich die Wurst auf eine Treppenstufe am Straßenrand und begann mit Jungen aus der Nachbarschaft zu knickern.

Knickern erfreute sich bei uns Kindern großer Beliebtheit. Man brauchte dazu irdene Kugeln und eine etwa handgroß ausgehobene Mulde im Erdreich. Aus einer festgelegten Entfernung versuchten die Mitspieler, eine Kugel in die Mulde zu werfen. Wer das schaffte, durfte versuchen, die um das Loch herumliegenden anderen Kugeln mit gekrümmtem Zeigefinger ebenfalls in die Mulde zu befördern. Gelang ihm das, so gehörten ihm alle Kugeln in der Mulde.

An jenem Tag, da ich, vom Metzger kommend, den Nachhauseweg unterbrach, um mit anderen Jungen zu knickern, bemerkte ich plötzlich, daß die Leberwurst nicht mehr auf der Treppenstufe lag. War sie an einen Hund geraten oder hatte sie auf anderer Art den Besitzer gewechselt? Ich habe es nie herausbekommen. Meiner Mutter standen Tränen in den Augen, als ich ihr mein Mißgeschick gebeichtet hatte.

Manches aus dem Alltag der Kinder- und Jugendjahre hat sich tief in mein Gedächtnis eingegraben. Unsere Schulferien verlebten wir nicht an den Stränden der Nord- oder Ostsee, nicht im Schwarzwald oder im bergreichen Bayern, ganz zu schweigen von Spanien, Italien oder Griechenland; die Ferien verlebten wir vor der Haustür. Unser Strand war der nahe Rhein-Herne-Kanal und das neben ihm liegende Freibad Hesse in Essen-Dellwig. Berge waren die Hügel im Ruhrtal, war der Lehmberg hinter unserem Haus. Den Lehmberg hatte eine naheliegende Ziegelei aufgeschüttet. Hier gruben wir uns in die Erde, bedeckten das ausgehobene Loch mit Brettern, Blechen und Zweigen: „Unsere Bude". Gleichaltrige aus einer anderen Straße versuchten, sie in unserer Abwesenheit einzureißen. Um das zu verhindern, stellten wir in der Mittagszeit Wachen auf. War ich an der Reihe, dann ließ Mutter mir das Essen durch meine Schwester auf den Lehmberg bringen.

Die Straße vor unserem Haus war nicht nur Fußballplatz, sondern auch Rennstrecke. Alte Fahrradfelgen, auch „Bollerringe" genannt, bildeten die Rennautos. Mir hatte Vater ein solches „Auto" aus Bandeisen geschmiedet. Wir rannten um die Wette, trieben die „Bollerringe" mit dem Stock neben uns her und nannten uns Bernd Rosemeyer, Hans Stuck, Rudolf Caracciola oder Manfred von Brauchitsch. Die großen Rennfahrer waren unsere Ideale, die Straße war unser Nürburgring.

In meiner Kindheit sah man auf den Straßen vorwiegend Pferdefuhrwerke und nur höchst selten ein Auto. Pferd und Wagen gehörten dem Bäcker, dem Milchbauern, dem Kartoffelhändler oder dem Lumpensammler, dem „Klüngelskerl". Ließ ein Gaul etwas fallen, lief ich zum Stall hinter dem Haus, griff Eimer, Schaufel und Handfeger und sammelte die Pferdeäpfel auf. Vater düngte damit das kleine Stückchen Gartenland hinter dem Stall. Hier pflanzte er an, was Mutter für den Mittagstisch benötigte: Salat, Wirsing, Rotkohl, Möhren, Kartoffeln und Gartenmelde. Gartenmelde, eine Art Spinat, war das erste grüne Gemüse im Frühjahr. Heute ist sie vielen unbekannt.

Familieneinerlei

Seinen kurzen Jahresurlaub nahm Vater in den Sommerferien. An einem Tag stand immer ein Ausflug auf dem Programm. Abends zuvor hatte Vater zum Himmel geschaut. Seinem: „Abendrot schön Wetter droht", folgten gewöhnlich die Worte: „Morgen machen wir einen Ausflug." Anderntags fuhr dann die ganze Familie mit der Straßenbahn zu einem jährlich wechselnden Zielort. War es einmal die Flora in Essen-Rüttenscheid, so war es im anderen Jahr der Pferdemarkt in Bottrop oder der Rathausmarkt in Mülheim. Dort angekommen, kauften die Eltern Brötchen und dazu je einen Kringel der billigen Blut- und Leberwurst.

Brötchen konnte sich eine Arbeiterfamilie nicht alle Tage leisten. Es gab sie hin und wieder zum Abendessen an Samstagen zu gehacktem Fleisch oder polnischer Wurst und eben am Ausflugstag. Sonntags kam gewöhnlich Rosinenstuten auf den Tisch. Mutter rührte am Tag zuvor den Teig an. In ein Tuch eingeschlagen, mußte ich ihn zum Bäcker bringen. Der füllte den Teig in eine Stutenform und schob ihn in den Backofen. Diesen Service boten die Bäcker gegen entsprechendes Entgelt. Mußte ich den frisch gebackenen Stuten beim Bäcker abholen, verleitete mich der herrliche Duft stets dazu, an den Stutenecken zu knibbeln. Trotz Mutters Backpfeifen konnte ich es nicht lassen.

Doch zurück zum Familienausflug: Bewaffnet mit den frischen Brötchen und den beiden Kringeln Wurst begann die Wanderung. Mittags suchten wir ein Gasthaus auf. „Zubrot haben wir mitgebracht", sagte Vater dem Wirt und bat um Teller, Gabel und Messer für Wurst und Brötchen. Für Mutter bestellte er Kaffee, wir Kinder bekamen Limonade und Vater trank ein Glas Bier. Diese Art von Rast war preiswert und durchaus nicht ungewöhnlich. Außer den Getränken stellte der Wirt die Benutzung von Geschirr und Besteck in Rechnung.

Während meiner Schulzeit sind wir nur einmal für einige Tage zu Mutters Verwandten nach Elten, nahe der holländischen Grenze, gefahren. Onkel Alfred war Rohproduktenhändler und holte uns mit seinem schnittigen Opel ab. Stolz blickte ich auf die Nachbarskinder, die den Opel bestaunten. Daß einer der ihren mit dem Auto in Ferien fuhr, war schon sensationell.

Meine Familie war evangelisch und die Eltern sehr religiös. Als Vater 1907 nach Borbeck kam, fand er eine Wohnung im Bezirk Vogelheim und schloß sich der dortigen Evangelischen Kirchengemeinde an. In Vogelheim waren auch Vaters erste Frau und meine Mutter zu Hause gewesen. Der Gemeindepfarrer hieß Wilhelm Viebahn. Von ihm sind meine Schwester und ich getauft worden.

Als meine Eltern in die Feldstraße nach Borbeck zogen, blieben sie zunächst weiterhin in der Gemeinde Vogelheim. Vater zählte zu den Aktiven im Posaunenchor, im Kirchenchor sowie im Männer- und Jünglingsverein. Mutter betätigte sich in der Frauenhilfe. Ich freute mich immer, wenn Posaunenchor, Kirchenchor und Frauenhilfe zum jährlichen Sonntagsausflug einluden und Kinder mit dabeisein durften. Einmal war das Ziel der Drachenfels am Rhein, ein andermal die Müngstener Brücke bei Remscheid.

Zu Hause sprach jeder vor und nach den Mahlzeiten sein Gebet. Vor dem Essen betete ich: „Komm, Herr Jesu, sei unser Gast und segne, was du uns bescheret hast." Nach dem Essen: „Wir danken dir, Herr Jesus Christ, daß du unser Gast gewesen bist." Auch wenn ich ins Bett ging oder morgens aufstand, mußte ich Gebete sprechen.

Die Eltern sahen die Obrigkeit als gottgewollt an. „Bete und arbeite", nach diesem Grundsatz handelte Vater. Der christliche Glaube war Inhalt des Familienlebens. Es gab keinen Sonntagmorgen, an dem wir nicht zur Vogelheimer Kirche in die Bottroper Straße gingen. Nach dem Hauptgottesdienst besuchten meine Schwester und ich auch noch den Kindergottesdienst. War der zu Ende, eilten wir in Erwartung des Mittagessens schnell nach Hause. An Sonntagen saß die ganze Familie beim Frühstück, beim Mittagessen und beim Abendbrot um den Tisch in der Küche. Nur Ostern, Pfingsten, Weihnachten, Neujahr oder wenn einmal besondere Gäste erwartet wurden, deckte Mutter den Tisch im Wohnzimmer. Gab es an Wochentagen durcheinandergekochtes Gemüse oder Suppen, so bestand das Sonntagsessen aus drei Gängen. Zunächst Rindfleischsuppe, dann Kartoffeln, Soße, Gemüse und Fleisch. Zum Nachtisch gab es Pudding. An heißen Sommertagen folgte oft ein Glas kalten Wassers. Da es seinerzeit noch keine Kühlschränke in den Haushalten gab, schickte mich Mutter mit der weißemaillierten Wasserkanne zum „alten Hundeloh" in die Nachbarschaft. Er besaß einen Brunnen und gestattete es uns, an Sommersonntagen daraus Trinkwasser zu schöpfen. An einer drehbaren Winde über dem Brunnenloch war eine Kette befestigt. Mit dem daran hängenden Eimer zogen wir das kalte Brunnenwasser nach oben.

Über Politik sprach man zu Hause wenig, Vater gehörte dem Christlichen Metallarbeiterverband an und vertrat die Übertagearbeiter im Betriebsrat der Zeche Neu-Cöln. Daß er am 12. März 1933 für den Christlich-sozialen Volksdienst zur Stadtverordnetenwahl kandidiert hatte, erfuhr ich allerdings erst nach seinem Tod. Auf der 32 Namen enthaltenden Kandidatenliste dieser Partei entdeckte ich Jahrzehnte später seinen Namen an letzter Stelle. Angesichts dessen, daß diese Partei nur 1,4 v.H. der Wählerstimmen erringen konnte, war das eine aussichtslose Position gewesen.

Die Zeche Neu-Cöln, auf der Vater als Hufschmied arbeitete, wurde erst 1943 eine Krupp-Zeche. Mutter hätte das gern früher gesehen, um im Krupp-Konsum an der Stolbergstraße etwas billiger einkaufen zu können. Dazu aber brauchte man einen Ausweis und den bekamen nur Kruppianer. Zwar war der Preisunterschied nicht sehr groß, aber Mutter rechnete mit jedem Pfennig. Hin und wieder war sie früher in Begleitung einer Nachbarin zum Konsum gegangen, deren Mann „Kruppianer" war und die den Einkaufsausweis besaß. Ein geflüstertes Wort genügte, und die Nachbarin kaufte für Mutter das, was sie wünschte. Das war zwar streng verboten, aber die beiden umgingen dieses Gebot perfekt. Die Not machte erfinderisch.

An Samstagen wurde gebadet. Mutter stellte den Waschkessel auf den Herd, füllte ihn mit Wasser und heizte den Ofen ein. Dann wurde die Volksbadewanne aus dem Keller geholt und in der Küche aufgestellt. Vom kochenden Wasser füllte Mutter mit einer großen Schöpfkelle einen Teil in die Wanne. Um die richtige Temperatur zu bekommen, wurde kaltes Wasser zugegeben. Jetzt stieg der erste in die Wanne und das Bad begann. Bevor der nächste an die Reihe kam, wurde der auf dem Wasser schwimmende „Schmant" abgeschöpft und heißes Wasser zugefüllt. Da Vater täglich auf der Zeche duschte, badete er zu Hause nicht. Später verschaffte er mir das Privileg, auch auf der Zeche duschen zu dürfen. Das zog ich dem Bad in der Küche vor.

Jeweils am Totensonntag traf sich die ganze Familie auf dem Friedhof an der Matthäuskirche. Gemeinsam gedachte man der Verstorbenen. Es mag makaber klingen, aber ich freute mich immer auf diesen Sonntag. Schuld daran war Onkel Gustav, Vaters Bruder. Er ging nach dem Friedhofsbesuch stets mit uns in eine Konditorei und spendierte Kaffee und Kuchen. Onkel Gustav war Wirt und besaß eine Gaststätte „Auf dem Brauk" in Bergeborbeck/Vogelheim. In dieser Gegend wohnten fast ausschließlich Bergleute und Metallarbeiter. Sie waren auf den naheliegenden Zechen oder im Krupp-Hüttenwerk Borbeck am Rhein-Herne-Kanal beschäftigt. „Der Brauk" hat heute sein Gesicht völlig verändert. Er ist ein reines Industriegebiet geworden. Büro-, Werk- und Lagerhallen haben die Wohnhäuser längst verdrängt.

In Onkel Gustavs Kneipe herrschte den ganzen Tag über reger Betrieb – besonders aber bei Schichtwechsel auf den Zechen. Mit dem Gruß „Glück auf" kamen Kumpels herein, tranken wortkarg einen Schnaps oder ein Bier, grüßten wieder mit „Glück auf" und gingen. „Damit spülen sie den Kohlenstaub runter", belehrte mich Onkel Gustav. Als ich ihn fragte, warum einige ohne zu zahlen gingen, sagte er: „Diese Bergleute nehmen ihr Portemonnaie nicht mit zur Zeche. Schnaps und Bier zahlen sie mir, wenn sie Abschlag oder Restlöhnung bekommen." Das waren die Tage, an denen es Geld „auf die Hand" gab. Girokonten kannte man noch nicht. Für einige holte Onkel Gustav sogar das Geld ab. Mit Vollmachten versehen, ging er schon früh zur Zeche. Bei der Rückkehr wurde er von den Bergarbeiterfrauen erwartet. Sie nahmen das Geld, beglichen die Schulden ihrer Männer und gingen anschließend einkaufen. Damit schlugen sie zwei Fliegen mit einer Klappe: Einerseits brauchten sie keine Angst zu haben, daß der Mann mit dem Geld in der Tasche die Kneipe aufsuchte und dort versackte, andererseits konnten sie an solchen Tagen ein gutes Mittagessen auf den Tisch bringen.

Vor „Abschlag" oder „Restlöhnung" war in den Arbeiterhaushalten oftmals Schmalhans Küchenmeister. Nicht nur bei den Bergarbeiterfamilien, auch bei den Kruppianern. In den „Tante-Emma-Läden" und im Krupp-Konsum verlangte man an solchen Tagen „Schwan im Blauband", eine billige Margarinesorte, oder die billige Blutwurst. Das erklärt Beinamen wie „Blaubandsiedlung" oder „Blutwurstkolonie", die der Volksmund erfand.

Hinter Fahnen, Fanfaren und Trommeln

Als mit der Ernennung Adolf Hitlers zum Reichskanzler am 30. Januar 1933 die Nazidiktatur begann, war ich gerade acht Jahre alt. Viel zu jung, um zu begreifen, welche Bedeutung dieser Tag in der deutschen Geschichte haben würde. Mit den Nachbarn trieben wir bis dahin oft übermütige Streiche. Besonders dann, wenn wir wußten, mit welcher Partei sie sympathisierten. Kam uns ein Anhänger der Zentrumspartei unter die Augen, so grüßten wir mit „Heil Hitler" oder gar mit „Heil Moskau". Den Kommunisten grüßten wir mit „Heil Hitler" und den Nazi mit „Heil Moskau" oder „Heil Zentrum". Unter Hitler war es dann vorbei damit. Nur das „Heil Hitler" blieb als „Deutscher Gruß" bestehen und trat an die Stelle von „Guten Morgen" und „Guten Tag".

Bis Mitte der dreißiger Jahre besuchten wir Sonntag für Sonntag den Gottesdienst in Vogelheim. Anschließend nahmen meine Schwester und ich am Kindergottesdienst teil und einmal in der Woche gingen wir zu den Proben einer Musikschar ins Jugendheim der Kirchengemeinde. Meine Schwester spielte Gitarre, ich Mundharmonika. Gemeindepfarrer Wilhelm Viebahn war schon 1932 der Nationalsozialistischen Deutschen Arbeiterpartei (NSDAP) beigetreten und bekannte sich zu der von dieser Partei geförderten Glaubensbewegung „Deutsche Christen". Der Tod des greisen Reichspräsidenten Paul von Hindenburg am 2. August 1934 war für ihn Anlaß zu einer „vaterländischen" Trauerfeier. Ort war der nur spärlich beleuchtete Saal einer Gaststätte, auf dessen Bühne die mit Fahnen bedeckte Imitation eines Sarkophags stand. Um ihn herum vier brennende Pylone. Nachdem Pfarrer Viebahn patriotische Worte der Trauer gesprochen hatte, spielte unsere Musikgruppe das Lied: „Ich hatt' einen Kameraden".

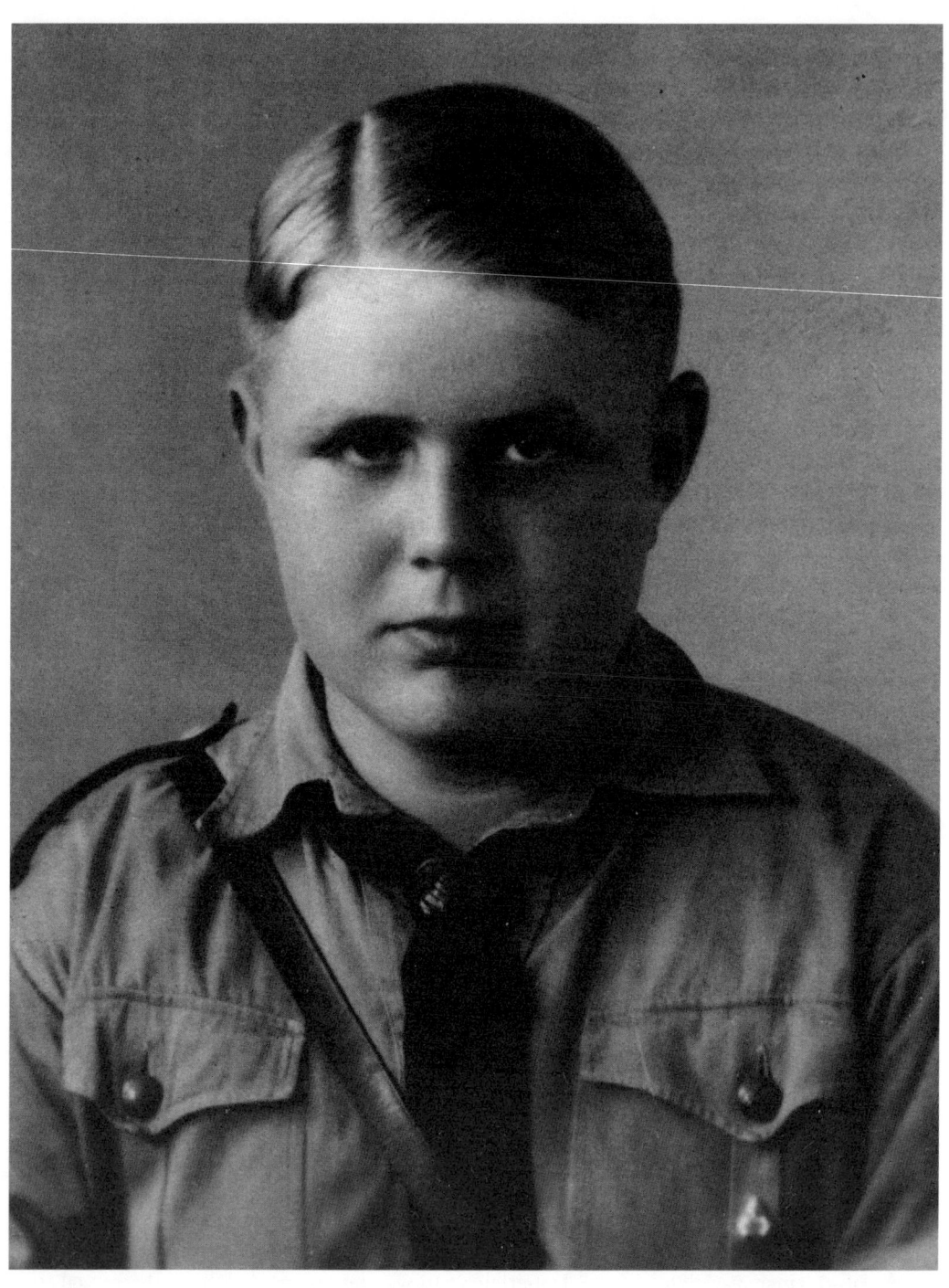

In HJ-Uniform um 1936

Kurze Zeit danach wechselten meine Eltern zur Evangelischen Kirchengemeinde Borbeck. Wie in den meisten Gemeinden in Essen, gehörten hier die Pfarrer ausnahmslos der Bekennenden Kirche an. Die Eltern fühlten sich hier besser aufgehoben als in der deutsch-christlichen Gemeinde Vogelheim. Gottesdienste besuchten wir jetzt im naheliegenden „Krupp-Saal" an der Stolbergstraße. Er gehörte einst zu jenem Krupp-Konsum, den meine Mutter hin und wieder mit der Nachbarin aufgesucht hatte.

War ich früher in der Evangelischen Jugendbewegung gewesen, so zählte ich in der Borbekker Gemeinde zur „BK-Jugend". Die Buchstaben „BK" standen für Bibelkreis. Diese Kreise bildeten sich, als man den Kirchen die bis dahin praktizierte Jugendarbeit untersagte und ihnen nur noch die Bibelarbeit gestattete.

Wann ich in die Hitler-Jugend (HJ) eintrat, weiß ich nicht mehr genau, spätestens aber mit dem „Gesetz über die Hitler-Jugend" vom 1. Dezember 1936. Es bestimmte in seinem Artikel 2, daß „die gesamte deutsche Jugend außer im Elternhaus und in der Schule in der Hitler-Jugend körperlich, geistig und sittlich im Geiste des Nationalsozialismus zu erziehen ist". Die NS-Jugendorganisation war Staatsjugend geworden. Vom 10. bis zum 14. Lebensjahr gehörte man dem Jungmädelbund oder dem Jungvolk, vom 14. bis zum 18. Lebensjahr dem Bund Deutscher Mädchen (BDM) oder der HJ an. Als Zwölfjähriger zählte ich zum „Jungvolk", war also „Pimpf".

Hätte es nur an mir gelegen, wäre ich längst früher eingetreten. Mich reizte nicht nur die Uniform, nein, mich reizte auch das ganze Drum und Dran. Allein die vor dem Inkrafttreten des Gesetzes an Samstagen praktizierten „Staatsjugendtage" wären schon Grund genug für meinen Eintritt gewesen. Sie übten deshalb auf mich und viele andere eine große Anziehungskraft aus, weil an solchen Tagen HJ-Mitglieder schulfrei bekamen. Die marschierten oder fuhren vor die Tore der Stadt und tummelten sich bei „Geländespielen". Sieht man von der militaristischen Prägung dieser Spiele ab, so ähnelten sie denen, die wir in der Evangelischen Jugend „Schnitzeljagd" nannten. An den Staatsjugendtagen mußten alle jene, die nicht in der HJ waren, die Schule besuchen. Hier sollten staatspolitische Fragen besprochen werden. Die Zahl derer, die an solchen Samstagen die Schulbank drückten, wurde immer geringer. Zu meinem Leidwesen gehörte ich lange dazu.

Auch im Geschichtsunterricht vermittelten uns die Lehrer ausschließlich nationalsozialistisches Gedankengut. Die Revolution 1918, so sagte man, wäre das Werk der „Novemberverbrecher" gewesen, das Werk der Juden, Sozialdemokraten und Kommunisten. Sie hätten der kämpfenden Front den Dolch in den Rücken gestoßen und in den unseligen Zeiten der Weimarer Republik das deutsche Volk verraten und verkauft. Der Führer habe ihnen das Handwerk gelegt. Er führe Deutschland aus Schmach und Schande zum Licht, zu Ruhm und Ansehen in der Welt. Jeder deutsche Junge müsse mit dem Führer durch dick und dünn gehen, müsse flink wie ein Windhund, zäh wie Leder und hart wie Kruppstahl sein.

Ich glaubte, was man uns sagte, glaubte es Wort für Wort. Mehr noch, ich plapperte es nach und agitierte in gleicher Weise. Hinter Fanfaren, Landsknechtstrommeln und fliegenden Fahnen marschierte ich bald im Gleichschritt durch die Straßen unserer Stadt, brüllte die Parolen der Nazis und sang ihre Lieder.

Ich erinnere mich an Texte wie:

„Unsre Fahne flattert uns voran. Unsre Fahne ist die neue Zeit. Und die Fahne führt uns in die Ewigkeit! Ja, die Fahne ist mehr als der Tod!"

Oder: „Schmeißt sie raus, die ganze Judenbande, schmeißt sie raus aus unserem Vaterlande."

Oder: „Wir werden weiter marschieren, wenn alles in Scherben fällt, denn heute da hört uns Deutschland und morgen die ganze Welt."

Statt „heute hört uns Deutschland" sangen wir bald schon „heute gehört uns Deutschland".

Keiner hinderte mich daran, diese nationalistischen Lieder zu singen. Nicht die Eltern und auch nicht die Pfarrer der Bekennenden Kirche. Im noch geduldeten Bibelkreis der evangelischen Jugend sangen wir oft trotzig und verschwörerisch das Lied: „Geusen sind wir geheißen, evangelische Jungenschaft. Treu stehn wir zusammen und Gott gibt uns Mut und Kraft."

Und auch das sang ich mit.

Zugegeben, nicht alle waren so gläubig wie ich. Manche verhielten sich ganz anders. Ihnen lag die Uniformierung nicht, sie marschierten nur ungern, sangen nur widerwillig die neuen Kampflieder. Doch sie waren unter uns Gleichaltrigen die Ausnahme.

Eine große Faszination auf Jung und Alt übte der Tonfilm aus. Aber ein Kinobesuch war nicht billig. Wegen der besonders niedrigen Eintrittspreise erfreuten sich darum die Filmveranstaltungen der HJ und der Deutschen Arbeitsfront großer Beliebtheit. Allerdings fanden sie oft nicht in einem Kino, sondern in Gasthaussälen statt. Der Film wurde hier in mehreren Teilen vorgeführt. Riß er, ging das Licht an, und er mußte geflickt werden. Auch ließ die Verdunklung des Saales zu wünschen übrig. Dennoch waren diese Vorstellungen sehr beliebt. Wem das Eintrittsgeld fehlte, der wartete geduldig an der Kasse. Freie Plätze durften kostenlos besetzt werden. Allerdings befanden sich die nicht verkauften Plätze immer unmittelbar vor der Leinwand. Da der Fußboden in Gasthäusern eben ist, mußte man hier den Kopf schon ganz schön in den Nacken legen, um dem Geschehen auf der Leinwand zu folgen. Darum nannten wir solche Plätze auch Rasiersitze. Sie blieben dennoch nie leer. Die Filme strotzten von Heldentum, Vaterlandsliebe, Deutschtümelei und Antisemitismus. Sie verherrlichten den Krieg, schmähten die Weimarer Republik, priesen das „Dritte Reich" der Nazis und untermauerten alles das, was man uns im Schulunterricht oder beim Heimabend beibrachte.

Nach Eintritt in die HJ wünschte ich mir eine Uniform. Bei meinen Eltern stieß dieser Wunsch zwar nicht auf Ablehnung, aber mit dem Hinweis, es fehle im Augenblick das Geld, vertrösteten sie mich. Neidvoll blickte ich auf die uniformierten Mitschüler. Mir schien, als schauten sie von oben auf mich herab, als sähen sie in mir nur einen halben Pimpf. Das veranlaßte mich schließlich zu einem Brief an den „Führer und Reichskanzler Adolf Hitler". Ich schrieb ihm heimlich, ohne Wissen der Eltern. Unter Hinweis darauf, daß es Vater und Mutter an Geld mangele, bat ich den „Führer", mir bei der Anschaffung einer Uniform zu helfen. Kurze Zeit danach bestellte man mich brieflich zur NSDAP-Gauleitung Essen, ins „Thomaehaus", dem heute wieder „Glückaufhaus" genannten Bürogebäude an der Rüttenscheider Straße. Die Eltern fragten sich selbst, aber auch mich, was das wohl zu bedeuten habe. Ich ahnte, worum es ging, schwieg mich aber aus. Daß meine Ahnung richtig war, bestätigte sich. Man empfing mich überaus freundlich. Der „Führer", so erfuhr ich, habe sich über meinen Brief gefreut. Dann stellte man mir Fragen. Man wollte wissen, welchen Beruf Vater ausübt, wo er beschäftigt ist und ob er in der Partei sei. Ich antwortete wahrheitsgetreu. Die Frage, ob Vater der NSDAP angehöre, war für mein Gegenüber wohl die wichtigste, denn als ich sie verneinte, verhielt er sich reservierter als vorher. Er ließ mich wissen, daß die Parteimitgliedschaft des Vaters Voraussetzung für die Erfüllung meines Wunsches sei.

Die Eltern um 1940 in der Gruga

Zu Hause mußte ich Farbe bekennen. Vater war bestürzt, schimpfte und bezeichnete meine Handlung schlichtweg als Bettelei. So etwas sei nicht seine Art, meinte er. Schließlich sagte er: „Wenn du absolut eine Uniform haben willst, dann bitte nur von meinem Geld." Bald darauf ging Mutter mit mir zu Strüßmann, nahe dem Borbecker Germaniaplatz. Dort kaufte sie mir eine Uniform. Ich konnte sie nicht schnell genug anziehen, fühlte mich im siebenten Himmel und mir schwoll die Brust. Sie schwoll mir noch mehr, als ich Monate später eine kleine rot-weiße Kordel tragen durfte. Sie wies mich als „Jungenschaftsführer" aus.

Meine Erinnerung an den Pogrom gegen die Juden in der Nacht vom 9. zum 10. November 1938 ist verblaßt. Es gibt Ereignisse in meiner Kindheit, die mir viel klarer im Gedächtnis geblieben sind. Warum wohl? Offenbar spielte das Gewöhnen an manches, was im Umfeld geschah, eine große Rolle. In Schule und HJ hatte man uns eingepaukt, daß die Juden an allem die Schuld tragen. Immer neue Gesetze und Verordnungen grenzten die jüdischen Menschen aus und machten sie zunehmend rechtlos. Die antisemitische Schraube wurde Zug um Zug von Jahr zu Jahr, von Monat zu Monat, von Tag zu Tag angezogen. Man gewöhnte sich daran. „Der Führer hat jetzt den Juden einmal gezeigt, was Sache ist", sagte man uns am Morgen des 10. November 1938 in der Schule. Nachmittags ging ich durch Borbeck. Bis heute erinnere ich mich an ein Schaukelpferd, das in der ersten Etage des gegenüber dem alten Borbecker Markt gelegenen jüdischen Haushalt- und Spielwarengeschäfts Alfred Rohr halb aus dem Fenster hing. Ein solches Pferd zu besitzen, war immer mein Wunsch gewesen.

Als mein Vater am Nachmittag des Tages von der Zeche heimkehrte, hörte ich ihn zur Mutter sagen: „Warum haben sie bloß alle Waren in den jüdischen Geschäften beschmutzt, zerstört oder ungenießbar gemacht? Hätten sie es doch der Winterhilfe gegeben." Das hinter all diesen Waren Menschen standen, Menschen, die nichts verbrochen hatten, die man nur deshalb verfolgte, weil sie Juden waren, daran dachte er damals nicht. Ganz offensichtlich ließen Vaters Äußerungen erkennen, daß auch er sich inzwischen an die Verfolgung der Juden gewöhnt hatte. Dabei waren er und Mutter bis dahin auch Kunden jüdischer Geschäfte. Brauchte ich einmal eine neue Hose, dann ging Vater mit mir zu Adolf Loewenstein. Beide trugen den gleichen Vornamen und redeten sich auch mit ihren Vornamen an. Bei ihm konnte er die Ware günstiger abbezahlen als anderswo. Das Verbrechen in der Novembernacht des Jahres 1938 begriff ich erst nach dem Ende der NS-Diktatur.

Schulentlassung – Lehre – Krieg

Ostern 1939 wurde ich aus der Evangelischen Volksschule Bochold III entlassen. Mit zehnmal „gut", dreimal „befriedigend" und einmal „ausreichend" in dem mit den Stadtfarben Gelb und Blau umrandeten Entlassungszeugnis konnte ich zufrieden sein. Die Note „ausreichend" bezog sich auf meine „Körperliche Leistungsfähigkeit". Hinter „Charakterliche Beurteilung" stand: „Gewissenhaft, einsatzbereit, einwandfreie Führung." Zwischen Hakenkreuz und Stadtsiegel stand geschrieben: „Alles, was wir tun, geschieht nicht für uns, sondern für Deutschland."

Da der Bergmannsberuf hoch im Kurs stand und mein Vater auf der Zeche arbeitete, sollte ich nach dem Willen des Arbeitsamtes Bergmann werden. Damit war aber mein Vater auf gar keinen Fall einverstanden. Er pflegte zu sagen: „Ich habe die Kohlen nicht nach unten gebracht, und mein Sohn holt sie mir nicht nach oben."

*Geschäftsstelle des „Essener Lokal-Anzeigers"
(Ecke Schmalestr. / Borbecker Str., heute Marktstr.), 1940*

Der „Essener Lokal-Anzeiger", eine kleine Vorortzeitung, wollte mich als kaufmännischen Lehrling einstellen. Das war jedoch ohne Zustimmung des Arbeitsamtes nicht möglich. Wie Vater es letztlich schaffte, die Absicht des Arbeitsamtes zu durchkreuzen, weiß ich nicht. Jedenfalls konnte ich nach langem Hin und Her doch noch beim „Essener Lokal-Anzeiger" eine kaufmännische Lehre beginnen, bedingt durch das Tauziehen zwischen Vater und dem Arbeitsamt jedoch erst ab dem 1. Mai 1939 und nicht ab dem 1. April, wie damals allgemein üblich. Vater und ich mußten den Lehrvertrag unterzeichnen. Darin stand geschrieben, daß ich als Lehrling verpflichtet sei, „alles zu tun, um sich als ein brauchbares Glied der Betriebs- und Volksgemeinschaft zu erweisen." Die monatliche „Erziehungsbeihilfe", das Lehrgeld also, betrug im ersten Jahr 20, im zweiten 25 und im dritten 30 Mark. Jetzt war ich auf dem besten Wege, das zu werden, was Vater immer aus mir machen wollte: ein Bürokrat.

Die Lehre bei der kleinen Vorortzeitung machte mir Freude. Neben verlegerischen Arbeiten setzte man mich auch in der Anzeigenwerbung und in der Redaktion ein. Ich warb bei Borbekker Firmen um Anzeigen, ging, bewaffnet mit einem Fotoapparat, zu Hochzeiten, Geburtstagen und kleineren Ausstellungen. Bald war ich „Sonderberichterstatter für Kaninchenausstellungen", besuchte sonntags mit dem Redakteur Sportveranstaltungen und brachte danach die geschossenen und eiligst entwickelten Fotos zum Verlag Karl Busch nach Wattenscheid, der den „Essener Lokal-Anzeiger" herausgab. In der Borbecker Geschäftsstelle übergab ich zu früher Morgenstunde die frischgedruckten Zeitungen an die Boten, die sie den Lesern ins Haus brachten.

Mein Chef, der Geschäftsstellen- und Werbeleiter Ernst-Heinz Külbel, hatte mich ganz besonders in sein Herz geschlossen. Er war kinderlos verheiratet und behandelte mich wie einen Sohn. Rückblickend fällt es mir schwer, ihn politisch einzuordnen. Einzelne seiner Handlungen lassen darauf schließen, daß er den Nationalsozialisten innerlich ablehnend gegenüberstand. So schlug er mir eines Tages vor, anstatt sonntags HJ-Dienst abzuleisten, das Schließfach der Zeitung im Borbecker Postamt zu leeren. Als ich zustimmte, setzte er meine Befreiung vom „Dienst" durch. Statt zum „Antreten" zu gehen, ging ich fortan Sonntag für Sonntag morgens zur Post, holte die eingegangenen Briefe ab und fuhr zur Wohnung der Külbels in die Stadtmitte. Hier erwartete mich stets ein zweites Frühstück.

Am 1. September 1939, einem Freitag, brach der Zweite Weltkrieg aus. Als ich an jenem Morgen zur Geschäftsstelle des „Essener Lokal-Anzeiger" kam, mußte ich sofort zum Deutschen Nachrichtenbüro in die Sachsenstraße. Hier sollte ich jene Sondermeldung abholen, die eine Rede des „Führers" für den Vormittag ankündigte. Mit anderen saß ich später in der Geschäftsstelle der Zeitung am „Volksempfänger" und hörte die Hitler-Worte: „Seit 5.45 Uhr wird zurückgeschossen." Innerlich bewegt ging ich nach Hause. „Jetzt haben wir Krieg", sagte ich zu meiner Mutter und mit Wehmut in der Stimme fügte ich hinzu: „Und ich darf nicht dabei sein." Für mich war der Krieg etwas Heroisches. In Schule und HJ hatte man ihn uns schmackhaft gemacht. Mutter und Vater teilten meine Kriegsbegeisterung nicht. Sie waren erfüllt von Sorge und Furcht. Krieg hatten sie schon einmal erlebt. Als er 1914 begann, schlug die Kriegsbegeisterung hohe Wellen. Das Ende aber war schrecklich gewesen. Das erklärte die Sorgenfalten in ihren Gesichtern. Ich kannte den Krieg nur aus Filmen und Büchern, die ihn verherrlichten und sein Grauen verschwiegen. Die ausführlich beschriebenen Heldentaten weckten in mir den Wunsch, auch einmal so für Deutschland zu kämpfen wie die Leinwandhelden und Romanfiguren.

*Ernst Heinz Külbel, Ernst Schmidt und der „kleine Heini", 1940
anläßlich einer Kirmes an der Frintroper Straße*

In den ersten zwei Jahren des Krieges nährten ständige Siegesmeldungen meine Befürchtung, am glorreichen Krieg nicht mehr teilnehmen zu können. „Die Mutter hat dich zu spät geboren", redete ich mir ein.

Mit dem 31. Mai 1941 – ich hatte gerade mein drittes Lehrjahr begonnen – mußten der „Essener Lokal-Anzeiger" – der „Essener Anzeiger" und die „Essener Volks-Zeitung" ihr Erscheinen einstellen. Sie wurden allesamt von der „National-Zeitung" übernommen. Die Leser erhielten fortan das NSDAP-Organ. Mein Chef, Ernst-Heinz Külbel, verließ Essen und ging nach Quedlinburg in den Harz. Hier traf ich ihn 1943 anläßlich eines Lazarettaufenthaltes wieder: Für den Silvesterabend luden die Külbels mich ein. Ihre Bekanntschaft mit dem Chefarzt des Lazaretts verschaffte mir einen Nachturlaub. Gemeinsam saßen wir in einer Gaststätte und warteten auf die Jahreswende. Als die Uhr zwölf schlug, erhoben sich einige alkoholisierte Nazis und gröhlten das Deutschland- und das Horst-Wessel-Lied. Ernst-Heinz Külbel meinte, wir sollten sitzen bleiben. „Wir sind alle nicht mehr nüchtern. In einem solchen Zustand diese Lieder zu singen, geziemt sich nicht." Das sagte er, als man uns aufforderte, aufzustehen und mitzusingen.

Ich wurde 1941 von der „National-Zeitung" als Lehrling übernommen. Die letzte Amtshandlung Külbels war, für mich ein Zeugnis über zwei Lehrjahre beim „Essener Lokal-Anzeiger" zu unterschreiben. Darin bezeichnet er mich als „aufgeweckten jungen Mann", der das Zeug in sich habe, „ein tüchtiger Zeitungsfachmann zu werden." Seine Begründung: „Schon im zweiten Jahr seiner Lehrzeit brachte Schmidt es fertig, die schwierigsten Kunden zur Insertion zu bewegen und hatte gute Erfolge im Anzeigenverkauf. Auch sein Können in der Berichterstattung hat er unter Beweis gestellt. Und mit der Kamera weiß er umzugehen. Er kennt sich in allen verlegerischen Büroarbeiten aus, ist willig, pünktlich und ehrlich."

Meine Zeit bei der „National-Zeitung" sollte nicht lange dauern. „Sieg! Sieg! Sieg!" Das verkündete immer wieder der Großdeutsche Rundfunk nach den Sondermeldungsfanfaren. In den Kinos machte mich „Die deutsche Wochenschau" zum Zeugen des siegreichen Vormarsches an allen Fronten. Der beginnende und frei Haus gelieferte Krieg aus der Luft vermochte meine Begeisterung nicht zu beeinträchtigen. Die auf- und abschwellenden Sirenentöne verschmolzen ineinander wie eine furchterregende Ouvertüre, gingen unter die Haut, rissen die Menschen mitten in der Nacht aus dem Schlaf und trieben sie in die Bunker und Luftschutzkeller. Angstvoll drückten Mütter ihre Kinder an sich, wenn bellendes Flakfeuer das Herannahen feindlicher Flugzeuge ankündigte. Bomben fielen zunächst noch vereinzelt, schlugen hier und da Lücken in die Wohnblocks der Stadt und forderten erste Opfer. Die Bombeneinschläge lockten anfangs Neugierige aus der nahen und weiteren Umgebung an, später brauchte man dazu nicht mehr weit zu gehen.

Ab 1943 begann eine neue Phase des Luftkriegs. Immer öfter heulten die Sirenen. Beginnend mit dem 5. März 1943 flogen alliierte Bomberverbände 15 Großangriffe auf Essen. Flächenbombardements walzten ganze Straßenzüge und Wohngegenden nieder. Eine Statistik hat später festgehalten, daß bei diesen 15 Großangriffen 1.475 Luftminen, 27.560 Spreng-, 1.056.350 Stabbrand- und 219.795 Phosphorbrandbomben abgeworfen wurden. Das Leben wurde zum Lotteriespiel. 21.224 Groß-, Mittel- und Kleinbrände machten oftmals die Nacht zum Tage. Frauen, Männer und Kinder wurden unter den Trümmern begraben oder verbrannten in den Flammen. Die 15 Großangriffe forderten 5.553 Tote, 9.463 Verwundete und 133 Vermißte. Die schlaflosen Nächte, erfüllt von Angst und dem Hoffen auf das Überleben, zermürbten die Menschen in unvorstellbarer Weise. Es sollte dann nicht mehr lange dauern und die Bomberpulks kamen auch bei Tag, unangemeldet, grausam und warfen den Tod vom Himmel.

In jenen Tagen mußte ich täglich zur NSDAP-Gauleitung ins „Thomae-Haus". Hier zensierte man alle Traueranzeigen von Kriegstoten, die anderntags in der Zeitung erscheinen sollten. Oft wurden Orts-, Städte- und Ländernamen durch die Worte „Ostfront", „im Westen" oder „im Felde" ersetzt.

Am 18. Februar 1942 hatte man mich im Ernst-Moritz-Arndt-Haus in der Julienstraße gemustert. Das war damals die feste Burg der Bekennenden Kirche. Erfreut hatte ich das „Kriegsverwendungsfähig" der Militärärzte vernommen, als sichtbares Zeichen für diesen „Erfolg" ein kleines Blumensträußchen erhalten, es an den Rockaufschlag geheftet und war mit vor Stolz leuchtenden Augen nach Hause zurückgekehrt. Meine Hoffnung, den Krieg doch nicht zu verpassen, war gewachsen.

Am Nachmittag des 26. März 1942 sollte im Verlagsgebäude der Reismann-Grone GmbH in der Sachsenstraße meine Kaufmannsgehilfenprüfung stattfinden. Wie immer war ich frühmorgens zur Borbecker Geschäftsstelle der „National-Zeitung" am Germaniaplatz gegangen. In der Nacht hatten die Luftschutzsirenen uns in die Keller getrieben. Starkes Flakfeuer und nahe Bombeneinschläge ließen uns immer wieder zusammenzucken. Erst nach der Entwarnung war die Furcht gewichen. Als ich mich dem Germaniaplatz näherte, sah ich, daß der „National-Zeitung" gegenüber ein Haus von einer Bombe getroffen worden war. Vier Menschen, unter ihnen ein erst fünf Jahre alter Junge und ein auf Urlaub weilender Soldat, hatte man tot aus den Trümmern geborgen. In der Geschäftsstelle lagen zerbrochene Glasscheiben und Steinbrocken.

Ich hatte gerade das große Reinemachen begonnen, als ein Mann eintrat, mir seinen Namen nannte, sich als NSDAP-Ortsgruppenleiter vorstellte und nach dem Ausmaß der Schäden fragte. Sein Name fiel mir Stunden später sofort wieder ein, denn im wichtigsten Prüfungsfach, in „Staatsbürgerkunde", fragte man mich, wie denn der Borbecker Ortsgruppenleiter heiße. Als nach meiner Antwort die beiden Prüfer miteinander tuschelten, wurde mir schlagartig klar, daß ihnen meine Antwort nicht so recht paßte. Es sei eigentlich falsch, was ich gesagt hätte, belehrte mich einer von ihnen, denn der Ortsgruppenleiter heiße anders. Da dieser allerdings seit 1939 Soldat sei und von jenem vertreten würde, dessen Namen ich genannt hatte, wolle man meine Antwort als richtig anerkennen. Ich war erleichtert. In „Staatsbürgerkunde", hatte eine britische Fliegerbombe mir zu einer richtigen Antwort verholfen.

Als man mir mitteilte, ich hätte die Prüfung bestanden, konnte ich nicht schnell genug heimkommen. Meinen Vater traf ich bei Gartenarbeiten an. Ihm standen Tränen in den Augen, als er von dem Ergebnis der Prüfung erfuhr. Er hatte erreicht, was er wollte: Kohlen würde ich also nicht nach oben bringen müssen.

Arbeitsdienst und Wehrmacht

Mit Datum vom 7. April 1942 gratulierten mir Verlag und Druckerei der „National-Zeitung" zur bestandenen Kaufmannsgehilfenprüfung. Zugleich teilte man mir die Übernahme ins Angestelltenverhältnis und die Erhöhung meines Gehalts auf 90 Mark ab 1. April 1942 mit.

Die offizielle Nachricht der Industrie- und Handelskammer Essen vom 14. April 1942 erreichte mich schon nicht mehr zu Hause. Den mir „mit den besten Wünschen für die Zukunft" übersandten Kaufmannsgehilfenbrief hielt ich erst Monate später in Händen, denn am 9. April befahl man mich zum „Reichsarbeitsdienst". Die Einheit, zu der ich gehörte, lag in Fürstenhagen, nahe Hessisch-Lichtenau. Fragt man mich nach meinem Erleben in den knapp sechs Monaten, kann ich darauf wenig antworten. In Erinnerung geblieben sind mir das Exerzieren mit dem geschulterten Spaten, das Ausheben von Kabelgräben in einem naheliegenden Rüstungsbetrieb und der Einsatz in Kassel nach einem Luftangriff. Obgleich meine Arbeitsdienstpflicht erst am 9. Oktober 1942 endete, wurde ich schon am 25. September 1942 entlassen.

Ganze zwanzig Tage blieb ich zu Hause. Schon am 15. Oktober 1942, drei Tage nach Vollendung meines 18. Lebensjahres, zog man mich zur berittenen schweren Artillerie nach Heilsberg in Ostpreußen ein. Mutter begleitete mich zum Essener Hauptbahnhof. Als der Zug die Bahnhofshalle verließ, weinte sie bitterlich.

In Heilsberg begriff ich sofort, daß in der Kaserne ein ganz anderer Wind wehte als beim Reichsarbeitsdienst. „Ab heute wird nicht mehr gedacht", belehrte uns ein strammer Kommißkopf, der fortan unser Ausbilder sein sollte. „Das Denken überlaßt bitte den Pferden, die haben größere Köpfe als ihr", fügte er hinzu. Danach rief er uns lautstark und befehlend zu: „Ihr habt zu gehorchen!"

In Heilsberg blieb ich nur einige Monate. Mit den Pferden, die zur schweren Artillerie gehörten, konnte ich mich hier gar nicht anfreunden. Als man dann am Ende der Ausbildung fragte, ob jemand als Funker und Ladekanonier zur Sturmartillerie möchte, meldete ich mich sofort und Anfang 1943 erfolgte meine Versetzung nach Neiße in Oberschlesien. Sturmgeschütze waren Panzerfahrzeuge ohne drehbaren Turm. Die vierköpfige Besatzung bestand aus dem Geschützführer, dem Richtunteroffizier, dem Fahrer und dem Funker, der zugleich Ladekanonier war. Man verständigte sich über den Bordfunk mittels Kehlkopfmikrophon und Kopfhörer. Als einziges Besatzungsmitglied saß der Funker und Ladekanonier rechts neben der Kanone und direkt hinter der Munition. Während er keine Möglichkeit hatte, nach draußen zu sehen, konnten es die drei anderen durch Sehschlitz, Scheren- und Zielfernrohr.

Nach Ausbildung in Neiße kam ich zur Heeres-Sturmgeschütz-Brigade 202 an die Ostfront. Bei Ankunft in der ukrainischen Stadt Sumy war die nicht weit entfernte Front erstarrt. Beide Seiten beschränkten sich auf Späh- und Stoßtrupptätigkeit.

Für die russischen Bewohner in der Stadt war das Leben nicht leicht. Es mangelte ihnen an Lebensmitteln. Meine damaligen Gedanken und Gefühle sind schwer zu beschreiben. Ich war noch keine 19 Jahre alt und glaubte einer gerechten Sache zu dienen. Zwar verschloß ich vor dem Hunger der russischen Menschen keineswegs meine Augen, steckte einigen hier und da etwas zu, aber ich blieb auf Distanz zu ihnen. Bald jedoch wurde der Krieg für mich grausame Realität. Ich möchte mich nicht in Schilderungen von Kriegserlebnissen verlieren. Auf zwei Schlüsselszenen kann ich jedoch nicht verzichten.

Als Soldat an der Ostfront 1943, Ernst Schmidt (links) im Turm eines Sturmgeschützes

Das erste Erlebnis war mein erster Einsatz an der Front im Sommer 1943. Wir sollten einen Infanterieangriff „auf den Feind" unterstützen. Die Wartezeit bis zum Angriffstermin ging an die Nerven. Feuerstöße aus Gewehren und Einschläge von Granaten ließen mich immer wieder zusammenzucken. Ich begriff, daß es jetzt ernst wurde.

Dann war es so weit. Die breiten Ketten klirrten, als sich unser tonnenschweres Ungetüm in Bewegung setzte und auf das vor uns liegende freie Feld rollte. Fünf Soldaten saßen obenauf. Über die Bordsprechanlage hörte ich die Kommandos unseres Geschützführers: „Oben rechts Granatwerfer! Entfernung 300 Meter! Sprenggranate!" Ich ergriff die Granate, schleuderte sie in den Schlund. Nach dem Kommando „Feuer" fuhr die Granate aus dem Rohr. Die leere Kartusche fiel in den Sack unter der Kanone. Jede kurze Feuerpause nutzend, warf ich sie durch die geöffnete Geschützluke nach draußen. Als ich wieder einmal nach oben blickte, sah ich in das Gesicht eines der aufgesessenen Infanteristen. Darin war kein Leben mehr. Ich sah die weit aufgerissenen, gebrochenen Augen, sah, wie aus dem geöffneten Mund Blut auf meinen Uniformrock tropfte. Jetzt hatte auch der Geschützführer neben mir wahrgenommen, was mich so furchtbar erschreckte. „Da ist nichts mehr zu machen", hörte ich ihn sagen.

Als wir später in Ausgangsstellung zurückfuhren, dachte ich nur noch an das wächserne Gesicht über mir. Wollte ich aussteigen, müßte ich den Kopf des Toten beiseite schieben. Wie eine Erlösung empfand ich die Worte unseres Geschützführers: „Bleib', wo du bist, Junge, wir werden den Toten erst bergen. Es war für dich der erste Tote, und er präsentierte sich dir nicht besonders gut, aber er wird bestimmt nicht der letzte sein." Er hat recht behalten. An jenem Tag begriff ich, daß der Krieg kein Spaziergang ist. Ich hatte ihn fürchten gelernt.

Ein zweites Schlüsselerlebnis widerfuhr mir irgendwo in der Ukraine auf dem Rückzug. Schon am frühen Morgen hatte unser Fronteinsatz begonnen. Wie immer saß ich hinter der Munition und schleuderte die todbringenden Granaten in den Schlund der Kanone. Plötzlich alarmierte uns der Fahrer mit dem Ruf: „Wir müssen sofort zurück! Die Motortemperatur steigt bedrohlich an!" Unsere Mechaniker kamen später zu dem Ergebnis, das Sturmgeschütz brauche einen neuen Motor. Ein Motorwechsel konnte aber nur weit hinter der Front vorgenommen werden.

Obwohl der Motor viel Öl verlor, ließ man uns mit eigener Kraft fahren. Vorsorglich führten wir je ein Faß Öl und Fliegerbenzin mit. Die Rollbahn verlief durch die typische Landschaft der Ukraine. Ein großes Schild am Straßenrand ließ uns kurz anhalten: „Partisanengebiet! Ab hier nur in Kolonnen fahren!" Sollten wir der Warnung Folge leisten und auf weitere Fahrzeuge warten? Unser Entschluß war schnell gefaßt: Alle hinein ins Geschütz und weiterfahren. Durch sein Scherenfernrohr erkannte unser Geschützführer kurz darauf eine Ansammlung deutscher Wehrmachtsfahrzeuge auf der schnurgeraden Rollbahn. Als wir dort eintrafen, erfuhren wir, was geschehen war. Von den in Kolonne fahrenden Lastkraftwagen hatten Partisanen sich die letzten drei herausgesucht, zwei in Brand geschossen, und das letzte mitsamt Fahrer gekidnappt. Aus entgegengesetzter Richtung war gerade eine Einheit der Waffen-SS eingetroffen. Mitten in der Ansammlung stand ein General der Wehrmacht, erkennbar durch die roten Biesen an der Hose. Die Einheit der Waffen-SS forderte er auf, ein naheliegendes Dorf zu „bestrafen". Uns befahl er, als Geleitschutz mitzufahren. Den Hinweis, unser Geschütz sei nicht einsatzbereit, wies er zurück.

Kurz vor dem Dorf war eine ältere Frau mit Feldarbeiten beschäftigt. Als wir uns näherten, ließ sie ihr Arbeitsgerät fallen und lief zum Dorf zurück. Mit Entsetzen sah ich, daß die SS-Leute mit Maschienenpistolen und Gewehren so lange auf die flüchtende Frau schossen, bis sie vornüber hinfiel und bewegungslos liegenblieb.

Am Dorfrand wurden Fackeln angezündet. Mit ihnen gingen einige Angehörigen der Waffen-SS von Haus zu Haus und legten Brände. Andere schossen wahllos auf alles, was sich bewegte. Wir waren mit unserem Geschütz am Dorfrand stehengeblieben. Sprachlos und schockiert sahen wir, was sich vor unseren Augen abspielte. In die Angstschreie flüchtender Menschen mischten sich unflätige Worte und peitschende Geräusche feuernder Waffen.

Gar nicht weit von uns entfernt öffnete sich in einem brennenden Haus die Tür. Ein Mann, einen gefüllten Sack auf dem Rücken tragend, lief eilig die Eingangstreppe herunter. Aber noch bevor er die letzte Stufe erreichte, trafen ihn die Kugeln einer Maschinenpistole und tödlich getroffen stürzte er auf die Straße. Der Schütze sprach dabei die zynischen Worte: „Das könnte dir so passen." Dem Mann folgten drei laut schreiende Frauen. Offensichtlich waren es Frau und Töchter des Erschossenen. „Ich leg euch gleich daneben", sagte der SS-Mann, hob erneut seine Maschinenpistole und streckte mit einem Feuerstoß die drei Frauen nieder. Als er sich entfernte, trällerte er den Schlager „Zum Abschied reich' ich dir die Hände".

Keiner von uns sprach ein Wort. Entsetzen stand uns in die Gesichter geschrieben. Nicht weit von uns entfernt sah der General dem Brennen und Morden zu. Plötzlich trat er heran und fragte, ob wir Eierhandgranaten dabei hätten. Als der Geschützführer mit „Ja" antwortete, befahl er uns, ins Dorf zu fahren und die Handgranaten nach links und rechts zu werfen. „Herr General, den Befehl kann ich nicht ausführen", antwortete ihm unser Geschützführer. Als ihm Befehlsverweigerung vorgeworfen wurde, begründete er seine Weigerung mit dem Hinweis, die Sturmartillerie sei anderen Einheiten lediglich zur Zusammenarbeit verpflichtet. Diese Tatsache gäbe ihm das Recht, einen Befehl zu verweigern, wenn, wie gegeben, ein nicht kriegswichtiger Einsatz sein Geschütz gefährde. Mit entschlossener Stimme fügte er hinzu: „Herr General, unser Geschütz ist nicht einsatzbereit. Wir haben Fliegerbenzin getankt und ein volles Faß davon obenauf liegen. Eine Fahrt in das lichterloh brennende Dorf gefährdet unser Geschütz ernsthaft."

Als sich die SS-Einheit kurze Zeit später wieder am Dorfrand sammelte, um den Rückweg anzutreten, befahl uns der immer noch wütende General, jetzt den ganzen Vorrat an Granaten in das Dorf zu feuern. Diesen Befehl konnte unser Geschützführer nicht verweigern. Nach seinem Befehl, in Feuerstellung zu gehen, flüsterte er mir zu: „Junge, du weißt, was zu tun ist." Mir war sofort klar, daß er von mir jenen Handgriff forderte, der zu einer Ladehemmung am Geschütz führte. Erst einige Wochen zuvor, als bei einem Angriff Granaten der russischen Artillerie bedrohlich um uns einschlugen, hatte er mir das gleiche gesagt. Schon damals verhalfen wir dem Geschütz zu einer Ladehemmung und uns zum Rückzug aus brenzliger Situation.

Am Dorfeingang stand eine Erntemaschine. Drei aufgemalte weiße Ringe wiesen sie als ein Produkt der Firma Krupp aus. Nachdem ich die erste Granate ins Rohr geschleudert hatte, flog sie auf Kommando dem Ziel entgegen. Der Verschluß an der Kanone fiel nach unten, warf die leere Kartusche heraus und blieb dann hängen. Mein Handgriff zeigte Wirkung. „Ladehemmung", rief ich so laut ich konnte. So sehr der General sich auch ereiferte, es blieb bei nur bei einer Granate. Durch sie hatte die Kruppsche Erntemaschine das Zeitliche gesegnet.

Was mag unseren Geschützführer wohl dazu veranlaßt haben, den Befehl eines Generals zu verweigern? Mir war er niemals als Gegner der Nazis aufgefallen. Rückblickend finde ich folgende Erklärung: Wir gehörten zur „kämpfenden Truppe" und hatten erst wenige Stunden zuvor dem Tod ins Auge gesehen. Zwischen denen „da vorne" im Schützengraben und denen „da hinten" in der Etappe bestand immer ein äußerst gespanntes Verhältnis. Fuhr man „von da vorne" mit dem Fronturlauberzug in Richtung Heimat, sah man viele „von da hinten" mit Beutegut in prallen Taschen und Paketen zusteigen. Weit hinter der Front waren wir jetzt ausgerechnet von solchen Typen in etwas hineingezogen worden, das uns grausam erschien und verstummen ließ.

Mir selbst gingen quälende Gedanken durch den Kopf. Könnte zu der heimtückisch und brutal erschossenen Familie nicht auch ein russischer Soldat gehören? Was ginge in ihm vor, erführe er von dem, was soeben geschehen war? Würde er nicht auch mich zu den Mördern seiner Mutter, seines Vater und seiner Schwestern zählen? Ich war mir dessen ganz sicher.

Als Soldat 1944

Kriegsgefangener in der Sowjetunion

Der Weg in die Gefangenschaft

Der Krieg endete für mich erst am 10. Mai 1945 in der Tschechoslowakei. Inzwischen zum Obergefreiten befördert, war ich nach einem Lazarettaufenthalt zur Heeres-Sturmgeschütz-Brigade 228 versetzt worden.

Am Abend des 1. Mai 1945 erreichte uns die Meldung, Adolf Hitler sei im Kampf um Berlin gefallen. Jetzt erst begann ich endgültig zu begreifen, daß wir den Krieg verloren hatten. Bis dahin gehörte ich immer noch zu denen, die an „Wunderwaffen" glaubten, mit deren Hilfe sich das Kriegsgeschehen zu unseren Gunsten wenden würde. Auch das Gerücht, es stünde im Westen ein Ende des Krieges bevor, und mit den Westmächten gemeinsam ginge es jetzt den Russen an den Kragen, war nicht ohne Wirkung geblieben.

Am 2. Mai 1945 ließ uns der NS-Führungsoffizier beim Morgenappell stramm stehen und sagte: „Wer da glaubt, der Krieg sei zu Ende, der irrt sich." Dann verlas er einen Funkspruch an alle Einheiten. Obenan stand darin geschrieben: „Neue Tendenz: Abhauen gen Westen!" Darunter eine lange Liste mit den Namen derer, die man „wegen Feigheit vor dem Feind" standrechtlich erschossen hatte. Der Funkspruch zeigte nicht nur bei mir Wirkung.

Am Abend des 9. Mai 1945 war unsere Sturmgeschütz-Brigade auf dem Weg in eine neue Stellung. Daß schon am Tag zuvor die deutsche Wehrmacht kapituliert hatte, wußten wir noch nicht. Uns war gesagt worden, man wolle sich „in überschlagenem Einsatz" in die Heimat zurückziehen. Wir gehörten zu denen, die hinter der bestehenden Front eine neue Hauptkampflinie aufbauen sollten. Danach würde weiter hinter uns die nächste aufgebaut werden. Auf diese Weise ginge es Zug um Zug zurück bis nach Deutschland. Plötzlich sahen wir russische Schlachtflugzeuge in niedriger Höhe auf uns zu kommen. Die Angst ließ mein Herz in die Hose fallen. Aber statt der erwarteten Bomben regneten Flugblätter auf uns nieder: „Das Oberkommando der Roten Armee gibt bekannt..." hieß der Titel. Es folgten der Hinweis auf die bedingungslose deutschen Kapitulation am 8. Mai 1945 und die Mitteilung, es würde nur noch auf dem Gebiet der Tschechoslowakei gekämpft. Unter der Schlagzeile: „Das Oberkommando der Roten Armee befiehlt!" standen konkrete Anweisungen für das Verhalten der verschiedenen Truppenteile am Morgen des 10. Mai. Letzter Satz auf dem Flugblatt: „Falls die Reste der noch kämpfenden deutschen Wehrmacht den Befehlen der Roten Armee nicht folgen, so wird sie deren Widerstand zu brechen wissen!"

Auf der Straße folgte bald darauf ein heilloses Durcheinander. Wie ein Lauffeuer verbreitete sich die Parole: „Auf nach Pilsen!" Dort stünde die US-Armee, hieß es. Wer nicht den Russen in die Hände fallen wolle, müsse sich sofort auf den Weg machen. Auch für uns gab es jetzt kein Halten mehr. Das Sturmgeschütz auf der Straße stehen lassend, stiegen wir in den viel schnelleren VW-Kübelwagen unseres Geschützführers und machten uns auf den Weg nach Pilsen, dem heutigen Plzen. Im Morgengrauen des nächsten Tages befanden wir uns kurz vor der Stadt Deutsch Brod (Havlickuv Brod). Pilsen lag noch weit vor uns. Plötzlich näherte sich ein offener Pkw mit der Fahne des Roten Kreuzes. Ihm entstieg ein Offizier in fremder Uniform und stellte sich als Vertreter des schwedischen Roten Kreuzes vor. Von ihm erfuhren wir, daß sowjetische

Luftlandeeinheiten in der vergangenen Nacht über Deutsch-Brod abgesprungen seien und die Zufahrtstraßen zur Stadt besetzt hätten. Uns empfahl er dringend, die Waffen sofort niederzulegen und ihm auf dem Weg in die Stadt zu folgen. „In diesem Falle garantiere ich für Ihre Sicherheit", hörten wir ihn noch sagen.

Was jetzt geschah, läßt sich kaum beschreiben. Ohne Befehle abzuwarten, wurden Gewehre, Pistolen und andere Waffen in den Straßengraben geworfen. Ihnen folgten Achselklappen und Auszeichnungen. Bald trug jeder ein weißes Stück Papier oder ein weißes Taschentuch an der Mütze. Waffenlos folgten wir dem Pkw mit der Fahne des Roten Kreuzes.

Am Stadtrand von Deutsch Brod standen Soldaten der Roten Armee. Unter den Tausenden, die sie gefangennahmen, war auch ich. Damals erschien mir dieser Tag als ein Tag der Niederlage.

In Stalingrad

Mit zahlreichen anderen Kriegsgefangenen stieg ich später irgendwo am Stadtrand von Stalingrad (Wolgograd) aus einem Güterzug. In tagelangem Fußmarsch waren wir von Deutsch Brod über Brünn (Brno) nach Pressburg (Bratislava) marschiert. Von dort brachte uns der Zug nach Stalingrad. Das neu eingerichtete Lager für die „Mai-Gefangenen" lag neben der Wolga. Als wir ankamen, ließ eine russische Ärztin uns wissen, der Brunnen für die Trinkwasserversorgung wäre noch nicht fertig. Vorerst müßten wir mit abgekochtem, lauwarmem Wasser vorliebnehmen. Bei der gegenwärtigen Hitze sei das nicht gerade angenehm. Mit Nachdruck warnte sie davor, Wasser aus der Wolga zu trinken.

Die Handlungsweise der russischen Ärztin stimmte mich nachdenklich. Was sie sagte, paßte so gar nicht zu der „Goebbelspropaganda" vergangener Tage. Danach war russische Gefangenschaft gleichzusetzen mit dem Tod. Wäre das die Wahrheit, hätte die Frau sagen müssen: „Löscht euren Durst gefälligst mit Wolgawasser."

Bis zur Fertigstellung des Brunnens hielt ich mich an die Empfehlung der Ärztin. Einige andere nicht. Sie tranken Wasser aus der Wolga. Zum Baden im Fluß nahmen sie eine Konservendose mit. Mit der Öffnung nach unten wurde die Dose so weit es ging ins tiefere, kühlere Wasser gedrückt. Wurde sie dann umgedreht, entwich die Luft aus der Dose und sie füllte sich mit kühlem Wasser. Nicht wenige bezahlten dafür mit ihrer Gesundheit.

Rings um uns lag eine vom Krieg zerstörte Landschaft. Außerhalb des Lagers lebten russische Menschen in Baracken oder Erdbunkern. Unsere tägliche Nahrung bestand aus einem Stück Brot, Kappus- oder Fischsuppe und einer kleinen Portion Soja- oder Hirsegrütze.

Wir mußten mit Holzstangen und Eisenhaken seit Jahren im Wasser gelegene Baumstämme aus der Wolga holen und auf Eisenbahnwaggons verladen.

Die Stimmung im Lager war nicht die beste. Eines Tages, kurz vor dem Ausrücken zur Arbeit, gab der deutsche Lagerführer bekannt, man wolle dem Einerlei mit kulturellen Veranstaltungen entgegenwirken. Alle, die dazu beitragen könnten, mögen sich melden. In der Vergangenheit hatte ich mich bei „Kameradschaftsabenden" oftmals als Ansager versucht. Also meldete ich mich. Bald schon war unsere „Theatergruppe" in der Lage, ein bescheidenes Programm im Lager aufzuführen. Es ähnelte jenen „Hopsassa und Trallala"-Veranstaltungen der NS-Organisation „Kraft durch Freude".

Für die Aufführung benötigten wir die Zustimmung des russischen Lagerkommissars. Einer von uns mußte deswegen zum „Kommissar". Wer aber sollte das sein? Nach langem hin und her beschloß man, den Abgesandten in geheimer Abstimmung zu ermitteln. Auf einem kleinen Stück Papier mußte jeder den Namen eines Mitglieds unserer Gruppe schreiben. Das Ergebnis machte mich betroffen, denn die meisten hatten meinen Namen aufgeschrieben.

Mein Herz klopfte, als der Dolmetscher mich zum Kommissar führte, und ich ihm unser Anliegen vortrug. Sichtlich erfreut gab er sofort sein Einverständnis. Ihm war wohl nicht entgangen, daß eine miese Stimmung im Lager unsere Arbeitsmoral sinken ließ.

Die erste Vorstellung auf einer provisorisch errichteten Bühne war ein voller Erfolg. Kurz vor Programmschluß kam der deutsche Koch zu mir und bot uns einen Eimer Hirsegrütze an. Er war mittags übrig geblieben und sollte in die Abendsuppe. „Dein Angebot freut uns", antwortete ich, „aber den Eimer nehmen wir nur an, wenn die Kameraden vor der Bühne zustimmen." Er sah mich erschrocken an, als ich ihm eröffnete, ich würde ihn am Ende des Programms auf die Bühne bitten, damit er seine Absicht vortragen könne. Sie fand übrigens begeisterte Zustimmung.

Anderntags brachte uns der Kommissar eine Gitarre, wies uns einen kleinen Proberaum an und teilte mit, daß unsere Köpfe in Zukunft nicht mehr geschoren würden.

Monatlich gaben wir fortan eine Vorstellung. In Erinnerung geblieben ist mir eine Abendveranstaltung im Speisesaal. Unter dem Motto „Ein bunter Melodienreigen" standen deutsche Volkslieder auf dem Programm. Der Saal war brechend voll, als unser Chor das erste Lied sang. Ich stand neben dem Chor, und wenn die Reihe an mir war, trat ich einen Schritt vor. Meine Ansage erfolgte in Versform: „Fern von der Heimat in einsamer Nacht, über mir leuchten die Sterne. Schau ich hinauf in des Himmels Pracht, so denk ich an euch in der Ferne. Heimat so fern und doch so nah, im Geiste bei dir bin ich immerdar, denn, schau ich gen Himmel, so leuchten trotz Ferne Heimat, deine Sterne." Sofort danach sang der Chor das Lied: „Heimat, deine Sterne." Ein anderes Mal endete ich mit den Worten: „Doch wenn die Sonne hat verloren ihren Schein, eile ich zu meiner Lore, wir geben uns ein Stelldichein, am Brunnen vor dem Tore." Danach sang der Chor: „Am Brunnen vor dem Tore". Meine letzte Ansage lautete: „Wenn es am schönsten ist, dann nähert stetig sich das Ende. Wir hoffen, das Programm hat Freude euch gebracht. Zum Abschluß, Kameraden, reichen wir euch unsere Hände und wünschen allen guten Abend, gute Nacht." Meine letzten Worte gingen über in das gleichlautende Chorlied.

Obwohl der Beifall nicht enden wollte, blieben viele Kameraden ernst und bei nicht wenigen flossen Tränen. Unser Programm hatte mehr Wunden geschlagen als Freude bereitet. Das meinte auch der Kommissar mit den vorwurfsvollen Worten: „Eure Aufgabe ist es, die Stimmung im Lager zu heben und nicht zu demontieren."

Eines Tages sprach mich jemand an, den ich zuvor noch nie gesehen hatte. Mir gegenüber gab er sich als deutscher Kommunist und ehemaliger Landtagsabgeordneter aus. Wenn ich mich nicht irre, hieß er Erwin Kunert und muß wohl in Thüringen oder Sachsen-Anhalt zu Hause gewesen sein. Er trage sich mit der Absicht, im Lager ein antifaschistisches Komitee ins Leben rufen, sagte er mir. Die Russen hätten ihm zugesagt, daß ein solches Komitee in Zukunft auch die Lagerleitung ausüben würde. Bis dahin lag sie in den Händen jener, die schon unsere Vorgesetzten in der Wehrmacht waren. Was er sagte, hörte sich ganz gut an. Als er mich dann aber bat, unsere Theatergruppe möge sich dem Komitee anschließen und sich fortan „Antifaschistische Theatergruppe" nennen, kamen mir ernsthafte Bedenken. Antifaschismus, ist das nicht gleichzusetzen mit Vaterlandsverrat? ging es mir durch den Kopf. Schließlich bat ich Kunert, unsere abendliche Probe zu besuchen und der Gruppe sein Anliegen vorzutragen. Es wurde eine lange Nacht. Gefragt nach den Aufgaben, die sich das Komitee setze, beschränkte sich Kunert auf zwei: Entlarvung der Goebbelspropaganda und Bereitschaft zur Wiedergutmachung.

Daß Goebbels uns belogen hatte, war inzwischen nicht nur mir klar geworden. Trotz seiner Prophezeihung, die Russen würden uns umbringen, lebten wir noch. Zwar wurden wir nie richtig satt, und die Raucher lechzten nach Tabak, aber die Einheimischen in Stalingrad hatten kaum mehr als wir. Immer noch ging mir das Verhalten der russischen Ärztin durch den Kopf, die abgekochtes Wasser verabreichte und vor einem kühleren Trunk aus der Wolga warnte. Es war schon nach Mitternacht, als wir uns schließlich bereit erklärten, fortan den Namen „Antifaschistische Theatergruppe" zu tragen.

Von dem sonst üblichen Lampenfieber abgesehen, war mir bei der nächsten Vorstellung gar nicht wohl zumute. Gewöhnlich begann meine Begrüßung mit den Worten: „Liebe Kameraden, im Namen unserer Theatergruppe heiße ich euch alle herzlich willkommen." Jetzt sollte ich sagen: „Im Namen unserer *antifaschistischen* Theatergruppe heiße ich euch herzlich willkommen." So war es ausgemacht, und mir blieb nichts anderes übrig. Als ich unter Beifall die Bühne betrat, klopfte mein Herz vor Aufregung. Dann war es soweit: „Liebe Kameraden!", begann ich. Meine Stimme stockte für den Bruchteil einer Sekunde. Obwohl ich die folgenden Worte: „Im Namen der antifaschistischen Theatergruppe" fast verschluckte, hatten alle sie verstanden. Einsetzendes Gemurmel bewies es.

Obwohl der Name „antifaschistische Theatergruppe" vielen nicht paßte, sank dadurch keinesfalls unser Ansehen. Man übersah nicht, daß wir ein wenig Abwechslung in den sonst so tristen Alltag brachten. Auch der Auftritt des Kochs am Ende eines jeden Programms fand weiter Anerkennung. Angesichts der Tatsache, daß im Lager keiner richtig satt wurde, honorierte man besonders hoch unser Verhalten, nicht ohne Einverständnis Nahrung anzunehmen, die allen gehörte. Als wir dann auch noch das Angebot ablehnten, an einem eigens für uns bestimmten Tisch im Speisesaal die Mahlzeiten einzunehmen, nahm man uns die Namensänderung nicht mehr krumm.

Die Antifaschule

Es mag Anfang Dezember 1945 gewesen sein, als Erwin Kunert mitten in der Nacht alle Komiteemitglieder, zu denen auch ich inzwischen gehörte, zusammenrief. Man forderte von uns die Namen der zehn besten Arbeiter. Da der Kommissar sie anderntags sprechen wollte, dürfe am Morgen keiner von ihnen zur Arbeit ausrücken.

Obwohl ich nicht zu denen gehörte, die wir benannt hatten, rief man auch mich zum Gespräch. Außer dem Kommissar war ein Zivilist dabei. Erst viel später erfuhr ich, daß es sich um einen politischen Emigranten aus Österreich handelte. Diesem Mann mußte ich ausführlich Rede und Antwort stehen. Er erkundigte sich nach meinen Eltern, wollte wissen, ob ich in der HJ gewesen wäre, welchen Beruf ich erlernt hätte, und wo ich beschäftigt gewesen sei. Wahrheitsgemäß gab ich Auskunft. Als er mich schließlich fragte, was ich unter Demokratie verstünde, antwortete ich kurz und knapp: „Wenn jeder seine Meinung sagen darf." Damit war die Unterredung beendet, und ich durfte den Raum verlassen.

Eine halbe Stunde später rief man mich erneut zum Gespräch. Außer mir waren noch neun andere Kriegsgefangene anwesend. Der Zivilist ließ uns wissen, man habe die Absicht, uns auf eine „Antifaschule" zu schicken. Solche Schulen gingen auf einen Beschluß der Alliierten zurück. Kriegsgefangene sollten hier antifaschistisches Gedankengut kennenlernen. Allerdings läge die Entscheidung bei jedem einzelnen von uns. Gezwungen würde keiner. Da jedoch nicht viel Zeit bliebe, müßten wir uns sofort entscheiden.

Ich war wie vor den Kopf geschlagen. Mit vielem hatte ich gerechnet, nur damit nicht. Alle möglichen Gedanken gingen mir sekundenschnell durch den Kopf: Eine Zusage wird gewiß deine Überlebenschancen in der Kriegsgefangenschaft verbessern. Bestimmt bekommst du auf der Schule mehr zu essen als in Stalingrad. Vielleicht gibt es dort auch Tabak. Möglicherweise läßt man dich früher nach Hause. Diese Hoffnungen gaben schließlich den Ausschlag. Wie die neun anderen, so erklärte auch ich mein Einverständnis.

Jetzt ging alles sehr schnell. Noch am Abend führte man uns zum Bahnhof. Hier stand ein Waggon bereit. Er ähnelte dem, der mich nach Stalingrad gebracht hatte. Allerdings blieb die Tür offen. Aufgeschüttetes Stroh bildete den Schlafplatz, und ein kleiner Ofen sorgte für angenehme Wärme. Ich weiß nicht mehr, wie lange wir unterwegs waren. Auch Moskau zählte zu den Städten, durch die wir fuhren. Endstation war Wjasniki, ein kleines Städtchen etwa 120 Kilometer von Gorki entfernt, dem heutigen Nishnij-Nowgorod. Es war bitterkalt, der Schnee lag fast kniehoch und stürmisches Schneetreiben setzte uns arg zu. Wir erfuhren, daß bis zur Schule ein Fußmarsch von etwa 45 Kilometern vor uns läge. Als Marschverpflegung gab es ein Stück Brot und einen Eßlöffel Schmalz. Es war dunkel, als wir mit noch anderen Kriegsgefangenen Wjasniki zu Fuß verließen. Kilometerweit vor uns nur freies Feld. Der eisige Wind peitschte ins Gesicht. Es war, als würde jemand mit einer Rasierklinge die Wange aufritzen. Als dann endlich ein Wald auftauchte, atmeten wir auf. Zwar lag auch hier der Schnee fast kniehoch, aber dafür konnte der Wind uns nichts mehr anhaben.

Im Gänsemarsch stapften wir durch den Schnee. Wer an der Spitze ging, hatte es schwerer als die hinter ihm. Er bahnte den Weg. Nach etwa 30 Metern trat er zur Seite, wartete, bis alle an ihm vorbei waren, und schloß sich hinten wieder an. Auf diese Weise mußte abwechselnd jeder Schwerarbeit verrichten. Nach langem Marsch erreichten wir bewohnte Waldhütten. Hier gab es eine Pause. Dann ging es weiter. Quälend war der Durst. Wir stillten ihn mit Schnee.

Als sich viele Stunden später der Wald lichtete, sahen wir weit vor uns eine Siedlung. Sie trug den Namen Talizi. In ihr befand sich das Kriegsgefangenenlager 165 mit der Antifaschule.

Am Ziel angekommen, führte man uns sofort zum Bad, zur Banja, wie die Russen sagen. Unter der warmen Dusche erwachte ein Körperteil nach dem anderen. Dahinein mischte sich die Freude, daß man uns die Haare scherte. Dann bezogen wir unsere Unterkünfte. Sie lagen in zweistöckigen Holzhäusern. Zweistöckig darin auch die Betten. Unsere anschließende Mahlzeit im Speisesaal glich in Menge und Geschmack einem Festmahl. Die Welt war wieder in Ordnung. Nachdem der Hunger gestillt war, fand ich Zeit, mich im Raum umzusehen. An den Wänden hingen Porträts. Nicht alle der abgebildeten Personen waren mir bekannt. Marx und Engels, Lenin und Stalin hatte ich schon in Stalingrad kennengelernt. „Seht ihr dort die Porträts von Karl Liebknecht und Rosa Luxemburg?", hörte ich einen Älteren unter uns fragen. Den Namen Rosa Luxemburg hatte ich schon einmal in der Schule gehört. Meines Wissens bezeichnete der Lehrer sie als „jüdisches Flintenweib". In welch' eine Gesellschaft war ich bloß geraten! Als ich am Abend in meinem Bett lag, betete ich zu Gott und bat ihn, mich sicher durch die vor mir liegende Zeit zu geleiten. Anderntags bekam jeder ein Päckchen Tabak.

Am Heiligen Abend blieb es still in unserer Stube. Einschlafen konnte ich nicht. Ungewißheit plagte mich. Im Februar 1945 war die letzte Nachricht von zu Hause bei mir eingetroffen. Einen Monat später, am 11. März 1945, hatte die alliierte Luftflotte einen Großangriff auf Essen geflogen. Jetzt stellte ich mir immer wieder die bange Frage: „Haben Eltern und Schwester überlebt?" Mir kamen die Tränen.

Im Januar 1946 begann der Schulbetrieb. „Kursanten" nannte man uns fortan. Jeder gehörte einer etwa 20 Mann starken Seminargruppe an. Die Gruppen wohnten zusammen und besaßen ihren eigenen Seminarraum. Nur zu Lektionen versammelten sich alle Kursanten im Hörsaal der Schule. Die Lehrer waren mehrheitlich emigrierte deutsche Kommunisten. Da Papier Mangelware war, besaß jeder von uns eine DIN A 4 große Holztafel. Darauf machten wir uns mit einem Graphitstift Notizen. Nach den Lektionen trafen sich die einzelnen Gruppen im Seminarraum. Hier übertrug man die Notizen von der Holzplatte auf Papier, um die Platte danach mit einem scharfkantigen Stein wieder blank zu kratzen. Dann wurde über das gesprochen, was man gehört und aufgeschrieben hatte. Für jede Seminargruppe waren ein Lehrer und ein Assistent zuständig. Unser Lehrer war ein russischer Offizier. Er wolle mit dieser Tätigkeit sein Deutsch vertiefen, ließ er uns wissen. Assistent war ein deutscher Kriegsgefangener. Er hatte schon vor uns die Schule besucht.

Zahlreiche Lektionen behandelten geschichtliche Themen wie: der Bauernkrieg, die Revolution von 1848/49, die Entstehung der Arbeiterbewegung, der deutsch-französische Krieg 1870/71, die Einigung Deutschlands mit Blut und Eisen, das deutsche Kaiserreich, der Erste Weltkrieg und die Rolle der Arbeiterbewegung, die Weimarer Republik, die Nazis an der Macht, der Zweite Weltkrieg, die Ursachen der Niederlage Hitlerdeutschlands, der Weg des neuen Deutschlands, der Nürnberger Prozeß gegen die Hauptkriegsverbrecher.

Als einer der Lektoren einmal auf die NS-Einrichtung „Kraft durch Freude" zu sprechen kam, meldete ich mich und fragte, ob diese Organisation nicht auch etwas Gutes gehabt hätte, immerhin habe sie Arbeitern Urlaubsreisen vermittelt. Die Reaktion des Lektors ließ mich zittern, denn statt sachlich zu antworten, schrie er mich an, behauptete erregt, ich hätte auf der Schule bisher nichts gelernt und bezeichnete mich als Faschist. Ich war zu keinem Widerwort fähig und nahm an, wohl die längste Zeit auf der Schule gewesen zu sein. Immer dann, wenn sich kurze Zeit später in unserer Unterkunft die Tür öffnete, nahm ich an, es käme einer und zitiere mich zur Schulleitung. Diese Vermutung schien sich zu bewahrheiten, als unser russischer Klassenlehrer erschien und mich zum Mitkommen aufforderte. Aber er ging nicht mit mir zur Schulleitung, sondern zur Bank vor unserer Unterkunft und ließ mich dort Platz zu nehmen. „Ich bin gekommen, um mich für das Verhalten meines deutschen Genossen zu entschuldigen", sagte er und nannte mir die Gründe, warum er und nicht sein deutscher Genosse gekommen war. Als Jude und Kommunist habe dieser 1933 vor den Nazis fliehen müssen, ließ er mich wissen. Aber alle seine Angehörigen wären in Deutschland geblieben und umgebracht worden. Vielleicht könne ich unter diesen Umständen sein Verhalten mir gegenüber in etwa begreifen. Er sei aber auch gekommen, um meine Frage zu beantworten. Wir sprachen danach lange über die NS-Einrichtung „Kraft durch Freude". Sie habe letztlich den Kriegszielen der Nazis gedient, meinte er. Immerhin wären die KdF-Urlauberschiffe so konstruiert gewesen, daß man sie im

Handumdrehen in Kriegsschiffe verwandeln konnte. – Das offene Gespräch hat mein Verhältnis zu dem russischen Seminarlehrer nachhaltig geprägt. Wann immer bei mir Fragen aufkamen, fand ich bei ihm ein offenes Ohr.

Bekanntschaft mit Marx und Engels

Neben Lektionen zur deutschen Geschichte standen auch Karl Marx und Friedrich Engels auf dem Lehrplan. Mir war inzwischen klar geworden, daß deren Lehre sich vom Christentum distanzierte. Der russische Lehrer beantwortete meine Fragen dazu mit den knappen Worten: „Sie glauben, ein Marxist weiß." Ein Ausspruch, den ich mir später auch aneignete.

Über die marxistische Philosophie hätte ich gern mehr gewußt als das, was man auf der Schule darüber hörte. Es sei nicht Aufgabe der Schule, den Kursanten umfassend die marxistische Philosophie zu vermitteln, antwortete mir der russische Lehrer, als ich ihn einmal darauf ansprach. Uns wolle man antifaschistisches Gedankengut näherbringen. Falls mich die marxistische Philosophie besonders interessiere, möge ich mich zu Hause damit beschäftigen; er könne mich zu einem solchen Studium nur ermuntern.

Die Lektionen über die marxistische Ökonomie und die Lehre vom Sozialismus weckten natürlich auch mein Interesse. Sie ließen mich nachdenken und überzeugten mich zunehmend. Ganz besonders waren es jene Thesen, die davon ausgingen, daß der gesellschaftlichen Produktion die private Aneignung gegenüberstünde. Nur wenige Reiche eigneten sich diese gesellschaftliche Produktion an und vermehrten auf diese Weise ihren persönlichen Reichtum. Die Arbeitskraft des Menschen sei eine Ware, allerdings eine ganz besondere. Sie besitze die Eigenschaft, mehr Werte zu produzieren, als sie selbst benötige, um anderntags wieder arbeiten zu können. Der so erzielte Mehrwert komme nicht der Gesellschaft, sondern jenen zugute, die sich der Ware Arbeitskraft bedienen. Folglich würden die einen immer reicher und die anderen immer ärmer.

Mich überzeugte besonders die marxistische Lehre vom Sozialismus, jener Gesellschaftsordnung, in der einer gesellschaftlichen Produktion die gesellschaftliche Aneignung gegenübersteht. Einer Ordnung, in der jeder einzelne nach seinen Fähigkeiten arbeitet und nach seiner Leistung bezahlt wird. Einer Ordnung, in der Elend, Not und Kriege der Vergangenheit angehören.

Das erstrebenswerte Ziel, so sagte man uns, sei die kommunistische Gesellschaftsordnung, in der jeder nach seinen Bedürfnissen leben könne. Der Weg dorthin vollzöge sich allerdings in einem harten Klassenkampf. Es sei der Kampf derer, die wenig besitzen, gegen die Besitzenden, ein Klassenkampf des Proletariats gegen die Bourgeoisie. Die Sowjetunion sei auf dem besten Wege zu einer kommunistischen Gesellschaft.

Abends lag ich oft lange wach. Das Gehörte verglich ich mit der Realität. Dabei kamen mir Namen wie Krupp, Stinnes, Thyssen und andere in den Sinn. Gehörten sie nicht auch zu jenen, die ihren Reichtum der gesellschaftlichen Produktion und der privaten Aneignung verdankten? Hatten sie nicht auch an dem gerade zu Ende gegangenen Zweiten Weltkrieg mit seinem sinnlosen Sterben verdient? Ohne es begriffen zu haben, beschritt ich den Weg, der mich zum Kommunisten machte.

Unser Lehrgang auf der Antifaschule sollte sechs Monate dauern. Was danach mit uns geschehen würde, lieferte reichlich Stoff für Spekulationen. Die einen wollten erfahren haben, wir kämen zurück in die Lager. Andere bezogen sich auf „zuverlässige Quellen". Dort wisse man, daß wir bald nach Hause kämen. Solche und andere Gerüchte nahmen zu, als sich das Ende des Lehrgangs näherte.

Kurz davor wurde jeder von uns gefragt, ob er bereit sei, ein schriftliches Gelöbnis abzulegen. An den genauen Text kann ich mich nicht mehr erinnern. Sinngemäß verpflichteten wir uns dazu, immer und zu aller Zeit für den Frieden in der Welt einzutreten, stets die Freundschaft mit der Sowjetunion und anderen Völkern zu pflegen und dem eigenen Volk in antifaschistischem Sinne zu dienen. Kürzlich fand ich in einem Buch diesen wörtlichen Schluß: „Sollte ich selbst diesen Schwur brechen und zu einem Verräter an meinem Volke, an meiner Heimat, an meiner Familie werden, so treffe mich des Volkes gerechter Zorn. Mögen die Kampfgefährten mich als Verräter, als Feind des Volkes, des Fortschritts und des Friedens richten und verdammen." Ob er wirklich so gelautet hat, kann ich weder bestätigen noch dementieren. Da in unserem Seminar jeder damit rechnete, nach Ableistung eines solchen Gelöbnisses bald nach Hause entlassen zu werden, gab es keinen einzigen Verweigerer.

Als unser Lehrgang beendet war, geschah zunächst nichts. Es verging eine Woche, es vergingen zwei Wochen, es verging ein Monat und mehr. Führte man uns in der Regel einmal wöchentlich zum Holzfällen in den Wald, so geschah das jetzt öfter. Daneben wurden Lektionen angeboten, zu deren Besuch keiner verpflichtet war. Vornehmlich beschäftigten sie sich mit der aktuellen Politik, mit den Konferenzen der Alliierten, mit der SED-Gründung in der sowjetisch besetzten Zone.

Schließlich gab es auch Lektionen zur „Einführung in die marxistische Philosophie". Darauf hatte ich gewartet. Aber manches von dem, was der Lektor ausführte, begriff ich nur schwer. Da war von Materie und Idee die Rede, wobei die Materie immer das primäre sei. Da hörte ich, daß jede Entwicklung gesetzmäßig immer vom Niederen zum Höheren verliefe. Da definierte man den Zufall als ein Zusammentreffen zweier Kausalreihen.

Einmal monatlich veranstaltete die russische Lagerkommandantur eine Versammlung. Auf ihr wurden allgemeine Probleme besprochen und Fragen beantwortet. Als wieder einmal eine solche Versammlung stattfand, fragte jemand, ob wir nicht bald in jene Lager zurückkehren würden, aus denen wir nach Talizi gekommen wären. Immerhin brenne ein jeder darauf, das Gelernte weiterzugeben. „Wollten Sie nicht wissen, wann wir Sie nach Hause entlassen?" parierte darauf der Lagerkommandant. Ohne jedoch die Antwort abzuwarten, teilte er mit, die Regierung der Sowjetunion habe dem Zentralkomitee der neugegründeten SED den jetzt zu Ende gegangenen Lehrgang geschenkt. Was mit uns geschehe, würde nicht mehr in Moskau, sondern in Berlin entschieden. Gegenwärtig warte man auf diese Entscheidung.

Was wir hörten, glich einer Sensation. Für einige war es klar, daß wir nach Hause kämen, andere blieben skeptisch. „Die Entscheidung kommt aus der Luft", sagte jemand treffend. Er meinte damit jenes Flugzeug, das hin und wieder auftauchte und ein- oder zweimal über unserem Lager kreiste. Inzwischen wußten wir auch, was das zu bedeuten hatte. Mit nur einem Kreis kündigte der Pilot an, er würde über dem naheliegenden Landeplatz lediglich Post für die Kommandantur abwerfen. Zwei Kreise signalisierten seine Landung. So etwas geschah immer dann, wenn wichtige Kurierpost oder Besucher an Bord waren. Gewiß würde er auch landen, wenn er die uns betreffende Nachricht brächte.

Fortan schauten wir immer dann gespannt gen Himmel, wenn das Flugzeug erschien. Kreiste es nur einmal, war man enttäuscht. Als es aber eines Tages zwei Kreise flog, war alles in heller

Aufregung. Aber zunächst tat sich nichts. Meistens ereignet sich das, worauf man lange wartet, gewöhnlich dann, wenn man nicht daran denkt. So war es auch jetzt. Anderntags mußten alle ganz plötzlich antreten. Dann wurden die Namen von Kursanten verlesen und denen befohlen, sofort mit allen Sachen zum Lagertor zu kommen. Mein Name war auch aufgerufen worden. Im Laufschritt eilte ich in meine Unterkunft, packte die wenigen Sachen zusammen und eilte zum Lagertor. Von hier aus führte man uns in den Kommandanturbereich und dort in eine Turnhalle. Es wurde still, als der Lagerkommandant in Begleitung eines Mannes die Turnhalle betrat, an ein Rednerpult schritt, seinen Begleiter als Mitglied des Zentralkomitees der Kommunistischen Partei der Sowjetunion vorstellte und ihm das Wort erteilte. Unser aller Augen richteten sich jetzt auf diesen Mann. In gutem Deutsch sagte er:

„Ich bin gekommen, um Ihnen mitzuteilen, daß die sowjetische Regierung beschlossen hat, Sie mit dem heutigen Tage aus der Kriegsgefangenschaft zu entlassen. Ihr Rücktransport nach Deutschland wird von uns sofort vorgenommen. Als Feinde sind Sie in unser Land eingedrungen, lassen Sie uns als Freunde auseinandergehen. Es würde uns freuen, wenn Sie das, was Sie hier gelernt haben, zur Richtschnur Ihres Lebens machten."

Was in mir vorging, ist schwer zu beschreiben. Zutiefst ergriffen, schämte auch ich mich der Tränen nicht.

Die Heimkehr

Endlich war der Tag gekommen, auf den ich immer wieder gehofft hatte: Es ging nach Hause! Was würde mich dort erwarten? Dann ging alles sehr schnell. Jeder erhielt saubere Unterwäsche, gutes Schuhwerk, feldgraue Hose und Jacke. Die reichliche Mahlzeit danach ließ das Herz höher schlagen.

Mit Marschverpflegung im Gepäck machten wir uns auf den langen Fußweg von Talizi nach Wjasniki. Als wir im Dezember 1945 von dort zum Lager gegangen waren, war es bitterkalt gewesen. Jetzt kündete sich der Herbst an. Unterwegs machte ich mir Gedanken darüber, welche Kursanten zu den Heimkehrern gehörten. Es waren nicht alle dabei. Der größte Teil war in den westlichen Besatzungszonen beheimatet.

Am Abend des 22. September 1946 traf unser Zug in Frankfurt an der Oder ein. In Marschkolonne ging es vom Haltepunkt aus in das „Quartierlager Gronenfelde". Hier wurden wir registriert, erhielten einen „Heimkehrerpaß" und von der „Volkssolidarität" drei Mark. Dafür kaufte ich mir drei Broschüren von Marx und Engels: Das „Manifest der Kommunistischen Partei" und zwei andere, die sich mit der marxistischen Philosophie beschäftigten.

Nach kurzem Aufenthalt in Frankfurt an der Oder fuhren wir weiter in Richtung Westen und passierten die Zonengrenze. Endstation war das Flüchtlingsdurchgangslager Friedland/Leine. Anders als in Frankfurt an der Oder trugen jene, die uns hier registrierten, keinen Zivilanzug, sondern Uniformen der ehemaligen Waffen-SS. Lediglich Totenkopf und Kragenspiegel waren abgetrennt. Von der britischen Besatzungsmacht interniert, wurden sie hier zu Registrierarbeiten herangezogen. Der britischen Lagerkommandantur als auch den ehemaligen SS-Leuten war bekannt, daß wir Kursanten einer sowjetischen Antifa-Schule waren.

Von einem der internierten SS-Leute gefragt, welcher NS-Organisation ich angehört hätte, nannte ich ihm meine Mitgliedschaft in der HJ und die darin ausgeübte Funktion eines Jungenschaftsführers. Der Fragesteller sah mich finster an und zischte mir die Worte entgegen: „Sie sollten sich schämen, daß Sie Jungenschaftsführer waren." Als ich ihm antwortete: „Das tue ich auch", vernahm ich sein verächtlich ausgesprochenes: „Pfui Teufel!" Dann durchsuchte er meine Habseligkeiten. Dazu gehörten auch die in Frankfurt an der Oder gekauften drei Broschüren. Ihm war wohl sofort klar, was er in seinen Händen hielt, denn er warf sie mit den Worten: „Diesen Scheißdreck brauchen wir in Deutschland nicht" in dem hinter ihm stehenden Korb für konfiszierte Gegenstände.

Ich war außer mir und zugleich tief erschrocken. Wie war es nur möglich, daß ehemalige Nazis hier den Ton angaben? Unverzüglich begab ich mich zur britischen Lagerkommandantur und trug vor, was geschehen war. Ich benötigte die Broschüren für ein Philosophiestudium, sagte ich und bat um deren Rückgabe. Man würde mir Bescheid geben, hieß es. Erst am Abend befahl man mich zur Lagerkommandantur. Hinter einem Tisch saß ein Zivilist. Er stellte sich mir als ein Dr. phil. aus Göttingen vor und forderte mich zum Sitzen auf. Dann nahm er die drei vor ihm liegenden konfiszierten Broschüren in die Hand und fragte, warum ich sie unbedingt zurückhaben möchte. Ich trüge mich mit der Absicht, nach meiner Heimkehr Philosophie studieren, erwiderte ich. Ob ich mich denn schon einmal mit der Thematik befaßt habe, wollte er wissen. Meine Antwort: „Ja, ein wenig mit dem philosophischen Materialismus." Als er Details wissen wollte, sagte ich: „Materialismus und Idealismus sind meines Wissens zwei Grundrichtungen in der Philosophie. Den Unterschied zwischen ihnen möchte ich an dem Tisch erklären, vor dem wir sitzen. Würde man fragen, wie er entstanden ist, antwortete der Idealist kurz und knapp: Weil der Mensch die Idee gehabt hat, einen Tisch zu bauen, und sich dabei der Materie Holz bediente. Anders der Materialist. Seine Antwort würde lauten: Der Tisch ist entstanden, weil die Materie Holz da war. Erst als der Mensch feststellte, daß er sie verarbeiten konnte, kam ihm die Idee, daraus einen Tisch zu bauen. Im Gegensatz zum Idealisten, für den die Idee das Primäre ist, ist es für den Materialisten die Materie." Mein Gegenüber lächelte, reichte mir die Broschüren und sagte: „Ich wünsche Ihnen viel Glück beim Philosophiestudium."

Aber in Friedland stand mir noch anderes bevor.

Am Sonnabend, dem 28. September 1946, sollten wir von Friedland aus die Heimreise antreten können. Dazu benötigten wir den notwendigen „Flüchtlings-Meldeschein", denn nur mit ihm würden wir zu Hause Personalpapiere und Lebensmittelkarten bekommen. Ein britischer Offizier unterschrieb ihn. Bevor man an seinen Tisch trat, bekam man den Schein blanko von einem der internierten SS-Männer. Es war jener, der mir die Broschüren abgenommen hatte. Bevor er mir den noch nicht unterschriebenen „Flüchtlings-Meldeschein" aushändigte, blätterte er in einer vor ihm stehende Kartei und machte mit dem Bleistift ein Zeichen auf den Schein.

Als der britische Offizier das Zeichen sah, forderte er mich auf, so lange zu warten, bis alle abgefertigt wären. Ich war sehr beunruhigt. Was hatte das zu bedeuten? Es war gesagt worden, daß jeder nach dem Erhalt des Meldescheins die Heimreise antreten könne. Zuvor müsse man zu einem Schalter nahe dem Lagerausgang. Hier gäbe es Marschverpflegung bis zum 29. September 1946 und die Eisenbahnfahrkarte zum Heimatort.

Schließlich befand ich mich mit dem Offizier allein im Raum. Er befahl mir, die Jacke auszuziehen und die Arme zu heben. Dann besah er sie unterhalb der Achsel, schüttelte den Kopf, trat an den Tisch zurück, entfernte das Zeichen mit einem Radiergummi und unterschrieb den Flüchtlings-Meldeschein. Mir wurde sofort bewußt, was geschehen war. Am Arm unter der

Achsel trugen SS-Leute eine Tätowierung. Der ehemalige SS-Mann wollte mich als einen der Ihren denunzieren. Das war wohl seine Retourkutsche gegen mich. Bevor mir der Offizier den unterschriebenen Schein reichte, wollte er wissen, wie man in Friedland mit mir umgegangen sei. Ich schilderte ihm das Erlebte. Als ich ging, rief er mir nach: „Sollte Ihnen jetzt noch einer zu nahe treten, dann kommen Sie sofort hierher zurück."

Es war inzwischen Mittag geworden. Alle anderen hatten das Lager bereits verlassen. Der Schalter, an dem man Fahrkarte und Marschverpflegung bekommen sollte, war bereits geschlossen. „Es ist Feierabend für heute", rief mir der Posten am nahen Lagertor zu und meinte dann: „Du mußt dich wohl oder übel bis Montag gedulden."

In diesem Augenblick bekam ich es mit der Angst zu tun. Sollte ich wirklich ohne die andern das Wochenende über in Friedland bleiben müssen? Wollten sich damit die internierten SS-Leute an mir rächen? Für sie waren offenbar Leute wie ich Verräter.

Schnurstracks eilte ich dorthin zurück, von wo ich eben erst gekommen war. Der britische Offizier war noch da. Als ich ihm schilderte, was mir widerfahren war, erhob er sich, nahm eine auf dem Tisch liegende Reitpeitsche in die Hand und sagte kurz und knapp: „Kommen Sie mit." Ich folgte ihm zu der naheliegenden Unterkunft der internierten SS-Leute. Als er die Tür öffnete, brüllte einer der Bewohner: „Achtung!", flitzte herbei, baute sich vor dem britischen Offizier auf, schlug die Hacken zusammen und meldete die Stube so, wie es die SS ihm beigebracht hatte.

In der Baracke war es jetzt mäuschenstill. Einen Augenblick stand auch der Offizier schweigend da. Mit der Reitpeitsche schlug er rhythmisch gegen seinen Stiefelschaft. Dann sagte er auffallend leise, aber sehr bestimmt: „Dieser Mann bekommt sofort Marschverpflegung und die Fahrkarte. Ich erwarte in fünf Minuten Meldung darüber, daß er das Lager verlassen hat." Nach diesen Worten drehte er sich um, ging wortlos an mir vorbei und verließ die Baracke.

Was jetzt geschah, machte deutlich, wes Geistes Kinder die vor mir stehenden „Helden" waren. Hastig forderte mich einer auf, ihm schnellstens zu folgen. Immer wieder spornte er mich zur Eile an. Am soeben noch geschlossenen Schalter erhielt ich anstandslos Marschverpflegung und die Fahrkarte nach Essen-Borbeck. Während ich alles in meine Tasche packte, griff der SS-Mann zum Telefon. „Schmidt ist abgefertigt", meldete er. Ich konnte mir ein ironisches Lächeln nicht verkneifen. Sie waren und sind wieder Speichellecker, ging es mir durch den Kopf. Ihre Devise: Nach oben buckeln, nach unten treten.

Der Hitlerjunge wird Kommunist

Enttäuschungen ebnen den Weg in die KPD

Es war dunkel geworden, als der Zug in den Essener Hauptbahnhof einlief. Anfang 1944 war ich zuletzt hier gewesen. Schon damals blutete die Stadt aus vielen Wunden. Was ich jetzt sah, übertraf das damals Gesehene bei weitem. Um den Bahnhof herum eine einzige Trümmerlandschaft. „Hast du noch ein Zuhause? – Leben die Deinen noch?" Diese quälenden Fragen bewegten mich. Mit schnellen Schritten ging ich hinüber zum Bahnsteig 4 West. Von hier aus fuhr der Zug nach Essen-Borbeck. Vom Borbecker Bahnhof aus ging ich zur naheliegenden Polizeiwache. Hier wurde die Einwohnerkartei geführt. „Ich heiße Ernst Schmidt und komme gerade aus der Gefangenschaft nach Hause", sagte ich dem anwesenden Polizeibeamten und fragte ihn, ob in der Feldstraße 32 noch meine Angehörigen wohnten. Mir ging alles mögliche durch den Kopf, als der Mann in der vor ihm stehenden Kartei blätterte. Dann hatte er gefunden, was er suchte. Seine Augen strahlten, als er mir sagte: „Jawohl, Junge, in der Feldstraße 32 sind Adolf, Luise und Hedwig gemeldet". Mir fiel eine schwere Last vom Herzen. Ein bis dahin nie gekanntes Glücksgefühl durchströmte mich. Vor Freude hätte ich laut jubeln können. Der Polizeibeamte muß bemerkt haben, was in mir vorging, denn er sagte: „Es freut mich, daß ich dir eine gute Antwort geben konnte. Mancher, der zurückkommt, hat seine Angehörigen verloren."

In Windeseile machte ich mich auf den Weg nach Hause. Durch die Borbecker Straße (heute Marktstraße), vorbei am alten Marktplatz und der bombenbeschädigten Dionysiuskirche. Vorbei am Germaniaplatz, vorbei an dem Haus, in dem ich meine Lehre beendet hatte. Auf der anderen Seite waren nach dem Bombenangriff am 25. März 1942 vier Menschen tot aus den Trümmern geborgen worden. Vorbei an Häuserfassaden, durch deren leere Fensteröffnungen man in den nächtlichen Himmel sehen konnte. Dann links hinein in die Prinzenstraße. Vorbei an dem von Bomben stark mitgenommenen Borbecker Gymnasium. Vorbei auch an der ehemaligen Mittelschule auf der anderen Seite. Dann bog ich rechts ab in die Feldstraße und stand schließlich vor dem Haus mit der Nummer 32. Es hatte sein Aussehen nicht verändert. Links und rechts daneben allerdings Spuren des Bombenkriegs.

Es war Nacht geworden. Auf der Straße sah ich weit und breit keine Menschenseele. Im Hause schlief man schon. „Was tun?", ging es mir durch den Kopf. Mutter hatte Schwierigkeiten mit ihrem Herzen. Große Aufregungen solle man von ihr fernhalten, hatte uns einmal der Arzt empfohlen. Im Erdgeschoß wohnte Paul Riesner mit seiner Familie. Er hatte mich als Kind immer mitgenommen zum Fußballplatz. Spielte Rot-Weiß Essen an der Hafenstraße, waren wir begeisterte Zuschauer. Das Schlafzimmer der Riesners lag zur Straße hin. Hier klopfte ich an. Es dauerte nicht lange, und das Fenster öffnete sich spaltbreit. Als Paul Riesner mich sah, rief er freudig: „Mein Gott, der Ernst." Dann stand ich ihm in der Haustür gegenüber, und wir fielen uns in die Arme. Ich fragte ihn nach den Eltern. Die hätten sich längst schlafen gelegt, meinte er. Ich wußte von früher, daß Vater oftmals nachts zur Zeche gerufen wurde. Mit Rücksicht auf Mutter bat ich Paul Riesner, Vater mit dieser Ausrede zu wecken. Ich hörte, wie er in der ersten Etage an unserer Wohnungstür klopfte, wie geöffnet wurde und wie er mit Vater sprach.

Dann kamen beide die Treppe herunter. Zwei Schritte dahinter aber auch meine Mutter. Eine innere Stimme habe ihr geraten, Vater nach unten zu folgen, sagte sie mir später. Als Paul Riesner sie bemerkte, ließ er ihr den Vortritt. An Vater vorbei lief sie die letzten Stufen zu mir hinunter, fiel mir um den Hals, drückte mich an sich und sagte: „Junge, mein Junge!" Schließlich küßte sie mich immer wieder auf Wange und Lippen. Alle hatten wir Tränen in den Augen. Auch Paul Riesners Frau war gekommen, um mich zu begrüßen. Bis tief in die Nacht saßen meine Eltern und ich zusammen und redeten. Die Schwester war nicht da. Sie weilte zu Besuch bei ihrem Freund in Rheinberg am Niederrhein. Während des Krieges war er Flaksoldat auf dem Borbecker Bahnhof gewesen.

Anderntags, am Sonntag, dem 29. September 1946, ging ich mit meinen Eltern zum „Kruppsaal". Dort fanden wieder evangelische Gottesdienste statt. Bei unserem Eintreten richteten sich viele Blicke auf uns. Man hatte mich erkannt. Wieder einmal war einer nach Hause gekommen.

Es war lange her, seit ich zuletzt hier gewesen war. Es war wie früher, die Liturgie und die Lieder der Gemeinde. Aufmerksam lauschte ich der Predigt. Plötzlich hörte ich den Pfarrer sagen: „Sind wir nicht erschüttert über das, was jenseits der Oder geschieht? Sind wir nicht erschüttert über die Deportationen deutscher Arbeiter nach Rußland?" Immer wieder gingen mir diese Worte durch den Kopf. Ich erinnerte mich an meinen letzten Gottesdienstbesuch in diesem Hause. Damals endete dieser mit einem Fürbittegebet. Darin hatte es geheißen: „Gott segne den Führer und seine Truppen." Warum war man damals nicht erschüttert gewesen über das, was jenseits der Oder geschah? Warum war man nicht erschüttert gewesen über die Deportationen von Zwangsarbeitern nach Essen, die hier Unmenschliches ertragen mußten? Innerlich empört, war ich nahe daran, aufzuspringen und einen Zwischenruf zu wagen. Nur der Gedanke an die Eltern hielt mich zurück. Vater hielt in der Kirche immer den „Klingelbeutel", in den man sein Geld warf. Nach dem Gottesdienst zählte er es. Bevor er es an jenem Sonntag zählte, bat er mich, den Pfarrer in der Sakristei zu begrüßen. Als ich dort eintrat, war dieser gerade damit beschäftigt, seinen Talar in den Schrank zu hängen. Dann drehte er sich zu mir um, schritt mit erhobenen Händen auf mich zu und sagte dabei: „Ernst, der Herr hat dich uns wiedergegeben." Ich stand wie angewurzelt. Er war spürbar betroffen, als ich seine ausgebreiteten Hände nicht ergriff. In das Schweigen hinein wiederholte ich aus seiner Predigt die Worte: „Sind wir nicht erschüttert über das, was jenseits der Oder geschieht? Sind wir nicht erschüttert über die Deportationen deutscher Arbeiter nach Rußland?"

„Was hast du, Ernst?", hörte ich ihn fragen und dann kam es aus mir heraus: „Herr Pfarrer, als ich zuletzt in dieser Kirche war, segnete man den Führer und seine Truppen. Warum, so frage ich Sie, warum hat man damals in der Predigt nicht gesagt: Sind wir nicht erschüttert über das, was jenseits der Oder geschieht? Sind wir nicht erschüttert über die Deportationen ausländischer Zwangsarbeiter nach Deutschland?" Ohne eine Antwort abzuwarten, drehte ich mich um und verließ grußlos die Sakristei. „Hat der Pfarrer sich gefreut?", fragten mich Mutter und Vater. „Ja", sagte ich und beließ es dabei. Für mich war es der Anfang des Bruchs mit der Kirche gewesen, obwohl mein Austritt erst am 3. Februar 1949 erfolgte.

Die Tage vom 27. bis 29. September 1946 haben mein späteres politisches Engagement nachhaltig beeinflußt. An ihnen erlebte ich die Konfrontation mit den internierten ehemaligen SS-Leuten in Friedland und den ersten Kirchenbesuch nach Rückkehr aus der Kriegsgefangenschaft.

Zutiefst beeindruckt davon suchte ich am Nachmittag des 29. September 1946 Hermann Hendricks auf. Er und seine Familie wohnten auch in der Feldstraße 32. Mir war bekannt, daß er zwischen 1933 und 1945 Probleme mit den Nazis hatte. Vater sagte mir, er sei jetzt Funktionär der KPD. Früher verhielten sich meine Eltern ihm und seiner Familie gegenüber ein wenig reserviert. An den Jahr für Jahr stattfindenden Kinderfesten der Hendricks für Verwandte und Nachbarn auf dem Hof hinter unserem Haus durfte ich nie teilnehmen. Ich mochte Hermann Hendricks. Wenn er mir begegnete, grüßte ich ihn freundlich.

Nachdem ich die Treppe zum oberen Stockwerk hinaufgestiegen war, klopfte ich an die Tür seiner Wohnung und trat nach dem „Herein" in die Wohnstube. Hermann saß auf dem Sofa. Nachbarn hatten ihm bereits meine Rückkehr mitgeteilt. Er erhob sich, reichte mir die Hand und sagte: „Es freut mich, daß du wieder zu Hause bist." Mir war nicht entgangen, daß er sich dabei sehr zurückhaltend gab. Ich ergriff die dargebotene Hand, drückte sie fest, sah ihn an und sagte: „Hermann, ich grüße dich und deine Familie." Später meinte er einmal: „Als du mich mit Hermann begrüßt hast, da war mir klar geworden, daß du ein anderer warst als der, den ich eigentlich erwartete." Meine Gespräche mit ihm und seiner Frau wurden lockerer. Ich erzählte ihm von der Antifaschule und bat schließlich um einen Aufnahmeschein für die KPD. Es waren meine Erlebnisse der letzten Tage, die mich diese Bitte aussprechen ließen. Ohne sie hätte ich mich ganz gewiß zurückhaltender gegeben. Hermann Hendricks schien aus allen Wolken zu fallen. Eigentlich war er böse darüber gewesen, daß die Russen mich so kurz vor den Wahlen nach Hause schickten. Mit vielen negativen Erlebnissen hatten Heimkehrer aus der Sowjetunion ihm und seinen Genossen stark zugesetzt. Jetzt kam ich und blies nicht in das gleiche Horn. Das verstand er zunächst nicht.

Am 13. Oktober 1946 wählten die Essener ein neues Stadtparlament. Es war die erste freie Wahl nach dem Ende des Zweiten Weltkriegs. Weil ich erst zwei Wochen vor der Wahl nach Hause gekommen war, stand ich noch nicht in der Wählerliste. Allerdings hatte die KPD mich als Beobachter in unserem Wahllokal vorgeschlagen. Zuvor hatte ich als Heimkehrer aus der Sowjetunion auf Wahlversammlungen der Partei einige Worte an die Besucher gerichtet. Natürlich erwähnte ich auch die negativen Erfahrungen deutscher Kriegsgefangener in der Sowjetunion. Auch ich hatte gespürt, was Hunger bedeutet, hatte erlebt, wie Kameraden mit der Gefangenschaft nicht fertig wurden, hatte so manchen von ihnen sterben sehen, hatte oftmals die demütigenden Schikanen derer erlebt, die uns bewachten. Alles das stellte ich nicht in Abrede. Aber ich erinnerte auch daran, daß es die Nazis waren, die den Zweiten Weltkrieg begonnen hatten, daß die deutsche Wehrmacht nach ihren „Siegen" in Polen, Dänemark, Norwegen, Griechenland, Jugoslawien, Frankreich, Holland, Belgien und Luxemburg auch in die Sowjetunion eingefallen war, daß in den deutschen Konzenzentrationslagern tausende sowjetische Kriegsgefangene umgebracht wurden, daß sowjetische Zwangsarbeiter in Deutschland Furchtbares erleben mußten.

Beginn der Parteikarriere

Am ersten Wochentag nach Rückkehr aus der Kriegsgefangenschaft begann für mich der Alltag. Ich mußte mich beim zuständigen Polizeirevier anmelden. Erst danach erhielt ich einen Personalausweis und Lebensmittelkarten. Nicht ohne Probleme verlief die Suche nach einer Arbeitsstelle. Mein ehemaliger Arbeitgeber, die „National-Zeitung", das Organ der NSDAP, existierte nicht mehr. Auf dem Stellenmarkt gab es so gut wie keine Angebote für kaufmännische Angestellte. Meine Schwester arbeitete bei der Essener Baufirma Diehl. Dank ihrer Vermittlung stellte man mich hier am 15. November 1946 als Bauhilfsarbeiter ein.

Auf dem Gelände der Emschergenossenschaft an der Kronprinzenstraße befand sich die Baustelle. Ein Bürogebäude war hier durch Bomben stark beschädigt worden. Wir sollten es wieder aufbauen. Die ungewohnte Arbeit machte mir anfänglich arg zu schaffen. Mit einem Speiskübel auf dem Rücken die Leiter herauf zu klettern, glich einer Tortur. Noch schlimmer war es, sollte ich mit dem Schulterbrett Steine nach oben bringen. Unter dem Gelächter der gelernten Bauarbeiter fielen sie mir immer wieder herunter. Schließlich beschäftigte man mich mit dem Säubern von Trümmersteinen. „Steineklopfen" nannte man das.

In Ermangelung eigener Toiletten benutzten wir jene, die im anliegenden Bürogebäude den Mitarbeitern der Emschergenossenschaft zur Verfügung standen. Einigen Angestellten paßte das nicht. Sie setzten schließlich ein Benutzungsverbot für uns durch. Das wollten wir nicht hinnehmen. Mein Vorschlag, sofort die Arbeit einzustellen, fand die Zustimmung aller Kollegen. Als unser Polier in Begleitung eines Vertreters der Emschergenossenschaft erschien, trat ich vor, sagte beiden, wir hätten den gleichen Hintern wie die Angestellten und würden erst wieder arbeiten, wenn man uns die Benutzung der Toiletten weiterhin gestatte. Den beiden blieb nichts anderes übrig, als klein beizugeben.

Von Stund' war das Verhältnis der Arbeitskollegen zu mir wesentlich besser. Ich war nicht mehr der Trottel, sondern jetzt einer der ihren.

Wenige Wochen nach meinem Eintritt in die KPD war die Kreisleitung Essen auf mich aufmerksam geworden. Einem Heimkehrer mit Auffassungen, wie ich sie vertrat, begegnete man nicht alle Tage. Das mag der Grund dafür gewesen sein, mir den Besuch der Bezirksparteischule Ruhrgebiet vorzuschlagen. Der einwöchige Lehrgang fand im Dezember 1946 in der Jugendherberge Haltern statt. Auf dem Lehrplan standen Themen, die schon auf der Antifaschule in der Sowjetunion behandelt worden waren.

Nach Rückkehr von der Schule fragte man mich, ob ich bereit wäre, hauptamtlich in der Abteilung „Arbeit und Soziales" zu arbeiten. Die Möglichkeit, dadurch den nicht angenehmen Job als Bauhilfsarbeiter los zu werden, hat meine Zusage zweifellos beeinflußt. Auch das höhere Einkommen. Hatte mein Bruttoverdienst als Bauhilfarbeiter im Monat Januar 1947 rund 85 Mark betragen, so bekam ich bei der KPD jetzt ein Bruttogehalt von 145 Mark. Am 1. Februar 1947 nahm ich meine Tätigkeit bei der Partei auf.

Das Essener Büro der KPD-Kreisleitung befand sich in der Maxstraße 13. Die Abteilung Arbeit und Soziales betreute vornehmlich die Betriebsgruppen der Partei. Im Bergbau, in der Metallindustrie, in der Bauindustrie, bei der Essener Straßenbahn und anderswo waren sie stark und einflußreich. Viele Kommunisten waren hier Mitglieder der Betriebsräte, nicht wenige Betriebsratsvorsitzende. Die Abteilung pflegte auch den Kontakt zu den führenden Genossen in den Gewerkschaften.

Meine Arbeit brachte es mit sich, daß ich fast täglich in Betriebe ging, um hier vor Ort mit den Genossen zu sprechen. Einmal monatlich trafen sich die Funktionäre der einzelnen Branchen zu Sitzungen im Parteihaus. Auf ihnen besprach man aktuelle Fragen und vereinbarte gemeinsames Handeln. Auf diese Weise lernte ich die Sorgen und Nöte der Arbeiter hautnah kennen.

Besonders mein Umgang mit den Genossen Betriebsräten und Gewerkschaftssekretären hat mir viel gegeben. Mancher Name ist mir im Gedächtnis haften geblieben. Ich denke an Max Czaikowski, Willi Duske, Willi Gutt und Heini Pluta von der Schachtanlage Christian Levin in Essen-Dellwig, an Ernst Vollmer und Erich Born von der Schachtanlage Fritz-Heinrich in Essen-Altenessen, an Rudolf Mootz und Karl Bednarz von der Schachtanlage Helene in Essen-Altenessen, an Peter Sloot von der Schachtanlage Sälzer-Amalie in Essen-Altendorf, an Karl Jug von der Schachtanlage Hubert in Essen-Frillendorf, an Willi Litz von der Schachtanlage Gottfried Wilhelm in Essen-Rellinghausen, an Albert Marreck von der Schachtanlage Wolfsbank in Essen-Borbeck, an Albert Thomczak von der Schachtanlage Zollverein 6/9 in Essen-Stoppenberg, an Karl Blomeier von Zollverein 4/11, an Alfred Thomczyk und August Altenkirch von Rosenblumendelle, an Karl Schott von Kronprinz und an viele andere.

Ich erinnere mich aber auch an Franz Düsing von der Essener Straßenbahn, an Willi Doll von den Städtischen Werken, an Walter Slottke und Hans Degel von Krupp, an die Gewerkschaftssekretäre Richard Riegel, Josef Neuroth und Fritz Kolenda von der IG Metall, an Willi Zinke von der IG Bau, an Otto Haberland von der Gewerkschaft Öffentliche Dienste, Transport und Verkehr und an andere.

Einige der Genannten hatten während der Nazizeit Schlimmes erleben müssen. Getragen vom Vertrauen der Arbeiter und Angestellten erfüllten sie jetzt als Betriebsräte oder Gewerkschaftssekretäre ihre Pflicht. Sie waren Kommunisten aus Überzeugung. Solidarität war für sie Herzenssache. Sie wurden für mich Vorbilder. So wie sie wollte ich auch einmal werden. Immer dann, wenn mich Zweifel an der Richtigkeit der Politik meiner Partei plagten, dachte ich an sie. Ihnen gegenüber wollte ich nicht untreu werden.

Man hat mich oft gefragt, warum die Kommunisten in den ersten Jahren nach dem Ende des Naziregimes einen so großen Einfluß in den Betrieben hatten und wollte von mir wissen, warum sie diesen Einfluß zunehmend verloren haben. Es kann nicht bestritten werden, daß die kommunistischen Betriebsräte nach dem Ende der Nazi-Diktatur am kompromißlosesten die Interessen ihrer Kollegen vertraten. Das beweisen ihre hohen Stimmzahlen bei den Betriebsrats- und Gewerkschaftswahlen. Ihr Einfluß schwand mehr und mehr, als sie, von den KPD-Parteileitungen gezwungen, parteipolitische Forderungen in die Belegschaften hineintrugen. Da stiegen kommunistische Betriebsräte vor Arbeitsbeginn in Kauen oder Umkleideräumen „auf die Bank" und schlugen die Wahl von Delegierten zu einem Volkskongreß in Ostberlin vor. Da legten sie auf Gewerkschaftsversammlungen Entschließungen gegen die Remilitarisierung, gegen den Generalvertrag, gegen die Pariser Verträge vor und empfahlen deren Annnahme. Innerlich waren viele von ihnen davon gar nicht oder nur halbherzig überzeugt. Nicht wenige beugten sich nur widerwillig der Parteidisziplin. Das blieb den Belegschaftsmitgliedern nicht verborgen. So mancher Arbeiter und Angestellte, der den kommunistischen Betriebsräten blind vertraut hatte, wurde verunsichert, als diese von ihm die Zustimmung zu Dingen erbaten, die nach seinem Verständnis an den Problemen im Betrieb vorbeigingen. Immer mehr verweigerten die Gefolgschaft. Hinzu kam, daß das eigenwillige Auftreten der Kommunisten eine Zusammenarbeit mit den Sozialdemokraten belastete und schließlich unmöglich machte. Die Folgen waren erbitterte Kämpfe vor den Betriebsratswahlen.

Politischer Alltag der ersten Nachkriegsjahre

Schlimm war der Hungerwinter 1946/47. Alles war rationiert und die meisten Menschen litten Hunger. Es fehlte ihnen vor allen Dingen an Brot, Fett, Nährmitteln und Hausbrand. Die Raucher lechzten nach Tabak und Zigaretten. Vielen Essenern fehlte eine eigene Wohnung. Sie wohnten inmitten der Trümmer in notdürftig hergerichteten Räumen oder Kellern. Groß war die Zahl derer, die immer noch sehnsüchtig auf die Rückkehr der Väter, Söhne, Brüder und anderer Angehöriger aus der Kriegsgefangenschaft warteten oder auf eine Nachricht vermißter Familienmitglieder.

Essen, 20. Juli 1946, vor der zerstörten Marktkirche:
Wilhelm Pieck und Otto Grotewohl (Mitte), Heinz Renner (3.v.l.) – (Foto: Ernst Lerche)

Besonders arg setzte der strenge Winter den Essenern zu. Das knappe Brot war mit Maismehl gebacken. Es sah goldgelb und appetitlich aus, schmeckte aber scheußlich. An den Bäckereien waren Menschenschlangen die Regel. Oftmals stellte ich mich schon am Abend an. Anoraks kannten wir nicht. Als Schutz vor der Kälte gab Mutter mir eine Wolldecke mit. Nach zwei Stunden löste mich die Schwester ab. Dann war Vater an der Reihe. Und dann wieder von vorn: Ich, Hedwig, Vater... Bevor wir zur Arbeit gingen, stellte sich Mutter in die Schlange und hatte jetzt gute Aussicht, ein Brot zu bekommen.

Unvergessen bleibt mir mein erster Arbeitstag bei der KPD-Kreisleitung Essen. Der 1. Februar 1947 war ein Samstag. Kurz vor Mittag rief die Parteileitung alle Mitarbeiter zusammen. Man teilte uns mit, es sei angesichts der schlechten Ernährungslage Aufgabe der KPD, Protestaktionen in den Betrieben zu organisieren. Da anderntags, am Sonntag, fast überall Versammlungen der KPD-Betriebsgruppen stattfanden, müßten alle Mitarbeiter der Kreisleitung eine dieser Versammlungen besuchen. Hier sei den Genossen zu empfehlen, am Montag, dem 3. Februar 1947, Belegschaftsversammlungen bei Arbeitsbeginn zu organisieren und Entschließungen verabschieden lassen, in denen mit Streik gedroht wurde, falls keine Verbesserung der Ernährungslage eintrete. Die Belegschaften der Betriebe am Rande der Innenstadt sollten nach der Versammlung zum Rathaus marschieren und hier ihren Protest manifestieren. Ich entledigte mich des Auftrags bei der KPD-Betriebsgruppe der Zeche Bonifatius in Essen-Kray.

Am Montag war ich schon in aller Frühe zur Baustelle der Firma Diehl bei der Emschergenossenschaft an der Kronprinzenstraße gegangen. Hier hatte ich noch bis zum 31. Januar 1947 gearbeitet. Es gelang mir schnell, meine ehemaligen Arbeitskollegen von der Notwendigkeit eines Protestes zu überzeugen. Sie stellten die Arbeit ein und folgten mir zum Rathaus. Dort angekommen, reihten wir uns ein in die ständig anwachsende Menschenmenge. Kurz darauf erschien der britische Stadtkommandant. Auf der Treppe des Rathauses stehend, blickte er finster auf die Protestierenden. Zwei Bergleute traten an ihn heran. Sie übergaben eine Entschließung und wollten wissen, wie er es sich erkläre, daß man in der Stadt Torte kaufen könne, während ihre Frauen kaum noch Brot bekommen könnten. Als sie die Antwort bekamen: „So etwas gibt es nicht!" entfernten sie sich, kamen aber bald darauf mit einem Stück Torte in der Hand zurück. Da sich der Stadtkommandant inzwischen ins Rathaus begeben hatte, folgten ihm die Kumpels. Wie ich später erfuhr, servierten sie dem sichtlich verblüfften Stadtkommandanten dort ihr Mitbringsel. „Dem Bäcker muß man das Geschäft schließen", soll er gesagt haben.

Kurze Zeit später trat Oberbürgermeister Gustav Heinemann vor die Tür des Rathauses. Damals gehörte er noch der CDU an. Ihm folgten der Stadtkommandant, Angehörige der Stadtvertretung und Gewerkschaftssekretäre. Über Lautsprecher gab er bekannt, die Stadt besäße als Reserve noch getrocknete Kartoffelschnitzel. Die würden heute noch zur Ausgabe freigegeben. Der Ankündigung folgten laute Protestrufe. Jetzt trat Heinrich Scheppmann vor. Er war Gewerkschaftssekretär und gehörte auch der CDU an. Als er mit den Worten begann: „Die Zeiten sind zu ernst, um hier eine solche Komödie vorzuführen", war der Teufel los. „Er nennt unseren Hunger eine Komödie", rief ein entrüsteter Kumpel. „Abtreten! Abtreten! Abtreten!" forderten einmütig die Protestanten. Heinrich Scheppmann zog sich zurück.

Nach ihm trat der Kommunist Heinz Renner ans Mikrofon. Bis zur Kommunalwahl am 13. Oktober 1946 war er der von den Besatzern ernannte Oberbürgermeister gewesen. Jetzt gehörte er als Sozialminister der NRW-Landesregierung an. Renner teilte den Demonstranten zunächst mit, der soeben abgetretene Heinrich Scheppmann habe ihm im Vorbeigehen gesagt: „Da stehen die Schäfchen, die Sie gerufen haben. Nun werden Sie sie nicht mehr los." Zu Scheppmann blickend antwortete Renner: „Nehmen Sie zur Kenntnis, die Schäfchen habe nicht ich, die Schäfchen hat der Hunger gerufen." Dann wandte er sich im Namen seiner Partei an die aufgebrachten Demonstranten, solidarisierte sich mit ihnen und bat die Militärregierung, endlich dafür zu sorgen, daß die ohnehin knappen Brotrationen auch tatsächlich zur Verfügung stünden. Unter großem Beifall verlangte er die Bildung von Kontrollausschüssen der Bevölkerung gegen Korruption und Schiebung. Diese Ausschüsse müßten prüfen, ob die von

Handzettel zu einer Massenversammlung in Borbeck am 2.8.1947 der Landwirtschaft angeforderten Lebensmittel auch wirklich bereitgestellt würden und die Empfänger erreichten. Schließlich forderte er ein schärferes Vorgehen gegen den Schwarzmarkt. Es ginge nicht an, daß jene, die Geld hätten, dort alles das kauften, wovon die Masse der Bürger nur träumen könne. Mit den Worten: „Euer Protest ist angekommen" bat er die Demonstranten, in die Betriebe zurückzukehren und die Arbeit wieder aufzunehmen. Und siehe da, man folgte seiner Bitte. Auch der britische Stadtkommandant zog sich zurück.

Heinz Renner forderte mich auf, mit ihm ins Rathaus zu gehen. Gemeinsam betraten wir das Zimmer des Oberbürgermeisters. Heinemann saß sichtlich erleichtert auf dem Stuhl hinter seinem Schreibtisch. Plötzlich klingelte das Telefon. Der Oberbürgermeister ergriff den Hörer, meldete sich und lauschte. Was er hörte, schien ihn zu erschrecken. Man sah es seinem Gesicht an. Den Telefonhörer zurücklegend, sagte er: „Es darf nicht wahr sein. Die gesamte Belegschaft der Firma Krupp hat die Arbeit niedergelegt und befindet sich auf dem Weg hierher." In diesem Augenblick klingelte das Telefon erneut. Als er den Hörer wieder an sein Ohr legte, hellte sich sein Gesicht zunehmend auf. „Dem Herrgott sei Dank", kam es ihm über die Lippen. Man hatte ihm mitgeteilt, die Krupp-Belegschaft sei nicht auf dem Weg zum Rathaus, sondern marschiere zum Sitz der Militärregierung, dem „Glückaufhaus". Wie später bekannt wurde, übergaben die Kruppianer dort eine Protestentschließung.

Die Aktion am Morgen vor dem Rathaus und der Marsch der Krupp-Arbeiter am frühen Nachmittag veranlaßten die britische Stadtkommandantur, noch am gleichen Tage alle verfügbaren Lastkraftwagen des Essener Transportgewerbes nach Bremerhaven zu beordern. Hier war gerade ein Schiff mit Mehl eingelaufen. Andertags hatten die Bäcker in der Stadt wieder schmackhafteres Brot und der Bürger erhielt davon jene knappe Menge, die ihm laut Brotmarken zustand. Damit war eine Lunte ausgetreten worden, die einen Großbrand hätte entfachen können.

In jenen Jahren blühte der Schwarzmarkt. Hier konnte man unter der Hand zu überhöhten Preisen nahezu alles kaufen. Während die Masse der Menschen hungerte, bereicherten sich einige wenige. Andere füllten mit Korruption und Schiebung ihre Taschen. Das alles bewegte die Menschen und weckte ihren Protest. Unvergessen bleibt mir eine Kundgebung der KPD am 2. August 1947 in Borbeck. Unter dem Motto: „Kontrolle des Volkes gegen Korruption und Schiebung – Aufdeckung der Skandale in Essen und der Vorstadt Borbeck" prangerte die Partei in aller Öffentlichkeit Beamte der Essener Polizei und einen Borbecker Metzger an.

Das war der Hintergrund: Nach der Prüfung des Kassenbestandes des Polizeipräsidiums war ein Beamter, nach Prüfung der Polizeigefängnisküche waren zwei Beamte entlassen worden. Bei der Kraftfahrzeugabteilung fand man heraus, daß von 49 Fahrzeugen 14 fehlten und von 18 sichergestellten 11 verschwunden waren. Man stieß auf „Besorgungsfahrten" und „Schwarzschlachtungen". Essens damaliger Polizeipräsident wohnte in Borbeck.

Der erwähnte und bereits verhaftete Metzger betrieb eine Küche für die Schulspeisung. Er soll mit gefälschten Bezugscheinen Zucker und Butter erschwindelt und Zutaten für die Schulspeisung an Rennpferde verfüttert haben.

Ich kann mich nicht erinnern, in Borbeck jemals wieder eine solche Kundgebung erlebt zu haben. Auf dem alten Borbecker Markt und rund um ihn herum drängten sich die Menschen bis weit hinein in die Wüstenhöferstraße. Am Morgen des Tages riefen zahlreiche Borbecker Geschäftsleute das Parteibüro der KPD an. Ihre Bitte: Man möge auf der Kundgebung nicht vergessen zu sagen, daß es neben einigen schwarzen Schafen viele ehrliche Kaufleute gebe.

Gustav Heinemann (links) und Heinz Renner 1946

Die Frau an meiner Seite

Im Januar 1947 lernte ich Inge kennen. Sie war 18 Jahre alt und Mitglied der KPD. Ihre Eltern, schon vor 1933 Kommunisten, waren jetzt auch wieder Parteimitglieder.

Anfang Januar 1947 bereitete die KPD-Ortsgruppe Borbeck ihre Jahreshauptversammlung vor. Sie sollte im Kino „Kammerlichtspiele" an der Borbecker Straße (heute Marktstraße) stattfinden. Um angesichts der strengen Kälte den Saal beheizen zu können, war Kohle notwendig. Was lag näher, als jene Genossen darum zu bitten, die auf der Zeche arbeiteten. An den Bittgängen beteiligte auch ich mich.

Willi Duske, Inges Vater, Betriebsrat auf der Zeche Christian Levin, gehörte zu denen, die ich aufsuchen sollte. Mit seiner Familie bewohnte er in der Straße In der Worth die Hälfte eines alten Fachwerkhauses. Einst hatte es Bedienstete der im Schloß Borbeck residierenden Fürstäbtissinnen beherbergt. Jetzt war die Stadt Essen Eigentümerin. Willi Duskes Schwiegereltern, Karoline und Ludwig Lotz, wohnten mit ihm unter einem Dach.

„Hol' dir einen Eimer Kohle aus dem Keller", sagte Willi Duske zu mir und bat Tochter Inge, mir den Weg zu zeigen. Inge trug ein rot-weiß-kariertes Kleid. Henriette Duske, ihre Mutter, hatte es aus einem Bettbezug zugeschnitten und genäht. Aber nicht nur das Kleid, nein, das ganze Mädchen gefiel mir. Ich fing Feuer. Fortan trafen wir uns nicht nur auf Parteiversammlungen. Mehrfach besuchte ich Inge nach der Arbeit. Ihre Eltern hatten nichts dagegen. Inges Mutter lud mich bei meinen abendlichen Besuchen immer zum Essen ein. Einige bezichtigten mich eines „Bratkartoffelverhältnisses". Für mich war es aber viel, viel mehr.

Verlobung im Juni 1947, Heirat vier Monat später, am 30. Oktober 1947. Das Hochzeitsdatum war mit Bedacht gewählt worden. Inges Großeltern feierten an jenem Tag Goldene und ihre Eltern Silberne Hochzeit. Was lag näher, als unsere Grüne Hochzeit am gleichen Tag zu feiern. Angesichts der Knappheit an Lebensmitteln war das ein wohlüberlegter Entschluß. Eine Zeitung hielt ihn sogar in einer Meldung fest, denn eine dreifache Hochzeit kam auch damals nicht alle Tage vor.

Kurz vor dem Termin begleitete ich Inges Mutter nach Hervest-Dorsten. Wir wollten bei Bauern „hamstern". Mehrere Stücke „Bergauf"-Seife und einige Glühbirnen hatten wir uns „besorgt" und wollten sie gegen Lebensmittel eintauschen. Dafür gab's einen halben Sack Kartoffeln, ein Stück Speck und einige Speckschwarten. Das „Hamstern" lag mir nicht. Während ich in respektvoller Entfernung wartete, besorgte das meine Schwiegermutter.

Als meine Familie erfuhr, daß Inge und ich heiraten wollten, fiel sie mir nicht um den Hals. Obgleich ich inzwischen 23 Jahre alt war, sahen die Eltern in mir wohl immer noch jenen 17jährigen Jungen, der 1942 in den Krieg gezogen war. Für sie war die Zeit stehengeblieben. Besonders Vater zürnte immer wieder, kam ich abends von der Arbeit nicht zuerst nach Hause. An Sonntagen war es schlimm, erschien ich nicht zum Abendbrot.

Anfänglich konnte sich meine Familie mit Inge nicht so recht anfreunden. Die Tätigkeit als Parteisekretär der KPD nahm man mir zwar nicht übel. Aber mußte jetzt auch noch die Vermählung mit einer Kommunistin folgen, deren Eltern auch der Partei angehörten? Die Spannungen nahmen zu, als Eltern und Schwester erfuhren, daß wir nicht kirchlich heiraten würden. Auch mein Entschluß, nach der Hochzeit mit Inge im Hause ihrer Eltern zu wohnen, fand kein Verständnis.

Kurz vor Weihnachten 1947 besuchte ich die Landesparteischule der KPD in Mönchengladbach. Hier erhielt ich einen Brief von meiner Mutter. In ihm machte sie kein Hehl aus all diesen Vorbehalten. Ich antwortete ihr postwendend. Mutter hat meine Antwort aufgehoben. Ich fand sie Jahrzehnte später in ihrem Nachlaß. Meine Haltung erklärend, schrieb ich ihr am 13. Dezember 1947:

„Glaub mir, Mutter, ich habe mir so richtig vorgestellt, in welcher Verfassung Du diesen Brief geschrieben hast. Ich kann Dich und auch Vater voll und ganz verstehen. Aber nun seht einmal: Ich bin 23 Jahre. Daß ich nicht so lange zu Hause war, liegt daran, daß ich auf Grund der verräterischen Politik der Nazis in den Krieg und später in die Kriegsgefangenschaft zog. Nach meiner Rückkehr gelobte ich mir, gegen diese kapitalistischen Kräfte, die tausende von Menschen auf dem Gewissen haben, einen scharfen Kampf zu führen. Dieser Kampf wurde mir zur Lebensaufgabe, und ich werde ihn führen bis zu meinem Tod. Ich weiß, daß es für Euch schwer war, mich zu verstehen. Aber glaubt mir. Ihr habt mich erzogen. Habt mich Ehrlichkeit gelehrt. Die anerzogenen Merkmale habe ich immer behalten. Und gerade auf Grund Eurer Erziehung bin ich zu der Erkenntnis gekommen, daß es doch nicht sein braucht, daß eine kleine Zahl von Menschen sich die Werte der Arbeit einer großen arbeitenden Masse aneignet. Ich bin zu der Erkenntnis gekommen, daß dieses nur dann aufhören wird, wenn man der großen Masse des Volkes aufzeigt, wie sie ausgebeutet wird, um sie zu mobilisieren, die sie bindenden Ketten abzustreifen.
Nun urteilt selbst, war diese meine Erkenntnis richtig? Ja oder nein? Ich weiß aber auch, daß ich diese Erkenntnis nur auf Grund der Erziehung im Elternhaus erlangen konnte,

Die „dreifache Hochzeit" am 30. Oktober 1947: Inge und Ernst Schmidt zusammen mit Henriette und Willi Duske sowie Karoline und Ludwig Lotz

Inge und Ernst Schmidt bei der Hochzeit

und darum werde ich Euch immer dafür dankbar sein. Nun weiter: Mein Weg wird hart und schwer sein, das leuchtet Euch sicherlich ein. Ich brauche also einen Lebenskameraden, der mich in dieser Beziehung voll und ganz versteht. Aber was nutzt es, wenn man von einem Menschen verstanden wird, und man diesen Menschen nicht lieb hat. Also muß man einen Menschen als Lebenskameraden haben, den man liebt, und der den Weg versteht. Diesen Lebenskameraden habe ich nun in Inge gefunden. Inge ist noch jung, ich bin noch nicht alt. Aber eines weiß ich: Sie versteht mich, sie liebt mich und wird zu mir stehen, mag kommen, was da kommen mag. Und das, seht, macht mich glücklich. Ich kann aber voll und ganz verstehen, daß es einer Mutter und auch einem Vater schwer ist, wenn der Sohn aus dem Hause geht. Aber einmal kommt sowieso der Tag.
Vielleicht kommt bei Euch oft der Gedanke auf, ich hätte mein Elternhaus vergessen. Ihr habt mir das noch nicht gesagt, aber ich weiß, daß Ihr so denkt. Wenn auch nicht immer, aber sehr oft.
Wie könnt Ihr so etwas annehmen? Ich wär kein Kommunist, wenn ich so denken würde. Und ich bin kein Kommunist dem Parteibuch nach, sondern aus Überzeugung. Glaubt mir, ich weiß, wie Ihr Euch um mich sorgt und müht. Ich weiß auch, daß ich dieses nie und nimmer vergessen werde. Wenn ich nur ab und zu komme, dann liegt es nur daran, daß ich nicht abkommen kann.

Nun noch etwas: Ich bin jetzt fast zwei Monate verheiratet, aber ich weiß heute, ich habe die richtige Frau, den richtigen Lebenskameraden gefunden. Ich bin mit meiner Frau glücklich und werde es, davon bin ich überzeugt, auch bleiben. So viel ich weiß, seid Ihr glücklich, wenn ich glücklich bin. Darum, seid mit mir glücklich. Ich weiß, was Ihr für mich getan habt und werde es nie vergessen."

Mein Leben ist nicht frei von Irrtümern gewesen, aber diese Voraussage war richtig. Ich hatte die richtige Frau, hatte den richtigen Lebenskameraden gefunden.

Erfahrungen im „Kalten Krieg"

Stark beeindruckt hat mich eine Delegiertenkonferenz der KPD am 27. April 1948 in Herne. Das Essener Parteisekretariat hatte mich als stimmberechtigten Delegierten benannt. 289 Delegierte aus allen Ländern der britischen, amerikanischen und französischen Besatzungszone entschieden sich angesichts der gegensätzlichen Entwicklung in Ost und West zu einer selbständigen Partei in den Westzonen und wählten Max Reimann zum Parteivorsitzenden.

Freudig bewegt hatte mich an diesem Tage ein Konferenzbeschluß, dessen große Bedeutung mir erst Jahrzehnte später richtig bewußt wurde. In ihm hieß es u.a.:

> „Unter Aufrechterhaltung der 100jährigen sozialistischen Tradition, bei bewußter Überwindung der Schwächen und Fehler unserer Partei, entwickelten wir eine neue Politik. Grundlegende demokratische Reformen in Verwaltung, Industrie, Landwirtschaft und im kulturellen Leben sind notwendig, um das Leben unseres Volkes und die Existenz unserer Nation zu sichern.
> Um den Namen unserer Partei in Einklang zu bringen mit dieser seit 1945 entwickelten neuen Politik, die ihren Ausdruck fand in den auf den Landesparteitagen beschlossenen Programmen, Resolutionen und Statuten, und in der Erkenntnis, daß unsere Partei heute den Kampf nicht nur für die Arbeiterklasse, sondern für das ganze Volk führt, beschließt die Delegiertenkonferenz, den Namen der Partei abzuändern in Sozialistische Volkspartei Deutschlands (SVD).
> Die Sozialistische Volkspartei Deutschland kämpft für die unteilbare und unabhängige demokratische deutsche Republik.
> Die Sozialistische Volkspartei Deutschlands kämpft für eine demokratische Ordnung, in der nicht eine kleine Minderheit, sondern die große Mehrheit des Volkes ihren Willen auf allen Gebieten des Lebens verwirklicht.
> Die Sozialistische Volkspartei Deutschlands kämpft für eine neue Gesellschaft, in der der arbeitende Mensch frei und ohne Furcht vor Krisen, Arbeitslosigkeit, Krieg und Unterdrückung leben kann, *für den Sozialismus!"*

Ich habe dieser Entschließung zugestimmt. Für mich stand sie in keinem Widerspruch zu dem Aufruf der KPD vom 11. Juni 1945, in dem für Deutschland die Schaffung „eines antifaschistischen, demokratischen Regimes, einer parlamentarisch-demokratischen Republik mit allen demokratischen Rechten und Freiheiten für das Volk" empfohlen wurde.

Die westlichen Besatzungsmächte haben unmittelbar nach der Herner Konferenz die Umbenennung der KPD in SVD verboten. Trotzdem stand danach noch viele Monate auf unseren Briefköpfen: „KPD – die sozialistische Volkspartei Deutschlands".

Eine Antwort auf die Frage, wie sich eine genehmigte SVD entwickelt hätte, gehört in den Bereich der Spekulation. Schon damals war allerdings klar, daß die Marschrichtung letztlich in Berlin festgelegt wurde. Hier wurden später – wie man in dem 1970 in der DDR erschienenen „Biographischen Lexikon" nachlesen kann – die Mitglieder des Zentralkomitees Wilhelm Zaisser und Rudolf Herrnstadt deshalb aus der SED ausgeschlossen, weil sie versucht haben sollen, die SED in eine „allgemeine Volkspartei" umzuwandeln.

So gesehen wäre einer „Sozialistischen Volkspartei" im Westen Deutschlands sicherlich keine lange Existenz beschieden gewesen. Darum hat man gewiß auch den Herner Beschluß vom 27. April 1948 sowohl in der 1967 erschienenen DDR-Chronik zur „Geschichte der deutschen Arbeiterbewegung" unterschlagen, als auch in dem Buch „Dokumente der Kommunistischen Partei Deutschlands 1945-1956", das 1965 im Berliner Dietz-Verlag erschienen ist.

Von großer Bedeutung für mein politisches Denken waren damals die Alltagserfahrungen im begonnenen Kalten Krieg. Mit Wut im Bauch mußte ich feststellen, daß hierzulande ehemalige prominente Nazis wieder in Amt und Würden gehievt wurden, während man die Opfer des Naziregimes mehr und mehr ins Abseits stellte. Über das, was in den zwölf Jahren Nazidiktatur geschehen war, sprach man kaum noch. Verdrängung war angesagt. Gleichzeitig schuf man einseitige politische Tatsachen.

Dazu gehörte auch die separate Währungsreform in den Westzonen am Sonntag, dem 20. Juni 1948. Bis dahin galt in ganz Deutschland die Reichsmark. Inge feierte an jenem Tag ihren Geburtstag. Früh schon hatten wir 40 Reichsmark in 40 Deutsche Mark umgetauscht. Zwanzig weitere gab es später. Als ich mit Inge am Abend durch Borbeck ging, drängten sich vor den Schaufenstern die Menschen und bestaunten die Auslagen. Über Nacht waren die plötzlich voll mit Waren, von denen man bisher nur träumen konnte. Ihr Verkauf füllte jetzt die Taschen derer, die sie gehortet hatten.

In der sowjetischen Besatzungszone galt unsere inzwischen wertlos gewordene Reichsmark noch. Darum war man hier gezwungen, am 24. Juni 1948 ebenfalls eine Währungsreform vorzunehmen. Es folgte dann die Blockade Berlins durch die sowjetische Besatzungsmacht. Sie dauerte bis zum 12. Mai 1949.

Mit der Bildung der Bundesrepublik Deutschland am 7. September 1949 zeigte man sich im Westen wieder einmal als Vorreiter. Logische Folge war die Bildung der Deutschen Demokratischen Republik (DDR) am 7. Oktober 1949.

An den Tagen vom 27. bis 30. Mai 1950 fand in Berlin ein Deutschlandtreffen der Jugend statt. Inge und ich gehörten zur Essener Delegation, deren Leitung man mir übertragen hatte. Mit dem Zug fuhren wir von Essen-Altenessen nach Lübeck und überschritten dort mit tausenden anderen Jugendlichen die Grenze zur DDR. Die westlichen Grenzpolizisten ließen uns ungehindert passieren. Bei der Rückkehr am 31. Mai 1950 kam es dann zu einem Zwischenfall, der in Presse und Rundfunk großes Aufsehen erregte. Als wir bei Herrnburg mit etwa 10.000 anderen Jugendlichen wieder zurück in die Bundesrepublik wollten, wurden wir von den westlichen Polizeibeamten daran gehindert. Erst als wir einen Tag und eine Nacht auf freiem Feld kampiert hatten, ließ man uns passieren. Zuvor hatten abwechselnd immer etwa dreihundert Jugendliche den westlichen Grenzpolizisten gegenübergestanden. Begleitet von

Gitarren sangen sie Lieder oder riefen Losungen. Eine davon lautete: „Deutsche werden von Deutschen gefangen, weil Deutsche von Deutschland nach Deutschland gegangen."

In jenen Tagen betrieb die Regierung Adenauer mit Entschiedenheit die Remilitarisierung der Bundesrepublik. Diesem Zweck diente auch ein von ihr im Oktober 1950 geschaffenes Amt unter der Leitung von Theodor Blank (CDU), der die Hitlergenerale Heusinger und Speidel zu seinen Mitarbeitern berief. Die Remilitarisierung weckte nicht nur meinen Protest. Mit vielen anderen Menschen trat ich überzeugt und engagiert für ein einheitliches, demokratisches und friedliebendes Deutschland ein. Mein Platz war an der Seite derer, die eine Volksbefragung über die Remilitarisierung forderten und dafür friedlich demonstrierten. Überall bildeten sich Ausschüsse, denen Menschen unterschiedlicher politischer Auffassungen angehörten. Es waren Frauen und Männer, Arbeiter, Angestellte, Gewerkschaftler, Gewerbetreibende, Künstler, Sportler, Wissenschaftler, Pfarrer und viele andere. Sie nahmen schließlich die Durchführung der Volksbefragung in eigene Hände. Gemeinsam mit vielen anderen Menschen stand ich vor Betrieben oder ging durch Wohnsiedlungen. Wir verteilten Stimmzettel mit der Frage: „Sind Sie für die Remilitarisierung?" Darunter konnte man ein Ja oder ein Nein ankreuzen und den Stimmzettel danach in eine Urne einwerfen.

Im April 1951 verbot die Adenauer-Regierung die Volksbefragung. Viele, die weiter dafür warben, machten jetzt Bekanntschaft mit Polizei und Justiz.

Fahrt zum 1. Deutschlandtreffen des FDJ Pfingsten 1950 (ganz rechts: Ernst Schmidt)

Bereits Ende der 40er Jahre war ich Mitglied der KPD-Kreisleitung und des Kreissekretariats der KPD in Essen geworden. Die Kreisleitung, das höchste Leitungsgremium vor Ort, und der 1. Parteisekretär, vergleichbar mit dem 1. Vorsitzenden, wurden auf der Kreisdelegiertenkonferenz gewählt. Die Kreisleitung wählte aus ihrer Mitte das Kreissekretariat. Es war zuständig für die Organisierung der täglichen Parteiarbeit. An der Spitze des Sekretariats stand der 1. Sekretär. Neben ihm gehörten der für die Organisationsarbeit zuständige 2. Sekretär, der für Agitation und Propaganda zuständige 3. Sekretär und die Sekretäre für die Betriebsgruppenarbeit, für Kommunal-, Kader-, Jugend-, Frauenpolitik u.a. dem Sekretariat an. Ich war zuständig für die Betriebsgruppenarbeit. In den Landesleitungen der KPD galt der gleiche Aufbau. Allerdings waren hier, im Gegensatz zu den Kreisleitungen, alle Sekretäre hauptamtlich.

Ich werde KPD-Spitzenfunktionär

Anfang 1951 war ich auf einer Kreisdelegiertenkonferenz zum 1. Sekretär der Kreisleitung gewählt worden. Kurz darauf wurde ich in die Landesleitung und in das Landessekretariat gewählt. Hier war ich zuständig für die Kontaktpflege zu befreundeten Organisationen wie dem NRW-Friedenskomitee, dem NRW-Ausschuß für Volksbefragung, der Vereinigung der Verfolgten des Naziregimes (VVN), dem Demokratischen Frauenbund Deutschlands u.a.

Organisations- und Leitungsprinzip der KPD war der „demokratische Zentralismus". Was darunter zu verstehen ist, hat das 1984 in der DDR erschienene „Wörterbuch der Geschichte" festgehalten. Erklärend dazu ist die Rede von straffer Parteidisziplin, von Unterordnung der Minderheit unter die Mehrheit und von unbedingter Verbindlichkeit der Beschlüsse der höheren Organe für die unteren und die Parteimitglieder. In der Praxis bedeutete das: Die Mitglieder der auf den Kreis- oder Landesdelegiertenkonferenzen zu wählenden Leitungen waren bereits zuvor schon von den höheren Leitungen ausgewählt und bestimmt worden. Das traf auch auf mich zu.

Finanziell verbesserte ich mich nach meiner Wahl in das Landessekretariat ein wenig. Bei der KPD-Kreisleitung hatte ich 1951 monatlich 200 Mark brutto. Als Landessekretär erhielt ich jetzt 220 Mark. Mein Gehalt stieg bis zum späteren Verbot der Partei im August 1956 auf 360 Mark. Dazu bekam ich ein „Treffgeld" in Höhe von zunächst 40 und später 50 Mark. Dieses Geld galt als Ausgleich für persönliche Ausgaben bei Besuchen von Parteiversammlungen in Gaststätten. Das waren gewöhnlich drei pro Woche.

Als Vergleich zu meinem Verdienst möchte ich meinen Vater anführen. Er arbeitete im Mai 1950 als Übertagearbeiter auf der Zeche Wolfsbank und erhielt damals 264 Mark brutto im Monat. So gesehen waren die Gehälter im KPD-Parteiapparat für mich nicht gerade lukrativ und erlaubten keine großen Sprünge.

Im Verlauf meiner Tätigkeit bei der NRW-Landesleitung hat mir ein Erlebnis erste politische Kopfschmerzen bereitet: Sekretär beim NRW-Friedenskomitee war Ewald Kaiser, ein alter, erfahrener Genosse und Verfolgter des Nazi-Regimes. Als ich wieder einmal mit ihm sprach, teilte er mir mit, er müsse nach Berlin. Zur vereinbarten nächsten Besprechung erschien er nicht. Sein Fernbleiben hatte er mir auch nicht angekündigt. Das war gar nicht seine Art. Alle meine Rückfragen nach ihm blieben unbeantwortet. Im Landessekretariat wich man mir zunächst aus. Erst später ließ man mich wissen, Ewald Kaiser habe seine Tätigkeit eingestellt und ich müsse in Zukunft mit einem anderen vorlieb nehmen. Fast zwei Jahrzehnte später begegnete mir Ewald Kaiser zufällig in Berlin auf der Straße. Wir sprachen kurz miteinander. Ich fragte nicht nach, und auch er schwieg über die Vergangenheit. Zunächst erzählte man es sich hinter vorgehaltener Hand, dann wurde es Gewißheit: Ewald Kaiser war ein Opfer der Stalinära.

Erste Illegalität

Am 22. November 1951 beantragte die Adenauer-Regierung beim Bundesverfassungsgericht das Verbot der KPD. Weil die Parteiführung annahm, es könne Parallelen zu 1933 geben, beschloß sie den Aufbau illegaler Leitungen in allen Bundesländern und größeren Städten.

In den ersten Januartagen des Jahres 1952 hatte ich eine Aussprache unter vier Augen mit einem Sekretariatsmitglied des KPD-Parteivorstandes. Er stellte mir die Frage, ob ich angesichts des Verbotsantrages bereit sei, in die Illegalität zu gehen, um mitzuhelfen, Leitungen aufzubauen, die im Falle eines Verbots sofort ihre Arbeit aufnehmen könnten. Nach Absprache mit meiner Frau möge ich dem Parteivorstand meine Entscheidung mitteilen.

Die Entscheidung fiel mir und meiner Frau nicht leicht. Wir hatten inzwischen zwei Kinder. 1948 war unsere Tochter Brigitte und Ende 1951 unser Sohn Peter geboren worden. Dennoch entschieden wir uns dafür, dem Ansinnen des KPD-Parteivorstandes zu folgen. Damals ahnten wir nicht, daß diese Illegalität bis 1954 dauern sollte. In dieser Zeit durfte ich mein Zuhause nicht mehr aufsuchen. Lediglich Wahltage bildeten eine Ausnahme. In aller Frühe betrat ich an solchen Tagen meine Wohnung. Hier warteten schon Frau und Kinder auf mich. Gemeinsam gingen wir sofort zum Wahllokal und verbrachten danach den restlichen Tag in Essens naher Umgebung. Abends fuhr ich sofort wieder an meinen Einsatzort zurück. Zunächst gehörte ich kurzfristig den illegalen Landesleitungen in NRW und Niedersachsen an; später war ich als 1. Sekretär in Bayern tätig.

Die illegalen Landesleitungen bestanden aus drei hauptamtlichen Sekretären. Sie hatten die Aufgabe, in den größten Städten des Landes ebenfalls illegale Leitungen aufzubauen, dort Räume zu beschaffen, um Schreibmaschinen, Abziehapparate und Papiervorräte zu lagern. Die politische Tätigkeit sollte überall erst nach einem Verbot der KPD beginnen. Im Augenblick stand man lediglich Gewehr bei Fuß.

Etwa alle sechs Wochen bekam ich die Gelegenheit, mit meiner Frau und den Kindern ein Wochenende in einem Hotel oder in einer Pension zu verleben. Voraussetzung war allerdings, daß man sich nicht anmelden mußte. Unser erstes Zusammentreffen fand Ostern 1952 statt. Wir trafen uns in dem damals noch nicht zu Essen gehörenden Städtchen Kettwig. Als meine Frau von unserer dreijährigen Tochter gefragt wurde, wohin es ging, sagte sie ihr: „Zum Osterhasen." Fortan wollte Brigitte immer wieder wissen, wann man wieder zum Osterhasen fahre. Beim ersten Zusammentreffen war unser Sohn erst einige Monate alt. Als er später begriff, was um ihn herum geschah, nannte er mich Onkel.

Kurz nach Ostern 1952 erkrankte meine Mutter und mußte ins Krankenhaus. Ihr Zustand verschlechterte sich von Tag zu Tag. Als sie immer und immer wieder nach mir fragte, benachrichtigte mich meine Frau. Ich fuhr sofort zu Mutter und nahm Abschied von ihr. Ruhig, aber viel zu früh, starb sie kurz vor Pfingsten 1952 im Alter von erst 59 Jahren. Da sie mit Vater und der Familie meiner Schwester in Rheinberg bei Lintfort und nicht in Essen wohnte, durfte ich

*Treffen von Ernst Schmidt mit seiner Frau
während der 1. Illegalität, Mitte Mai 1952*

an ihrer Beisetzung teilnehmen. Wie mir zumute war, als ich am Tage nach der Beisetzung wieder das Leben eines Illegalen führen mußte, wird nur der verstehen, der ebenso plötzlich, so unerwartet und unter ähnlichen Umständen die Mutter verliert.

Besonders schlimm war es für meine Familie und mich zu Weihnachten. Nach Hause durfte ich nicht. Man gestattete mir lediglich, die Weihnachtstage mit Frau und Kindern bei meiner Schwester in Rheinberg zu verleben.

An politischen Veranstaltungen jeder Art durfte ich nicht teilnehmen. Auch nicht am Parteileben. Ich sollte mich wie ein Handelsvertreter bewegen. Mein bis dahin von der Partei gezahltes Gehalt erhielt meine Frau. Ich selbst bekam ebenfalls Geld. Es reichte so eben für Unterkunft und Verpflegung.

Auch meine Quartiergeber nahmen an, ich sei Handelsvertreter. Darum verließ ich täglich frühmorgens das Quartier und kam erst am Abend zurück. Einmal oder zweimal wöchentlich traf ich mich mit einem der zwei anderen Leitungsmitglieder. Hin und wieder gab es Begegnungen zu dritt.

Die von uns in den Städten aufgebauten Leitungen lebten nicht illegal. Sie nahmen am legalen Parteileben teil. Da fast alle tagsüber berufstätig waren, konnte man sie erst am Nachmittag oder am Abend aufsuchen. Im Mittelpunkt der Aussprachen stand zunächst die technische Arbeit. Wir wollten von ihnen ihre Erfolge oder Mißerfolge bei der Beschaffung von Räumen zur Lagerung von Abziehapparaten und Papier erfahren. Ferner befragten wir sie über den Zustand der KPD vor Ort. Aber auch die gegenwärtige politische Lage diskutierten wir mit ihnen.

Dank einer Netzkarte für Bayern vertrieb ich mir oft die freie Zeit mit Eisenbahnfahrten. Ansonsten lungerte ich auf den Straßen herum oder suchte bei schlechtem Wetter Cafés, Gaststätten oder Kinos auf. Da ich mit meinem Geld haushalten mußte, war ich bemüht, so wenig wie möglich auszugeben. In Cafés bestellte ich Kaffee, holte mir eine Zeitung und hielt sie beim Lesen vor mein Gesicht. Auf diese Art glaubte ich, die Bedienung davon abhalten zu können, mich zu fragen, ob ich noch einen Wunsch hätte. In der Regel ist mir das auch gelungen.

Während meiner Zeit in Bayern fuhr ich oftmals in aller Frühe von München nach Augsburg, Berchtesgaden, Lindau, Bad Tölz, Garmisch-Partenkirchen oder anderswo hin, verbrachte hier den Tag und fuhr abends nach München zurück.

Einmal begab ich mich sonntags an den Starnberger See. Es war Sommer und ein Bilderbuchwetter. Ich entschloß mich, mit einem gemieteten Tretboot auf den See zu fahren. Bei meiner Rückkehr sollte ein von dem Bootsbesitzer dazu beschäftigter Schuljunge mein Boot mit einem Seil so lange am Steg festhalten, bis ich ausgestiegen war. Er ließ aber das Seil in dem Augenblick los, als ich erst mit einem Bein auf dem Steg stand. Das Boot glitt zurück, und ich stand plötzlich bis zur Brust im Starnberger See. Der Bootsbesitzer geriet in Aufregung, denn ihm war sehr wohl bekannt, daß er einen Schuljungen nicht mit einer solchen Tätigkeit beschäftigen durfte. Mir bot er an, sofort wieder auf den See hinaus zu fahren, dort die nassen Kleider auszuziehen und so lange zu warten, bis die Sonne sie getrocknet habe. Ich ging auf seinen Vorschlag ein, sah aber später in der ungebügelten und zerknitterten Hose wie ein Landstreicher aus. Hinzu kam, daß die inzwischen trockenen Schweinslederschuhe weiße Kringel trugen und aussahen, als sei ich durch Schneematsch gegangen, in dem sich auch Viehsalz befand. Wie ein Dieb schlich ich mich davon.

Zur illegalen Landesleitung in Bayern zählte auch eine hauptamtliche Genossin. Sie wohnte ebenfalls illegal und erledigte in einem angemieteten kleinen Büroraum Schreibarbeiten. Den

Inge und Ernst Schmidt 1953

Kontakt zu ihr hielt der 2. Sekretär. Ich habe sie nie zu Gesicht bekommen. Mußte sie für mich etwas schreiben, erhielt sie den Auftrag über den 2. Sekretär. Von ihm bekam ich dann das Geschriebene zurück.

Kurt Bachmann, der für Bayern zuständige Vertreter des Parteivorstandes, war Jude, hatte Auschwitz überlebt und war alles andere als ein Parteipragmatiker. Trafen wir uns, dann galt seine erste Frage meiner Familie. Er wollte wissen, wie es Frau und Kindern ginge, und wie ich die Trennung von ihnen ertrage. Dann erzählte er mir von seiner Familie, von seiner Frau und seinem Sohn. Erst danach besprachen wir das, was es zu besprechen gab. Viele Jahre später, bei Gründung der DKP im Jahre 1968, wurde Kurt Vorsitzender dieser Partei.

Alle zwei bis drei Wochen traf ich Kurt Bachmann auf wechselnden Straßen in München. Von einer zuvor gemeinsam festgelegten Querstraße aus ging ich ihm zur vereinbarten Zeit entgegen. Es war ein Lauftreff. Um festzustellen, ob dem einen oder dem anderen eine verdächtige Person folgte, gingen wir zunächst teilnahmslos aneinander vorbei. Hatten wir nichts bemerkt, machte jeder an der nächsten Querstraße kehrt und ging wieder zurück. Erst als wir uns jetzt trafen, gingen wir aufeinander zu.

Hin und wieder telefonierte ich mit meiner Frau. An einem bestimmten Tag, wir hatten ihn beim letzten Zusammentreffen festgelegt, saß Inge zur vereinbarten Stunde in einem Borbecker Café. Ich rief dort an, sagte, im Café befände sich eine Frau Schmidt und bat, sie ans Telefon zu rufen. Die Wartezeit war quälend. Bange Fragen wichen erst, wenn ich Inges Stimme vernahm.

Nach einem gemeinsam verlebten Wochenende mit meiner Frau fuhr ich fast immer für einige Tage nach Ostberlin. Hier traf ich einen Vertreter des Parteivorstandes, dem ich über unserer Arbeit in Bayern berichtete. Da ich illegal lebte, mußte ich, laut Anweisung, auch illegal die Grenze überqueren. In Helmstedt, Braunlage, Bad Harzburg oder anderswo traf ich immer einen mir unbekannten Genossen. Mit einem nur ihm und mir bekannten Kennzeichen in der Hand – es war gewöhnlich eine ganz bestimmte Zeitung – hielt ich mich zur verabredeten Uhrzeit fünf Minuten lang am vereinbarten Treffpunkt auf. Wurde ich in dieser Zeit nicht mit ganz bestimmten Worten angesprochen, so mußte ich eine Stunde später an gleicher Stelle erneut aufkreuzen und wieder fünf Minuten warten. Kam auch jetzt keiner, sollte sich eine Stunde später alles nochmals wiederholen. Kam auch jetzt keiner, so hatte ich Order, sofort nach Bayern zurückfahren. Letzteres ist aber nie vorgekommen. Hatte der Treff geklappt, nahm mich der Genosse mit zu einem in der Nähe parkenden Pkw. Der Fahrer brachte uns in ein grenznahes Waldstück und ließ uns hier aussteigen. Gemeinsam mit meinem Begleiter überschritt ich kurze Zeit später die Grenze. Dort erwartete man uns schon. Mein Begleiter nahm oftmals von hier aus jemand anderes mit zurück in die Bundesrepublik. Mich brachte man mit dem Pkw nach Berlin und von dort nach Bestensee bei Königswusterhausen. In einem Haus am See erwartete mich das Mitglied des KPD-Parteivorstandes. Außer mir wohnten dort meist noch zwei Illegale aus anderen Landesleitungen. Wir gaben Bericht über den Stand unserer Arbeit, behandelten die politischen Probleme und legten neue Aufgaben fest. Nach einigen Tagen fuhr ich auf dem gleichen Weg zurück in die Bundesrepublik, und der übliche Rhythmus begann von neuem.

Ein Grenzübergang ist mir unvergeßlich geblieben. Es war bitterkalt an jenem Tag und es lag Schnee. Mein Begleiter schritt mit mir ein Stück in den Wald hinein, blieb dann stehen und sagte mir, er ginge jetzt allein weiter. Ich möge ihm nach genau zwei Minuten folgen. Die Grenze wäre etwa 100 Meter entfernt. Hätte ich sie erreicht und es geschähe danach etwas Ungewöhnliches, solle ich sofort nach vorn laufen. Wäre das schon vorher der Fall, müsse ich zurücklaufen. So wie abgemacht, setzte ich mich nach zwei Minuten in Bewegung und ging schnurstracks geradeaus. Nach etwa 100 Metern schlug in der Nähe ein Hund an. Da ich inzwischen offenbar die Grenze erreicht hatte, spurtete ich, wie abgemacht, nach vorn und hielt erst an, als mein Begleiter mit einem anderen Mann hinter einem Baum hervortrat. Letzterer führte einen Hund mit sich. Ich erfuhr, daß dieser deshalb angeschlagen hatte, weil mein Begleiter andere Schuhe trug als sonst.

Am 2. November 1952 beschloß der KPD-Parteivorstand das „Programm der nationalen Wiedervereinigung Deutschlands". Darin rief man auf zum revolutionären Sturz des Adenauer-Regimes. Da dieses Programm in keiner Weise den politischen Gegebenheiten entsprach, führte es zu einer weiteren Isolierung der KPD. Dem Bundesverfassungsgericht lieferte es den wohl wichtigsten Beweis für die angebliche Verfassungswidrigkeit der Partei.

Am 17. Juni 1953 weilte ich wieder einmal in der DDR. Wenige Tage zuvor war ich nach Bestensee gebracht worden. Zu dritt fuhren wir mit dem Auto an jenem Tag nach Berlin. Unterwegs sahen wir von weitem einen Demonstrationszug mit roten Fahnen und Transparenten. Je näher wir der Innenstadt kamen, um so mehr spürte man, daß etwas los war. Überall bewegten sich Gruppen und Grüppchen mit Fahnen und Transparenten nach Berlin hinein. Am Alexanderplatz war ich ausgestiegen, um einzukaufen. Danach sollte ich zum Sitz des Zentralkomitees der SED in die Wilhelm-Pieck-Straße 1 kommen. Passanten erzählten mir Einzelheiten. Weil man die Normen erhöht habe, würde gestreikt, sagten sie mir. Auf dem

Marx-Engels-Platz würde wohl eine Kundgebung stattfinden. Ich begab mich nicht dorthin, sondern ging sofort zum SED-Zentralkomitee. Unmittelbar daneben in der Prenzlauer Allee befand sich eine Großbäckerei. Auf dem Hof sah ich eine Gruppe gröhlender junger Leute, die sich an beladenen Fahrzeugen zu schaffen machte. Einer ergriff den erstbesten Korb und schüttete daraus Brötchen auf den Hof. Er hatte sein Werk noch nicht vollendet, als eine ältere Frau ihm eine kräftige Ohrfeige gab und ins Gesicht schrie: „Junge! Was tust du da? Deine Mutter wäre 1945 froh gewesen, hätte sie nur ein einziges Brötchen gehabt. Du aber wagst es, heute einen ganzen Korb voll auf den Hof zu schütten. Bück dich und heb sie sofort wieder auf." Der Junge blieb zunächst regungslos vor der Frau stehen und schaute sie verblüfft an. Auch alle anderen schwiegen. „Heb sie auf!", schrie die Frau dem Jungen erneut ins Gesicht und trat noch einen halben Schritt näher an ihn heran. Das wirkte. Der Junge bückte sich, sammelte die Brötchen auf, legte sie zurück in den Korb, drehte sich um und verließ mit den anderen den Hof.

Im Gebäude des Zentralkomitees traf ich meine Begleiter aus Bestensee wieder. Bald darauf gab der Rundfunk bekannt, die Rote Armee habe über Ostberlin den Ausnahmezustand verhängt und die Grenzen nach Westberlin geschlossen. Als ich aus einem Fenster auf die Wilhelm-Pieck-Straße sah, bemerkte ich, wie sich Demonstranten dem ZK-Gebäude näherten. Davor eine Gruppe Frauen. Sie gehörten anscheinend nicht zu den Demonstranten, denn die

29. September 1954: Ernst Schmidt als Redner auf einer Protestkundgebung gegen ein SS-Treffen in Iserlohn. (Foto: Verfassungsschutz)

15. November 1954: Ernst Schmidt auf einer Beerdigung (Foto: Verfassungsschutz)

Ernst Schmidt

*Polizeifoto Ostern 1955: Gedenkkundgebung für die ermordeten Kämpfer
gegen den Kapp-Putsch in Hamm-Pelkum (Foto: Verfassungsschutz)*

legten großen Wert darauf, daß zwischen ihnen und den Frauen ein gewisser Abstand blieb. Plötzlich, kurz vor dem ZK-Gebäude, schrien die Frauen dann hysterisch: „Die Russen kommen, die Russen kommen!" Ich sah sie auf der Stelle kehrt machen und weglaufen. Tatsächlich näherte sich ein sowjetischer Panzer und bezog Posten vor dem Eingang des ZK-Gebäudes. Am späten Nachmittag fuhren wir nach Bestensee zurück.

Mich haben die Ereignisse des 17. Juni 1953 zutiefst erschüttert. Wenn ich letztlich auch jenen Erklärungen Glauben schenkte, die den Westen als Urheber des Volksaufstandes bezeichneten, so hatte doch mein Vertrauen zur Partei ernste Blessuren davongetragen.

Stalins Sturz und das Verbot der KPD

So sang- und klanglos wie ich im Januar 1952 in die Illegalität verschwand, so sang- und klanglos tauchte ich aus ihr im Juli 1954 wieder auf. Wenige Tage vor dem Gewinn der Fußball-Weltmeisterschaft durch die deutsche Nationalmannschaft erhielt ich unerwartet die Order, sofort meine alte Tätigkeit im KPD-Landessekretariat wieder aufzunehmen. Kann sein, daß die weitgehende Erledigung der mir in Bayern aufgetragenen Arbeit ein Grund dafür war. Kann aber auch sein, daß man mich in Düsseldorf dringender brauchte als in München.

Nach der Verhaftung des 1. Sekretärs der Landesleitung, Josef Ledwohn, übte Hans Jennes, der 2. Sekretär, jetzt dessen Funktion aus. Mir gab man den Auftrag, die Funktion des 2. Sekretärs zu übernehmen. Ich blieb dies bis zum Verbot der Partei am 17. August 1956.

Kurz vor meiner Rückkehr ins Landessekretariat war in NRW ein neuer Landtag gewählt worden. Da die KPD nur 3,8 v.H. der Wählerstimmen erhalten hatte, war sie nicht mehr im Landtag vertreten. Das hatte Folgen. Etwa im September 1954 wurde das gesamte Landessekretariat vom Politbüro der SED zu einer Beratung nach Ostberlin eingeladen. Bei dieser Gelegenheit lernte ich Walter Ulbricht hautnah kennen. Mit dem ihm eigenen Zynismus kritisierte er den KPD-Wahlkampf in NRW und meinte abschließend, er würde uns bei der nächsten Wahl einige Mitglieder der Freien Deutschen Jugend rüberschicken. Von denen könnten wir lernen, wie man Wahlkampf mache.

Vom 14. bis 25. Februar 1956 tagte in Moskau der XX. Parteitag der KPdSU. Auf ihm offenbarte Nikita Chruschtschow die Verbrechen Stalins in einem Geheimbericht. Dieser Bericht wurde nicht im KPD-Zentralorgan „Freies Volk", wohl aber in den bürgerlichen Zeitungen der Bundesrepublik veröffentlicht. Als ich ihn in der Zeitung „Die Welt" gelesen hatte, verstand ich die Welt nicht mehr. Er traf mich und andere Genossen völlig unvorbereitet. Die sprachlose KPD-Parteiführung informierte erst viel später die hauptamtlichen Funktionäre über den Inhalt des Geheimberichts. In den folgenden Diskussionen erlebte ich Funktionäre, die vor dem XX. KPdSU-Parteitag bei Lobeshymnen auf Stalin kaum zu übertreffen waren. Jetzt bliesen sie in das andere Horn und sagten, sie seien innerlich immer schon Gegner des Personenkults um Stalin gewesen. Ich machte es mir nicht so leicht.

Walter Ulbricht, der 1. Sekretär des Zentralkomitees der SED, erregte in jenen Tagen ganz besonders meinen Unmut. In der Zeitung „Neues Deutschland" war eine Rede von ihm abgedruckt worden, in der er sich auch mit jenen jungen Genossen auseinandersetzte, die einst Kursanten der Antifaschule in der Sowjetunion waren. Für sie, so meinte er schnodderig, scheine mit dem Sturz Stalins auf dem XX. Parteitag der KPdSU eine Welt zusammengebrochen zu sein. Ich konnte nicht verstehen, daß gerade er, dessen Reden bis dahin fast immer mit euphorischen Lobeshymnen auf „Jossif Wisarionowitsch Stalin" endeten, sich lustig machte über mich und andere. Uns hatte man auf der Antifa-schule in der Sowjetunion, aber auch in den KPD-Parteischulen, auf Stalin eingeschworen. Man stellte ihn gleichwertig neben Marx, Engels und Lenin, pries ihn in Reden, Gedichten und Liedern. So kam es, daß auch ich in Stalin den großen Hoffnungsträger sah. Ihn so vom Sockel zu stürzen, wie es Walter Ulbricht und andere praktizierten, brachte ich nicht fertig.

An den Tagen vom 24. bis 30. März 1956 fand in Berlin die 3. SED-Parteikonferenz statt. Als Gast nahm daran auch eine große Delegation der KPD teil. Da man behördliche Maßnahmen gegen die Partei befürchtete, mußten Hans Jennes und ich zu Hause bleiben. NRW-Delegationsleiter wurde Franz Gallinat. Als Leiter der Organisations- und Instrukteurabteilung unterstand er mir. Am Morgen des 29. März 1956, es war der Gründonnerstag, bekamen Hans Jennes und ich die Order, per Pkw sofort nach Berlin zu fahren, um dort andertags an einer für die KPD-Delegation einberufenen „Westkonferenz" teilzunehmen. Der Weg nach Berlin führte uns zunächst bis zum Grenzübergang Helmstedt/Marienborn, von dort durch die DDR bis zum Kontrollpunkt Drewitz/Dreilinden vor Westberlin und durch Westberlin nach Ostberlin. Obwohl wir schon vormittags abfuhren, waren wir erst am anderen Morgen am Ziel.

73

Ernst Schmidt als Redner 1955 auf einer Kreisdelegiertenkonferenz der KPD in Mülheim

Den westlichen Übergang bei Helmstedt hatten wir ohne langen Halt passieren können. Anders dann in Marienborn. Nach der Paßkontrolle war hier eine Straßenbenutzungsgebühr zu zahlen. Alle Fahrzeuginsassen mußten aussteigen und sich an Schaltern anstellen. Da an jenem Gründonnerstag die Reisewelle ihren Höhepunkt erreichte, warteten vor den Schaltern lange Menschenschlangen. Wegen der äußerst schleppend und offensichtlich bewußt langsam vorgenommenen Abfertigung wurden sie immer länger. Da die Reichen für den Trip nach Berlin gewöhnlich das Flugzeug benutzten, waren die Wartenden mehrheitlich Arbeiter und Angestellte. Sie wollten an den Ostertagen Angehörige in Westberlin oder in der DDR besuchen. Alle spürten: Was sich da abspielt, ist reine Schikane. Erst nach stundenlangem Aufenthalt konnten wir endlich die Grenze passieren.

Nach einer problemlosen Fahrt durch die DDR erwarteten uns am DDR-Kontrollpunkt Drewitz wieder lange Schlangen. Als wir endlich weiterfahren konnten und zum Westberliner Kontrollpunkt Dreilinden kamen, stand dort lediglich ein Polizeibeamter. Er winkte alle Fahrzeuge an sich vorbei und wünschte den Insassen „Fröhliche Ostern".

Das Erlebte machte mich wütend. Als wir kurz vor Konferenzbeginn endlich am Tagungsort ankamen, platzte mir der Kragen. Ich hielt mit meiner Meinung nicht hinter dem Berg und geißelte das schikanöse Verhalten der DDR-Grenzbehörden. Ein mir bekannter SED-Funktionär führte mich daraufhin zu dem anwesenden DDR-Innenminister Karl Maron, dem ich meine Erlebnisse an der Grenze schilderte. Ihm sei das alles nicht bekannt, meinte er und versprach, sich sofort darum kümmern.

Inzwischen hatte die Konferenz begonnen. Hans Jennes und ich saßen nicht bei der NRW-Delegation. Erst in der Pause konnten wir mit Franz Gallinat, unserem Delegationsleiter, sprechen. Was er uns erzählte, war belanglos. Als man ihm nach der Pause als erstem Diskussionsredner das Wort erteilte, waren Hans und ich erstaunt. Die Absicht, an der Diskussion teilzunehmen, hatte er uns gegenüber nicht erwähnt. Franz Gallinat legte der Konferenz eine Entschließung vor und bat um deren Annahme. Erst später erfuhren wir, daß ein Vertreter des Parteivorstandes sie ihm mit der Aufforderung in die Hand gedrückt hatte, sie sofort einzubringen.

Die Entschließung machte mich hellwach: Ich wertete sie als Ergebenheitsadresse an Walter Ulbricht, der wegen seiner Haltung in der Diskussion um Stalin nicht nur von mir kritisiert wurde.

Noch bevor der Versammlungsleiter über die Entschließungen abstimmen konnte, bat ich ums Wort. Man könne mit dieser Entschließung auf gar keinen Fall einverstanden sein, begann ich. Offenbar wolle man mit ihr die Kritik an Walter Ulbrichts Ausführungen zur Diskussion um Stalin abwürgen. Eine solche Kritik könne man nicht mit einer Entschließung beenden. Auch ein Walter Ulbricht müsse sich ihr stellen. Aus diesem Grunde plädiere ich nicht für die Annahme dieser Entschließung. Der Beifall zahlreicher Konferenzteilnehmer setzte mich in Erstaunen. Es begann ein reges Für und Wider im Saal. Schließlich einigte man sich auf einen Kompromiß. Danach wurde der Parteivorstand beauftragt, die Entschließung unter Berücksichtigung der Diskussion zu überarbeiten. Was dabei herausgekommen ist, erfuhr ich Tage später. Die Entschließung war mit keinem Wort verändert worden.

Eine Begebenheit am Rande der Westkonferenz möchte ich auch noch erwähnen. Hans Jennes und ich wollten am Abend des Konferenztages sofort die Rückreise antreten. Kurz vor der Abfahrt rief man mich zu DDR-Innenminister Karl Maron. Wir brauchten auf der Rückfahrt nicht mehr durch die Kontrollpunkte Dreilinden/Drewitz, sagte er, zwei Polizeibeamte würden uns mit ihrem Pkw durch die DDR direkt zum Grenzübergang Marienborn begleiten. An der Kontrollstelle von Ostberlin in die DDR hielt der vor uns fahrende Wagen nur kurz an. Als er weiterfuhr, wurden wir durch Winkzeichen aufgefordert, ihm zu folgen. Was wohl am Grenzkontrollpunkt Marienborn geschehen würde, fragten wir uns. Einen Transitschein besaßen wir nicht. Den bekam man ja nur beim Verlassen Westberlins am DDR-Kontrollpunkt Drewitz. Kurz vor der Grenze hielt das vor uns fahrende Polizeifahrzeug an. Einer der Insassen sagte uns, sie würden zunächst allein zur Grenze fahren. Wir sollten ihnen nach fünf Minuten folgen, und am Abfertigungsschalter nur unseren Personalausweis vorlegen. Am Kontrollpunkt herrschte so gut wie gar kein Verkehr mehr. Nur zwei oder drei Fahrzeuge warteten auf ihre Abfertigung. In Gegenrichtung nach Westberlin das gleiche Bild. Verständlich, denn alle, die aus Anlaß der Ostertage reisten, hatten sich ja bereits Gründonnerstag oder Karfreitag auf den Weg gemacht. Die Eskorte für uns war völlig unnötig gewesen.

Am 17. August 1956 wurde die KPD durch das Bundesverfassungsgericht in Karlsruhe verboten. Zwei Tage zuvor hatte ich die Weisung erhalten, meine Wohnung nicht mehr zu betreten. Ich schlief bei Genossen in der Nachbarschaft. Zugleich erhielt ich den Auftrag, sofort wieder in die Illegalität zu gehen, sollte die Partei verboten werden. Jetzt müsse ich die Funktion des 2. Sekretärs der illegalen Landesleitung in Baden-Württemberg übernehmen. Als Anlaufstelle war mir ein Vergnügungslokal in der Stuttgarter Innenstadt genannt worden. Ein dort beschäftigter Genosse erwarte mich.

Der 17. August war ein Freitag. Mit Hans Jennes und meiner Inge stand ich irgendwo in Düsseldorf am Rheinufer, als der Rundfunk das Verbot der KPD bekanntgab. Am frühen Nachmittag des gleichen Tages trafen sich die Mitglieder des Landessekretariats noch einmal in der Gaststätte des Angermunder Hotels Litzbrück. Danach ging jeder seiner Wege. Ich machte mich auf nach Stuttgart.

Zweite Illegalität

Am Nachmittag des 19. August 1956 traf ich in Stuttgart ein. Sofort suchte ich das Vergnügungslokal auf und fragte nach dem Genossen. Ich würde bei ihm wohnen, sagte er mir. Allerdings ende seine Arbeitszeit erst nach Mitternacht. Bis dahin müsse ich mir die Zeit in Stuttgart vertreiben.

Die folgenden Tage, Wochen und Monate waren schlimm. Hermann Gautier aus Bremen, Mitglied der dortigen Bürgerschaft und Bremer KPD-Landessekretär, sollte in Stuttgart der 1. Sekretär sein, ein Genosse aus Baden-Württemberg der 3. Sekretär. Als ich Hermann Gautier erstmals traf, teilte er mir mit, er müsse nach Bremen zurück, um so lange wie möglich sein Mandat in der Bürgerschaft auszuüben. Bevor er sich von mir verabschiedete, sagte er mir, wann, wo und unter welchen Umständen ich einen mir bekannten Vertreter des Parteivorstandes treffen würde. Am genannten Tag wartete ich jedoch vergeblich. Es kam keiner. Wie ausgemacht, war ich eine Woche später wieder am Treff. Wieder kam keiner.

Als nach drei Wochen immer noch kein Vertreter des Parteivorstandes erschienen war, mußte ich eine Entscheidung treffen. Mir war bekannt, daß sich Willi Bechtle, während der Legalität KPD-Landessekretär in Baden-Württemberg, legal in Stuttgart aufhielt. Über den 3. Sekretär gelang es, ihm mitzuteilen, daß unser Kontakt zum Parteivorstand abgerissen war. Kurze

Zeit darauf traf ich ihn. Ich solle sofort nach Ost-Berlin kommen, sagte er mir. Von Stuttgart-Echterdingen möge ich das Flugzeug nach Berlin-Tegel benutzen. Dann gab er mir die Berliner Anlaufstelle. Anschließend suchten wir eine Gaststätte auf und sprachen über dieses und jenes. Im Verlauf der Gespräche fragte mich Willi Bechtle spitzbübisch, ob ich wisse, was der Schwabe für ein Mensch sei. „Ich bin mir nicht sicher", antwortete ich, „aber 1952 hat mir jemand im Wartesaal des Karlsruher Bahnhofs eine ähnliche Frage gestellt. Die Bildung des Landes Baden-Württemberg erwähnend, hat dieser gemeint, die Schwaben seien dreckige Menschen, denn sie wollten immer Baden."

Willi Bechtle, selbst Schwabe, ließ das nicht gelten und erzählte mir die folgende Geschichte: „Vor Jahrhunderten begegnete der Herrgott einem Schwaben, der sich auf der Wanderschaft befand. Von Stund' an wanderten beide zusammen. Als sie Hunger bekamen, heilte der Herrgott einen Kranken und erhielt dafür ein Lamm. Den Schwaben forderte er auf, es zu schlachten und zu braten. Er selbst wolle derweil noch Wein besorgen. 'Warte aber mit dem Essen, bis ich zurück bin', sagte ihm der Herrgott. Nach getaner Arbeit verspürte der Schwabe großen Hunger und aß die Leber vom Lamm. 'Der Herrgott wird's nicht merken', tröstete er sich. Als dieser schließlich mit Wein zurückkam und sagte, er hätte bereits gegessen und wolle vom Lamm nur die Leber haben, erschrak der Schwabe. In seiner Not behauptete er: 'Ein Lämmle hat kein Leberle.' Der Herrgott sah ihn ungläubig an und meinte: 'Gib zu, du hast es gegessen.' Aber wieder behauptete der Schwabe: 'Ein Lämmle hat kein Leberle.' Später überquerten beide einen Bach. In der Mitte ließ der Herrgott das Wasser steigen. Da der Schwabe nicht schwimmen konnte, rief er um Hilfe. 'Ich helfe dir', sagte der Herrgott und meinte: 'Gib erst zu, daß du die Leber vom Lamm gegessen hast.' Der Schwabe aber blieb bei seiner Behauptung. Eines Tages fand man einen Sack voller Dukaten. Man kam überein, den Fund zu teilen und sich danach zu trennen. Der Herrgott nahm die Dukaten, legte sie auf drei gleiche Haufen. Verständnislos sah der Schwabe zu, wollte dann aber wissen, warum der Herrgott den Fund durch drei teile. 'Ein Teil ist für dich, ein Teil für mich und ein Teil ist für den, der die Leber vom Lamm gegessen hat', sagte ihm der Herrgott. Wie aus der Pistole geschossen sprang der Schwabe auf und rief: 'Ich hab's Leberle vom Lämmle gegessen.'"

„Siehst du", sagte mir der Schwabe Willi Bechtle am Ende der Geschichte, „so ist der Schwabe. Obwohl ihm das Wasser bis zum Hals steht, bleibt er bei seiner Meinung, selbst wenn sie falsch ist. Geht es aber ums Geld, dann ist er hellwach."

Wie mir aufgetragen war, flog ich vom Flughafen Stuttgart-Echterdingen nach Berlin-Tegel und traf in Ostberlin Vertreter des Parteivorstandes der KPD. Man schlug mir vor, eine fingierte Arbeitsstelle zu suchen. Auf diese Weise könnte ich meine Tätigkeit in Baden-Württemberg stärker legalisieren. Nachdem ein neuer Lauftreff in Stuttgart vereinbart worden war, fuhr ich wieder zurück.

Ab Ende Oktober 1956 besaß ich das gewünschte Arbeitsverhältnis. Mein Arbeitgeber, bis zum Verbot Mitglied der KPD, war Besitzer eines Möbelgeschäfts in Hagen. In seiner Firma stellte er mich als Vertreter für den süddeutschen Raum vor. Fortan befanden sich in meiner Aktentasche Prospekte, Preislisten und ein Auftragsblock der Firma. An jedem letzten Arbeitstag im Monat fuhr ich nach Hagen, ging zur Buchhaltung der Firma und erhielt dort mein Monatsgehalt in Höhe von 400 Mark. Nach Aushändigung des Gehaltes begab ich mich zum Firmeninhaber und zahlte das Geld wieder zurück. Die Teillegalisierung machte es mir möglich, jetzt auch schon einmal für ein Wochenende nach Hause zu fahren.

Ende 1956 kam es zum Volksaufstand in Ungarn. Er hatte das militärische Eingreifen der sowjetischen Armee zur Folge. In einem Gespräch mit dem KPD-Vorsitzenden Max Reimann vertrat ich kurz danach die These, in Ungarn habe es gewiß viele Ernst Schmidts gegeben. Als mich Max Reimann um nähere Erklärung bat, sagte ich ihm: „Ich bin 1946 nach dem Besuch einer Antifaschule aus der sowjetischen Kriegsgefangenschaft entlassen worden. Dieser Schulbesuch war nach meinem Eintritt in die KPD ein Patent für alle Parteifunktionen. Parteimitglieder, die vor den Nazis in West-Staaten geflüchtet waren, konnten mir bei der Besetzung von Parteifunktionen das Wasser nicht reichen. In Ungarn war das sicherlich auch so. Dort hätte der ehemalige Hitlerjunge Ernst Schmidt in höchste Partei- und Staatsfunktionen aufsteigen können. Ein solch rasanter Aufstieg wäre mit der Ausübung von Macht verbunden gewesen. Wer weiß, wie der Ernst Schmidt in Ungarn mit der ihm übertragenen Machtfülle fertig geworden wäre? Möglich, daß auch er, wie in Ungarn offensichtlich geschehen, nach oben gebuckelt und nach unten getreten hätte." Mit diesen Bemerkungen bezog ich mich auch auf die schon bald nach dem Ende der Nazi-Diktatur begonnene Entfernung von „West-Emigranten" aus allen Parteifunktionen. Max Reimann ließ das, was ich gesagt hatte, unwidersprochen im Raume stehen.

Zweifel und Enttäuschungen

Zunehmend erkannte ich, daß die Befürchtung des Parteivorstandes, nach dem Verbot würde es zu Verhaftungen und Repressalien kommen, unbegründet war. Darum machte ich mir immer wieder Gedanken über meinen Einsatz. In Baden-Württemberg kannten mich die Genossinnen und Genossen nicht. Für sie war ich ein Fremder. In Nordrhein-Westfalen und mehr noch in Essen war ich in der Partei bekannt. In Stuttgart lief ich am Tage untätig durch die Gegend. Die, mit denen ich zu tun hatte, waren erst in den Abendstunden erreichbar. Zu Hause könnte ich tagsüber in einem Betrieb arbeiten, hätte die Möglichkeit, am öffentlichen Leben teilzunehmen und wäre in der Lage, endlich wieder ein normales Familienleben zu führen. So reifte in mir die Erkenntnis, daß die vom Parteivorstand praktizierte illegale Arbeit den Realitäten nicht entsprach. Ich beschloß, mit den zuständigen Genossen offen darüber zu sprechen.

Die Gelegenheit dazu bot sich im Juni 1957. In der DDR sollte ein Parteitag der illegalen KPD stattfinden. Auch ich war dazu eingeladen. Bei meiner Ankunft in Berlin empfingen mich zwei führende Genossen. Sie befragten mich über meine Arbeit und erkundigten sich nach meinem Befinden. Ich sagte die Wahrheit, trug offen und ehrlich meine Gedanken vor. Schweigend hörten beide mir zu. Als ich endete, blieb es für einen Augenblick still. Dann meinte einer, man müsse mich kurz allein lassen. Es dauerte höchstens eine Minute, bis beide zurückkamen. Diese Zeit hatte ausgereicht, um mir mitzuteilen, man würde mich sofort von meinen Aufgaben entbinden. Am Parteitag könne ich unter den gegebenen Umständen auf keinen Fall teilnehmen.

Was ich hörte, war für mich niederschmetternd. In den vergangenen Jahren hatte ich mich bemüht, alle mir gestellten Aufgaben zu erfüllen. Zweimal war ich, ohne auch nur einen Augenblick zu zögern, in die Illegalität gegangen, zweimal blieben Frau und Kinder allein zurück. Der neunjährigen Tochter und dem fünfjährige Sohn fehlten in dieser Zeit der Vater. Inge und ich hatten dieses Opfer für die Partei gebracht. Das alles galt jetzt deshalb nicht mehr, weil ich erstmals Zweifel an einer mich betreffenden Entscheidung der Partei geäußert hatte. Ich wertete diese Entscheidung als unmenschlich und zutiefst beleidigend.

Noch am gleichen Tag fuhr man mit mir zu einer Wohnung in die Prenzlauer Allee. Man trug mir auf, hier in aller Ausführlichkeit jene Gedanken und Vorschläge zu Papier bringen, die ich in dem Gespräch geäußert hatte. Als man mich einige Tage später wieder abholte, erhielt ich die Order, sofort nach Stuttgart zu fahren, das mir zur Verfügung stehende Quartier zu räumen und nach Hause zurückzukehren. In Essen würde mich ein Vertreter der Partei aufsuchen. Er brächte mir mein Juli-Gehalt, und von ihm erführe ich auch, wie man sich meine zukünftige Arbeit vorstelle. Bis dahin solle ich mein Proforma-Arbeitsverhältnis aufrechterhalten.

War ich einerseits empört über die Art und Weise, wie man mit mir umsprang, so freute ich mich andererseits darüber, daß ich endlich wieder wie ein normaler Mensch leben konnte.

Im Juli 1957 war ich wieder zu Hause. Das Versteckspiel hatte ein Ende. Vorbei die Trennung von der Frau, von den Kindern, von der Familie. Lediglich die erlebte Erniedrigung durch zwei Genossen der Parteiführung dämpfte das Glücksgefühl des Augenblicks.

Lange Zeit wartete ich vergeblich auf den angekündigten Besuch eines Abgesandten der Partei. Es verging eine Woche, es vergingen die zweite und die dritte Woche. Seit Anfang Juni hatte ich kein Geld mehr bekommen. Da mein fingiertes Arbeitsverhältnis bestehen bleiben sollte, konnte ich auch keine Arbeitslosenunterstützung beantragen. Bald stand Inge und mir das Wasser bis zum Hals. Ohne meine Schwiegereltern wäre es uns dreckig gegangen. Sie aber halfen, wo sie nur konnten.

Endlich, am 28. Juli 1957, erhielt ich Besuch von der Parteiführung. Mir fiel ein Stein vom Herzen. Bevor das Gespräch begann, bat ich meine Frau, für den Gast eine Flasche Bier aus der naheliegenden Kneipe zu holen. In der Annahme, er brächte uns das Geld, nahm Inge die letzten Pfennige und holte sie. Doch die Annahme erfüllte sich nicht. Man reichte mir lediglich einen Brief und bat darum, diesen einem mir bekannten Essener Genossen auszuhändigen. Als ich mein Geld anmahnte, tat mein Gegenüber sehr verwundert. Ihm habe man gesagt, ich stünde längst schon wieder in Arbeit. Der Hinweis, mir sei aufgetragen worden, keinesfalls das fingierte Arbeitsverhältnis in Hagen vor Kontaktaufnahme aufzugeben, war ihm nicht bekannt.

Jetzt zögerte ich keinen Augenblick mehr. Anderntags, am 29. Juli 1957, erhielt ich von meinen Schwiegereltern das Geld für die Bahnfahrt nach Hagen. Dort bestätigte mir der Möbelhändler schriftlich die Beendigung meines Arbeitsverhältnisses zum 31. Juli 1957 und gab mir ein betriebliches Führungszeugnis mit. Anschließend beantragte ich Arbeitslosenunterstützung und bewarb mich um Arbeit. Bereits am 19. August 1957 stellte mich die Essener Firma Saeger, eine Firma für Krankenhaus- und Anstaltsbedarf, mit einem monatlichen Brutto-Gehalt von 500 Mark ein. Ich blieb 27 Jahre bei dieser Firma beschäftigt.

Für die Zeit vom 1. bis zum 18. August 1957 erhielt ich eine Arbeitslosenunterstützung von 59 Mark. Damit mußte die Familie bis zum Monatsende auskommen. Erst dann bekam ich das Gehalt für die Zeit vom 19. bis 31. August 1957 von der Firma Saeger. Wieder waren es meine Schwiegereltern, die uns durchfütterten. Erst Ende des Jahres kam für uns Land in Sicht. Später wurde ich einmal gefragt, warum ich nicht schon damals mit der KPD gebrochen hätte. Ich leugne nicht, daß die Art und Weise meiner Ablösung aus der illegalen Arbeit mein Verhältnis zur Partei empfindlich gestört hatte. Immerhin war ich wie eine Schachfigur behandelt worden: Nur wichtig, solange ich auf dem „Schachbrett" stand. Das Lied mit dem Refrain „Die Partei, die Partei hat immer Recht" hinterließ bei mir fortan einen bitteren Beigeschmack. Aber dabei blieb es zunächst. Heute bezeichne ich mein Verhalten als Nibelungentreue. Als eine Haltung wider besseren Wissens. Ich suchte und fand Entschuldigungen. Nicht die Partei erschien mir als Buhmann, sondern jene zwei Funktionäre, die mir in Berlin gegenüber gesessen hatten.

Zweifel an meiner politischen Auffassung kamen mir nicht. Dafür sorgte schon die Politik der Regierung Adenauer, deren Kurs ich nach wie vor verurteilte. Bei ihr vermißte ich jegliche Bemühungen zur Wiederherstellung der Einheit Deutschlands. Sie besorgte die Geschäfte der Reichen auf Kosten derer, denen man den Aufstieg aus den Trümmern des Krieges zu verdanken hatte. Sie praktizierte eine fortschreitende Remilitarisierung, war mit der Lagerung von Atomwaffen auf deutschem Boden einverstanden, predigte eine Politik der Stärke und verschärfte den Kalten Krieg. Im Staatsapparat, in der Bundeswehr, in Justiz, Polizei und Verwaltung bekleideten ehemalige Hitlergenerale und aktive Nazis Schlüsselpositionen. Unter der Regierung Adenauer war 1956 die KPD verboten worden. Das Verbot traf eine Partei, die in den Jahren der Nazidiktatur zum deutschen Widerstand gehört hatte. Nicht wenige ihrer Mitglieder hatten dafür mit ihrem Leben bezahlen müssen. Viele Kommunisten waren in dieser Zeit in Gefängnissen, Zuchthäusern und Konzentrationslagern gedemütigt und gequält worden.

All das zusammen erklärt meine politischen Entscheidungen 1957. Ich war enttäuscht, aber nicht verzweifelt. Das Geschehene hielt mich auch nicht davon ab, in Essen bald wieder für die illegale KPD zu arbeiten.

In jenen Tagen bewährte sich die Freundschaft zu Wilma und Hans Lomberg. Beide gehörten ebenfalls der KPD an. Meine Frau und ich kannten die Lombergs seit 1947. Der Vater von Hans, Karl Lomberg, hatte vor 1933 auch der KPD angehört. In der Nazi-Zeit widersetzte er sich dem Regime. Vom NS-Volksgerichtshof zum Tode verurteilt, war er am 20. Oktober 1944 im Zuchthaus München-Stadelheim hingerichtet worden. Ich war dabei, als man die Urne mit seiner Asche am 13. Januar 1947 auf dem Terrassenfriedhof in Essen-Schönebeck beisetzte. „Schweres, was Du durchlebt, wisse, es war nicht vergebens! Sieh', wie der Tag des Erhebens sich aus dem Dunkeln schon hebt!" Dieser Vers stand damals auf dem Totenzettel. Wir Kommunisten waren unter uns geblieben, als man die Urne von Karl Lomberg in die Erde senkte. Das offizielle Essen nahm von der Beisetzung keine Notiz.

Fortan waren Hans Lomberg und ich mehr als nur Genossen. Gemeinsam suchten wir das Gespräch und den gegenseitigen Rat. Wilma und Inge verkehrten miteinander, als seien sie Schwestern. Einer meinte einmal schmunzelnd: „Ernst Schmidt und Hans Lomberg sind ein Kopf und ein Arsch." Er hatte gar nicht so unrecht. Später überlegten wir von Zeit zu Zeit, wer von uns jetzt Kopf und wer Arsch ist. Die feste und innige Freundschaft zwischen uns endete erst mit dem Tod von Wilma und Hans Lomberg. Noch heute zählt diese Freundschaft für Inge und mich zu den wichtigsten Inhalten unseres Lebens.

Als 1957 meine illegale Arbeit für die KPD in Baden-Württemberg endete, als ich wieder zu Hause war, gehörte Hans der illegalen Essener Parteileitung an. Er warb mich für die Arbeit vor Ort. Wir waren zutiefst davon überzeugt, daß unsere gemeinsamen Handlungen in Einklang standen mit dem Grundgesetz der Bundesrepublik Deutschland. Damals konnten wir über unsere Tätigkeit nicht öffentlich sprechen. Heute kann ich schildern, wie Hans und ich die illegale Parteiarbeit planten und durchführten.

Hans Lomberg

Die Kandidatur Renner zur Landtagswahl 1958

Die Vorbereitung

Am 6. Juli 1958, zwei Jahre nach dem Verbot der KPD, sollten in Nordrhein-Westfalen Landtagswahlen stattfinden. Wenige Monate zuvor, im März 1958, debattierte der Bundestag über die Ausrüstung der Bundeswehr mit Atomwaffen. Etwa zur gleichen Zeit konstituierte sich in der Bundesrepublik der Ausschuß „Kampf dem Atomtod". Ihm gehörten 40 bekannte Schriftsteller, Künstler, Geistliche und Politiker an, so auch der SPD-Vorsitzende Erich Ollenhauer.

Anfang April 1958 konstituierte sich ein solcher Ausschuß auch für Essen. Neben anderen gehörten dazu die Bundestagsabgeordneten Ernst Achenbach (FDP) und Erwin Lange (SPD), der Superintendent des Kirchenkreises Essen-Nord, Wilhelm Köhne, Folkwang-Professor Josef Urbach, Oberbürgermeister Wilhelm Nieswandt (SPD) und der Vorsitzende des DGB-Ortsausschusses Günter Stephan. In einem Aufruf des Ausschusses hieß es abschließend:

> „Essener Bürger! Wie würde die Atomrüstung der Bundeswehr beurteilt, wenn die ersten Atombomben statt auf Hiroshima und Nagasaki auf Essen und das Ruhrgebiet gefallen wären?
> Ein einziger Schrei würde durch die deutschen Lande gehen:
> Wir wollen keine Atomwaffen! Deshalb dürfen die gefährlichen, lebensbedrohenden Beschlüsse der CDU im Bundestag nicht durchgeführt werden.
> Helft alle mit, die Ausführung der Beschlüsse zu verhindern!
> Kampf dem Atomtod, für Wiedervereinigung, für Friedensvertragsverhandlungen."

Dem Aufruf folgte am 18. April 1958 noch eine Versammlung im Städtischen Saalbau. Danach geschah nichts mehr.

Als die Landtagswahlen am 6. Juli 1958 in NRW bevorstanden, stellten sich die ehemaligen Mitglieder und Wähler der verbotenen KPD die Frage, ob man, wie bei den Bundestagswahlen im Herbst 1957, auch jetzt wieder der SPD die Stimme geben sollte. Im Wahlkreis 62 Borbeck-Karnap kandidierte Maria Berns für die SPD. Um eine Entscheidung zu treffen, suchte ich im Auftrag der illegalen Parteileitung vor Ort am 2. Mai 1958 Hans F. auf, den Vorsitzenden des SPD-Ortsvereins Borbeck. Ich schlug ihm vor, Maria Berns möge sich öffentlich gegen eine Stationierung von Atom- und Raketenwaffen im Land NRW aussprechen und die friedliche Wiedervereinigung Deutschlands durch Verhandlungen fordern. Das würde es den Kommunisten und ihren Sympathisanten erleichtern, Maria Berns zu wählen. Außerdem machte ich ihm den Vorschlag, die Kandidatin möge sich mit den Borbecker Bergleuten solidarisieren, die angesichts der einsetzenden Kohlenkrise eben erst die Überführung des Bergbaus in Gemeineigentum gefordert hätten. Hans F. versprach, dem SPD-Ortsvereinsvorstand Borbeck meine Gedanken vorzutragen.

Schon wenige Tage später teilte er mir mit, der Vorstand ließe sich von Personen außerhalb der Partei keine Bedingungen stellen. Der an dem Gespräch teilnehmende Borbecker Bergmann Martin Blömeke fragte Hans F., wie denn seine Partei zur Überführung des Bergbaus in

HEINZ RENNER
ehemaliger Oberbürgermeister
Jeder kennt ihn!
DARUM WÄHLT IHN!
HEINZ RENNER
ehemaliger Oberbürgermeister
Jeder kennt ihn!
DARUM WÄHLT IHN!
HEINZ RENNER
ehemaliger Oberbürgermeister
Jeder kennt ihn!
DARUM WÄHLT IHN!
HEINZ RENNER
ehemaliger Oberbürgermeister
Jeder kennt ihn!
DARUM WÄHLT IHN!

Gemeineigentum stünde. Eine solche Forderung sei für die SPD gegenwärtig nicht aktuell, lautete die Antwort.

Angesichts der enttäuschenden Nachricht entschlossen sich die Borbecker Kommunisten, den ehemaligen Essener Oberbürgermeister Heinz Renner zu bitten, als Unabhängiger im Wahlkreis 62 zu kandidieren. Er war schon vor 1933 als Kommunist Mitglied der Stadtvertretung gewesen. Nach dem Ende der Nazi-Diktatur berief ihn die Besatzungsmacht zunächst in den Stadtbürgerausschuß und setzte ihn am 6. Februar 1946 als Essens Oberbürgermeister ein. In den beiden ersten NRW-Regierungen war er Sozial- und Verkehrsminister gewesen, hatte 1948/49 dem Parlamentarischen Rat angehört und zählte im 1. Deutschen Bundestag zur KPD-Fraktion. Im Jahre 1958 gab er in Bonn die periodisch erscheinende Zeitschrift „Informationsdienst für Sozialfragen, Wirtschaft und Politik" heraus.

Nachdem Heinz Renner seine Bereitschaft zur Kandidatur erklärt hatte, übernahm ich die gesetzlich vorgeschriebene Funktion eines Wahlvertrauensmannes und Martin Blömeke die des Stellvertreters. Zur Anerkennung der Kandidatur durch den Kreiswahlausschuß waren 100 Wählerunterschriften notwendig. Innerhalb kürzester Zeit erhielten wir 192 Unterschriften und begannen sofort mit dem Wahlkampf.

Am 21. Juni 1958 tagte im Essener Rathaus der gemeinsame Kreiswahlausschuß Essen unter dem Vorsitz des Stadtdirektors Dr. Wolff. Auf der Tagesordnung stand die Zulassung der Wahlvorschläge. Dr. Zwick, Leiter des Amtes für Statistik und Wahlen, gab bekannt, daß der Wahlvorschlag Renner den Erfordernissen des Wahlgesetzes entspreche. Zugleich erwähnte er einen Runderlaß des NRW-Innenministers Biernath (SPD), der sich mit etwa 40 Kandidaten beschäftigte, die als Unabhängige kandidieren wollten und von der illegalen KPD getragen würden. Auch Heinz Renner gehöre dazu. Den Kreiswahlausschüssen wurde empfohlen, diese Kandidaturen zurückzuweisen. Ich nahm als Vertrauensmann des Wahlvorschlages Renner an der Sitzung teil und bat ums Wort. Es könne doch für die Bürger des Landes NRW nicht zweierlei Recht gelten, sagte ich. Der Wahlvorschlag entspräche den Bestimmungen des Landeswahlgesetzes. Seine Zurückweisung sei darum nicht rechtens.

Jetzt wurde die öffentliche Sitzung zu parteiinternen Beratungen unterbrochen. Danach gaben die Parteien ihre Entscheidung bekannt. Die CDU sah keinen Grund, den Wahlvorschlag Renner zurückzuweisen. Die SPD schloß sich dieser Meinung an. Nachdem Dr. Wolff ebenso argumentierte, erklärte sich der Ausschuß einstimmig mit der Kandidatur Renners einverstanden. Mit einem Flugblatt teilten wir den Wählern die Entscheidung des Kreiswahlausschusses mit.

Die Ablehnung

Wenige Tage später legte Ministerialdirigent Dr. Rietdorf in seiner Eigenschaft als Landeswahlleiter Beschwerde gegen die Zulassung des Wahlvorschlags Renner durch den gemeinsamen Kreiswahlausschuß Essen ein.

Am 26. Juli 1958 tagte der Landeswahlausschuß im Haus des Landtags in Düsseldorf. Im Mittelpunkt dieser Sitzung stand die Zulassung von 40 parteilosen Kandidaten. Inzwischen waren 26 von den Kreiswahlausschüssen zurückgewiesen worden. Gegen die Zurückweisung war Beschwerde eingelegt worden. Wie in Essen hatten die Kreiswahlausschüsse bei 13 weiteren Kandidaten zugestimmt.

Dr. Rietdorf begründete die Nichtzulassung der 40 parteilosen Kandidaten. Sie seien alle Funktionäre der KPD gewesen und auf Anweisung der illegalen KPD aufgestellt worden. Ihre Wahlprogramme entsprächen dem der illegalen KPD. Darum müsse man sie als Kandidaten von KPD-Ersatzorganisationen betrachten.

Als die Kandidatur von Heinz Renner behandelt wurde, sagte Dr. Rietdorf, auch andere Gründe hätten ihn veranlaßt, gegen die Zulassung Beschwerde einzulegen. So habe „Neues Deutschland", das Zentralorgan der SED, einen Artikel Renners zu seiner Kandidatur veröffentlicht. Ferner seien unter den 135 eingereichten Wählerunterschriften für die Kandidatur 31 ehemalige Mitglieder der KPD oder deren Tarnorganisationen festgestellt worden. Renner wäre auch KPD-Bundestagsabgeordneter und Mitglied des KPD-Parteivorstandes gewesen.

Dr. Zwick begründete die Zustimmung des Wahlvorschlags Renner durch den Kreiswahlausschuß auf der Grundlage des Landeswahlgesetzes.

Auch ich durfte mich äußern. Dr. Rietdorf habe bei der Personenbeschreibung des Kandidaten etwas vergessen, meinte ich zunächst. Renner sei nicht nur Mitglied des ersten Deutschen Bundestages und des KPD-Parteivorstandes gewesen, er hätte sich auch nach Kriegsende als Essens Oberbürgermeister und Minister in den ersten NRW-Landesregierungen Verdienste erworben. Vergessen habe er auch dessen Zugehörigkeit zum Parlamentarischen Rat. Renner gehöre folglich mit zu den Vätern der Verfassung der Bundesrepublik Deutschland.

Wie er dazu komme, die Unterschriften unter den Wahlvorschlag Renner in Kommunisten und Nichtkommunisten aufzuteilen, wollte ich wissen. Von wem er denn erfahren habe, welcher Unterzeichner Kommunist gewesen sei. Im Kreiswahlausschuß Essen wären solche Zahlen nicht genannt worden. Selbst ein Schriftsachverständiger könne nicht die politische Gesinnung eines Unterzeichners aus dessen Unterschrift ablesen. Offensichtlich sei der Polizeiapparat damit beschäftigt gewesen. Im übrigen könnten die von ihm genannten Zahlen schon deshalb nicht stimmen, weil immerhin 192 Bürger den Wahlvorschlag unterschrieben hätten. Wenn nur 135 eingereicht wurden, so sei das auf Wunsch des Wahlamtes der Stadt geschehen, das sich die Prüfung der restlichen Unterschriften ersparen wollte.

Renner stünde mehr als ein halbes Menschenalter im politischen Leben, sagte ich. Er sei schon politisch tätig gewesen, als es noch keine KPD gab. Heute gehöre er zu den ältesten Kommunalpolitikern in Essen. Bei seiner Verabschiedung als Oberbürgermeister 1946 wären seine Verdienste selbst vom Heinrich Strunk, dem Fraktionsvorsitzenden der CDU im Essener Stadtparlament, hervorgehoben worden.

Auch als er 1948 aus dem Landtag NRW ausscheiden mußte, hätte NRW-Ministerpräsident Karl Arnold seine Wertschätzung unterstrichen. Die Behauptung Dr. Rietdorfs, Renner habe die Thesen des Wahlprogramms der illegalen KPD übernommen, könne ich so nicht stehenlassen. Bis heute hätte dieser Mann seine Nase immer noch mitten im Gesicht. Der Inhalt seines Wahlprogramms entspräche seiner eigenen politischen Überzeugung. Man könne ihn nicht so einfach ins politische Abseits drängen.

Die Behauptung, Renner habe zu seiner Kandidatur einen Artikel für „Neues Deutschland" geschrieben, wies ich als falsch zurück. Richtig sei, daß „Neues Deutschland" einen Artikel von ihm aus seinem „Informationsdienst für Sozialfragen, Wirtschaft und Politik" veröffentlicht habe. Ich endete mit der Bitte, der Landeswahlausschuß möge die Kandidatur Renner zulassen. Sollte die Entscheidung allerdings anders ausfallen, würde ich die Wahl anfechten.

Ohne auch nur mit einem Wort auf meine Ausführungen einzugehen, schritt der Landeswahlleiter zur Abstimmung. Ergebnis: Die Kandidatur Renner wurde mit vier gegen zwei Stimmen abgelehnt. Gegen die Kandidatur stimmten neben dem Landeswahlleiter die Mitglieder des Landeswahlausschusses Feldmann (SPD), Lemkes (SPD) und Piepenbrink (FDP). Dafür stimmten: Dr. Bollig (CDU) und Josef Blank (CDU).

Unmittelbar nach der Entscheidung des Landeswahlausschusses gab Heinz Renner ein Flugblatt „An die Wahlberechtigten im Wahlkreis 62 Borbeck-Karnap" heraus. Darin empfahl er ihnen: „Keine Stimme eines Gegners der CDU-Politik darf verlorengehen. Trotz aller Vorbehalte gegenüber der unkonsequenten Politik der SPD-Führung bin ich der Auffassung, daß von allen in Borbeck-Karnap aufgestellten Kandidaten die Kandidatin der SPD meinen Forderungen am nächsten steht. Bei der gegebenen Lage fordere ich darum alle Wahlberechtigten, die bereit waren, mir ihre Stimme zu geben, auf, ihre Stimme der von der SPD aufgestellten Kandidatin zu geben."

Einspruch und Klage beim NRW-Verfassungsgericht

Da ich die Ablehnung der Kandidatur Renner durch den Landeswahlausschuß als einen Verstoß gegen das Landeswahlgesetz ansah, legte ich am 1. August 1958 in meiner Eigenschaft als Vertrauensmann Einspruch gegen die Gültigkeit der Wahl im Wahlkreis 62 ein. Die erforderlichen Unterschriften von 50 Wahlberechtigten waren schnell beschafft.

Am 2. Oktober 1958 tagte im Düsseldorfer Haus des Landtags der Wahlprüfungsausschuß. Vorsitzender war jetzt jener CDU-Abgeordnete Dr. Bollig, der am 26. Juli 1958 im Landeswahlausschuß für Renners Kandidatur gestimmt hatte. Im Verlauf der Sitzung gab man mir Gelegenheit, meine Wahlanfechtung mündlich zu begründen.

Wieder einmal machte ich geltend, daß die Zurückweisung des Wahlvorschlags Renner mit unbewiesenen Behauptungen begründet worden sei. Man solle doch die Dinge beim richtigen Namen nennen. Im Landeswahlausschuß hätten die CDU-Abgeordneten deshalb für Renner gestimmt, weil sie glaubten, damit der SPD Stimmen wegnehmen zu können. Die SPD-Abgeordneten ihrerseits hätten dagegen gestimmt, weil sie genau das verhindern wollten.

Der NRW-Landtag beschäftigte sich dann am 21. Oktober 1958 mit meinem Einspruch. Zuvor hatte der Wahlprüfungsausschuß dem Plenum empfohlen, ihn zurückzuweisen. Begründet wurde die Empfehlung vom CDU-Abgeordneten Dr. Bollig, eben jenem Mann, der bei der Abstimmung im Landeswahlausschuß für Renner votiert hatte. Die Ablehnung meines Einspruchs durch den Landtag erfolgte einstimmig. Gegen die Ablehnung legte ich über den Düsseldorfer Rechtsanwalt Böhmer am 28. November 1958 Beschwerde beim NRW-Verfassungsgerichtshof ein.

Zu diesem Zeitpunkt lief vor dem Bundesgericht in Karlsruhe ein Verfahren gegen Heinz Renner. Seine Verteidiger waren die Essener Rechtsanwälte Gustav Heinemann und Diether Posser. Unter Hinweis auf diesen Prozeß bat Rechtsanwalt Böhmer am 27. Mai 1959 den Präsidenten des Verfassungsgerichtshofs, das Verfahren bis zur Entscheidung des Bundesgerichts ruhen zu lassen. Dem Antrag wurde entsprochen.

Am 11. April 1963 teilte der NRW-Verfassungsgerichtshof mit, man beabsichtige, meine Wahlprüfungsbeschwerde einzustellen. Heinz Renner sei wegen Krankheit abwesend und die

Legislaturperiode des Landtags inzwischen abgelaufen. Nach Absprache mit Hans Lomberg und den Parteigenossen vor Ort erklärte ich mich mit der Einstellung einverstanden.

Im Visier von politischer Polizei und Verfassungsschutz

Nach der Ablehnung der Kandidatur Renner zu den NRW-Landtagswahlen 1958 hat es zahlreiche Maßnahmen des Staatsapparates gegen mich und andere gegeben. Nahezu alle Unterzeichner des Wahlvorschlages wurden von Beamten der politischen Polizei vernommen. Ihre Namen können sie nur vom Wahlamt erfahren haben.

Im Dezember 1958 war ich dann an der Reihe. Zwei Beamte der politischen Polizei erschienen auf meiner Arbeitsstelle bei der Firma Saeger. Gegen meinen Willen nahmen sie mich zur „erkennungsdienstlichen Behandlung" mit zum Polizeipräsidium. Trotz Protest machte man hier Abdrücke von meinen Fingern und fertigte Polizeifotos an.

Einige Zeit später legte man letztere meinem in Rheinberg bei Lintfort wohnenden 71jährigen Vater vor und fragte ihn, ob die abgebildete Person sein Sohn sei. Er geriet dabei in helle Aufregung.

Für den 31. Januar 1959 bestellte mich Oberlandesgerichtsrat Wolfgang B., Ermittlungsrichter des Bundesgerichtshofs, zu einer Vernehmung ins Essener Landgericht und befragte mich zu meiner Tätigkeit in Sachen Kandidatur Renner. Beiläufig wollte er von mir wissen, ob ich am 15. und 16. März 1958 in Berlin gewesen sei. Zwei Zeugen hätten mich an diesem Wochenende als Teilnehmer einer Konferenz der illegalen KPD in Ost-Berlin erkannt. In seinen Akten würden sie mit den Abkürzungen „H.R." und „W.A." bezeichnet. Ich wies die Anschuldigung zurück.

Zu meiner Arbeitsstelle zurückgekehrt, fragte mich unser Betriebsleiter, was man beim Gericht von mir gewollt habe. Als ich ihm erzählte, man werfe mir vor, am 15. und 16. März 1958 an einer KPD-Konferenz in Berlin teilgenommen zu haben, holte er den Arbeitskalender aus seinem Schreibtisch und sagte spontan: „Am Samstag, den 15. März 1958, können Sie nicht in Berlin gewesen sein. An diesem Tag haben Sie im Betrieb gearbeitet."

In den Wochen und Monaten nach der richterlichen Vernehmung konnte ich mehrfach feststellen, daß der Verfassungsschutz mich observierte. Den ersten Hinweis gaben mir Arbeitskollegen. Sie hatten beobachtet, daß sich nach Feierabend mehrfach die gleiche Person an meine Fersen heftete.

Eines Abends besuchte ich mit meiner Frau eine befreundete Familie. Sie wohnte nahe dem Fliegenbusch auf der Altendorfer Straße. Anschließend gingen wir zu Wilma und Hans Lomberg in die Bocholder Straße. Der Weg dorthin führte an der Wohnung des Bruders von Hans vorbei. Der erschien kurz darauf bei den Lombergs und teilte mit, wir würden von zwei Männern beschattet; er habe es vom Fenster seiner Wohnung beobachtet. Einer wäre uns zu Fuß gefolgt, der andere sei im Pkw langsam hinterhergefahren. Jetzt warteten beide im Auto auf der Straße vor dem Haus.

Es war dunkel geworden, als wir den Heimweg antraten. Dennoch bemerkten wir die Schnüffler. Bis zu uns nach Hause war es nicht weit. Unser kleiner Garten davor war mit Maschendraht zur Straße hin abgegrenzt. Daran rankten Bohnensträucher in die Höhe. Während meine Frau ins Haus ging, stellte ich mich hinter die Sträucher und beobachtete die Straße.

Es dauerte nicht lange und unsere Verfolger näherten sich. Hinter den Bohnensträuchern stehend, blieb ich für sie unsichtbar. Im Garten befand sich auch die Hütte unseres Schäferhundes. Asta war harmlos, konnte aber furchterregend bellen. Als meine Verfolger etwa drei Meter von mir entfernt waren, lief ich zur Hundehütte, riß die Tür auf und rief mit lauter Stimme: „Asta, faß!" Der Hund schoß blitzartig aus der Hütte und lief laut bellend zum Gartentor. Wie von einer Tarantel gestochen rannten die beiden Schnüffler davon.

Meine Frau arbeitete damals aushilfsweise bei einem Gärtner in der Nachbarschaft. Eines Tages erzählte dieser ihr, zwei Männer hätten von ihm wissen wollen, ob wir häufig Besuch bekämen, ob oft Autos vor unserem Haus parkten und wann ich gewöhnlich nach Hause käme. Er hätte sie mit dem Hinweis abgewiesen, man möge uns doch selbst fragen.

Als ich einmal von der Arbeit nach Hause kam, teilte meine Frau mir mit, ein im Haus gegenüber wohnender Nachbar wolle mich dringend sprechen. Ich kannte ihn kaum. Begegnete ich ihm, so grüßte man sich; hin und wieder wurden auch ein paar Worte gewechselt. Jeder respektierte dabei das „Sie" bei der Anrede. Als er mir jetzt seine Tür öffnete, empfing er mich mit meinem Vornamen. Mir war sofort klar, daß er tief ins Glas geschaut hatte. Nach der Aufforderung, Platz zu nehmen, sagte er mit trunkener Stimme: „Was ich zu sagen habe, kann ich nur dir allein und das auch nur im Suff sagen. Zwei Männer waren hier und wollten alles mögliche über dich wissen. Wann du nach Hause kommst, ob viele Besucher zu dir kämen, ob sie mit dem Auto vorführen und noch anderes. Schließlich baten sie mich, die Kennzeichen aller Autos zu notieren, die vor deiner Wohnung auf der Straße parken. Für Auskünfte wolle man sich erkenntlich zeigen. Ich hab nicht ja und auch nicht nein gesagt. Als sie gingen, ermahnten sie mich, dir ihren Besuch zu verschweigen. Ich hab hin und her überlegt. Aber das Spiel mache ich deshalb nicht mit, weil du in meinen Augen ein anständiger Kerl bist. Nüchtern hätte ich dir das nicht sagen können. Bitte, Junge, sei vorsichtig." Von Stund' an redeten wir uns mit dem vertraulichen „Du" an. Mir war klar, daß der Verfassungsschutz ihn werben wollte.

Im Zusammenhang mit meiner Tätigkeit als Wahlvertrauensmann für die Kandidatur Heinz Renner zur Landtagswahl wurde am 22. April 1959 meine Wohnung von zwei Beamten der politischen Polizei durchsucht. Man beschlagnahmte 1 1/2 Blatt Blaupapier mit Schriftspuren, einen Block mit 32 1/2 Blatt dünnem Durchschlagpapier, zwei Wahlplakate und vier Flugblätter. Gegen diese Beschlagnahme legte ich Beschwerde ein. Am 2. Juni 1959 verwarf die IV. Große Strafkammer beim Landgericht Düsseldorf meine Beschwerde mit der Begründung, die beschlagnahmten Unterlagen enthielten eindeutige Hinweise auf meine Tätigkeit als Wahlhelfer für Renner.

Die Zeitschrift „Der Ruhrbote"

Geschrieben von Schaffenden für Schaffende

Mitte 1958 unterbreitete mir Hans Lomberg in seiner Eigenschaft als Mitglied der illegalen Parteileitung Essens den Vorschlag, eine legale und periodisch erscheinende kleine Zeitschrift herauszugeben. Man wäre auf mich gekommen, weil ich doch bei einer Zeitung gelernt hätte. Auf der einen Seite verstand ich nicht, daß man mich plötzlich wieder brauchte, auf der anderen Seite reizte mich das Vorhaben, denn schon während meiner Lehrzeit beim „Essener Lokal-Anzeiger" hatte mich die Liebe zum geschriebenen Wort gepackt. Hans Lomberg arbeitete damals als Drucker in einem großen graphischen Betrieb und sagte mir seine Hilfe zu. Gemeinsam besprachen wir das Vorhaben mit unseren Frauen. Als beide zustimmten, wagten wir den Versuch. Wäre ein anderer als Hans zu mir gekommen, mein Entschluß wäre vielleicht anders ausgefallen.

Am 1. Oktober 1958 gründete ich den „Verlag Ernst Schmidt" mit einem Anfangskapital von 5.000 Mark. Das war keine geringe Summe. Ohne die Hilfe von Johann Klaus hätten wir unsere Absicht begraben können. Er wohnte in Borbeck, war Kommunist, zählte zu den Verfolgten des Naziregimes, hatte Wiedergutmachung erhalten und gewährte uns ein zinsloses Darlehen in Höhe von 4.000 Mark. Er wußte allerdings nicht, daß das Geld für die Herausgabe einer Zeitschrift vorgesehen war. Die restlichen 1.000 Mark beschafften wir uns anderswo.

Mit dem Namen „Der Ruhrbote" erschien die Zeitschrift erstmals am 6. Oktober 1958 und fortan zweimal monatlich. Bis 1960 pendelte sich die Auflagenhöhe auf 1.700 Exemplare ein. Zum festen Stamm der Abonnenten gehörten etwa 350 Leser. Die restlichen Exemplare wurden im Einzelverkauf vertrieben.

Als Mitarbeiterin gewann ich Cläre Lorenz. Sie sollte die Buchführung des Verlages übernehmen und den ständigen Kontakt zur Druckerei halten. Ich kannte sie. Von Februar bis Oktober 1946 hatte sie der KPD-Fraktion in der ernannten Essener Stadtvertretung angehört.

Die redaktionelle Arbeit übernahm ich selbst. Dafür stand mir allerdings nur die Zeit nach der beruflichen Tätigkeit und das Wochenende zur Verfügung. Neben Hans Lomberg half mir Heinz Kannenberg, der einmal als Redakteur beim KPD-Organ „Essener Volks-Zeitung", tätig gewesen war. Dank dieser Arbeitsteilung konnte der „Der Ruhrbote" 43 mal ungehindert erscheinen. In der Nummer 1 vom 6. Oktober 1958 stand auf der ersten Seite dieses Geleitwort:

> „Geschrieben von Schaffenden für die Schaffenden unserer Stadt, das ist er, 'Der Ruhrbote'.
> Mit seiner ersten Ausgabe grüßt er alle, die in den Gruben und Fabriken, Betrieben und Büros unserer Stadt mit ihrer Hände Arbeit ihren Lebensunterhalt verdienen müssen. Zweimal monatlich wird er ab heute erscheinen.' Es gibt doch schon so viele Zeitungen, warum jetzt noch eine dazu?' So werden einige Leser sicherlich fragen.
> Jawohl, es gibt viele Zeitungen in Essen, Zeitungen, die täglich erscheinen, Zeitungen, die an Format und Umfang den 'Ruhrboten' weit übertreffen. Zeitungen, die billiger sind als der 'Ruhrbote'.

Der RUHRBOTE

3. JAHRGANG   30. APRIL 1960   NR. 8

1. MAI

Kampftag für Frieden - Verständigung und soziale Sicherheit

Zum 70. Male begehen in diesem Jahre die Schaffenden in der ganzen Welt den 1. Mai als ihren Kampftag. Auch in diesem Jahre werden sie wieder in machtvollen Demonstrationen ihre Kraft, ihre Stärke und ihre Geschlossenheit manifestieren.

Der diesjährige 1. Mai erhält seine besondere Bedeutung durch die bevorstehende Gipfelkonferenz, die nicht zuletzt ein Ergebnis der Bemühungen der arbeitenden Menschen ist, die sich am 1. Mai einreihen in die Demonstration der organisierten Arbeiterschaft. Die Arbeiter sind es, für die das Wettrüsten und die Kriege zwischen den Völkern niemals ein Geschäft, sondern immer der Ausgangspunkt für unsagbares Leid und Elend war. Darum sollten sie am diesjährigen 1. Mai den vier großen Staatsmännern zurufen: Verständigt euch im Interesse des Friedens in der Welt über eine allgemeine, totale und kontrollierte Abrüstung!

Macht Schluß mit dem Kalten Krieg!

Dafür sollten auch wir in der Bundesrepublik am 1. Mai eintreten und von der Bundesregierung einen echten Beitrag zur Entspannung fordern:

Verzicht auf die Atombewaffnung der Bundeswehr,

Beendigung des Kalten Krieges in Deutschland,

Bereitschaft zu gesamtdeutschen Verhandlungen über gemeinsame Schritte zur friedlichen Wiedervereinigung und zum Abschluß eines Friedensvertrages!

Indem wir dafür eintreten, schaffen wir auch die entscheidendsten Voraussetzungen für die Erfüllung der sozialen Forderungen der Schaffenden, die an diesem 1. Mai lauten:

Erhöhung der Löhne und Gehälter!

Stop dem weiteren sozialen Abbau!

Gegen den Abbau der sozialen Krankenversicherung!

Gegen den Lücke-Plan!

Gegen Feierschichten, Entlassungen und Stillegungen im Bergbau!

Der 1. Mai sei unser Kampftag für Frieden und Völkerfreundschaft, für Sicherheit und sozialen Wohlstand!

'Überparteilich', 'Unabhängig', dieses und ähnliches lesen Sie täglich unter den Köpfen dieser Zeitungen. Das werden Sie beim 'Ruhrboten' nicht lesen. Er ist nicht 'überparteilich'. Er ergreift Partei, – Partei für den Frieden, Partei für die Wiedervereinigung unseres Vaterlandes, Partei für die Schaffenden unserer Stadt. Er ergreift Partei gegen all jene, die die fleißige Arbeit unserer Menschen für die ständige Vermehrung ihres Reichtums ausnutzen. 'Der 'Ruhrbote' ist auch nicht 'unabhängig'. Er ist abhängig von den Schaffenden unserer Stadt.

Der Einzel- und Abonnementspreis unserer Zeitung ist hoch. Eine Ausgabe kostet 0,40 DM, und wer sie für 1/4 Jahr abonniert, soll dafür 2,30 DM zahlen. Das ist nicht billig. Aber, lieber Leser, wir werden keine Subventionen erhalten. 'Der Ruhrbote' wird ausschließlich getragen sein von dem Kaufpreis, den seine Leser entrichten. 'Der Ruhrbote' ist also abhängig – abhängig von seinen Lesern, von den Schaffenden unserer Stadt. Und noch etwas. In unserer Zeitung sollen die arbeitenden Menschen unserer Stadt mit all ihren Sorgen und Nöten zu Wort kommen. 'Der Ruhrbote' soll ihnen Freund und Helfer sein. Die Aufgabe, die sich 'Der Ruhrbote' gestellt hat, ist nicht einfach. Er wird Feinde haben, aber die arbeitenden Menschen unserer Stadt werden ihn kennen und lieben lernen. Und darauf kommt es uns an.

Wir hoffen, daß Ihnen diese erste Ausgabe gefallen wird. Wir würden uns freuen, wenn auch Sie Leser unserer Zeitung würden, und in Ihrem Freundes- und Bekanntenkreis für unsere Zeitung werben. Schreiben Sie uns, ob Ihnen 'Der Ruhrbote' gefällt und beteiligen Sie sich an der Gestaltung unserer Zeitung.

Teilen Sie uns mit, was Sie gern im 'Ruhrboten' veröffentlicht sehen wollen. Wir sind für jeden Hinweis dankbar.

In diesem Sinne wollen wir unser Werk beginnen. Die Redaktion."

Die Zeitschrift erschien völlig legal und unter Beachtung des NRW-Pressegesetzes. Unmittelbar nach Anmeldung des Verlages hatte ich am 6. Oktober 1958 dem NRW-Innenministerium alle Einzelheiten mitgeteilt. Am 13. Oktober 1958 antwortete das Ministerium, es habe, „gemäß Gesetz über die Berufsausübung von Verlegern, Verlagsleitern und Redakteuren", mein Schreiben erhalten. Fortan sandte ich ein Exemplar von jeder Ausgabe des „Ruhrboten" an das Ministerium. In den fast zweieinhalb Jahren ihres Erscheinens ist die Zeitschrift nicht einmal von dort, von der Polizei oder der Justiz beanstandet worden.

Die Retourkutsche der Firma Krupp

„Der Ruhrbote" wurde zunächst in Duisburg gesetzt. Wie sich erst viel später herausstellte, hatte die politische Polizei engen Kontakt zu jemandem in der Setzerei. Er lieferte ihr bereits die Manuskripte der ersten Ausgabe. Die Mülheimer Firma Thierbach druckte die Zeitschrift bis zum 6. Februar 1960. Dann war sie angeblich „aus technischen Gründen" dazu nicht mehr in der Lage. Mich überzeugte das Argument nicht. Ich vermutete andere Gründe. Daß dies zutraf, sagte mir Jahre später Richard Thierbach, der Inhaber der Druckerei. In Wirklichkeit habe die Firma Krupp dahintergestanden. Von ihr hätte er schon immer Druckaufträge erhalten. Eines Tages sei ihm gesagt worden, man überlege ernsthaft, ob man ihm angesichts der Tatsache, daß

„Der Ruhrbote" in seinem Betrieb gedruckt würde, nicht die Krupp-Aufträge entziehen solle. Als Begründung verwies man auf einen Artikel mit der Überschrift „Das schlechte Gedächtnis des Herrn Krupp". Er war am 7. Februar 1959 im „Ruhrboten" erschienen. Ich hatte ihn als Antwort auf ein Interview geschrieben, das Alfried Krupp von Bohlen und Halbach einem Korrespondenten der englischen Zeitung „Daily Mail" gewährt hatte. Die Frage, ob er ein Gefühl der Schuld habe, hatte Krupp mit den Worten beantwortet: „Ob ich irgendein Gefühl der Schuld habe? Was für eine Schuld? Für das, was sich unter Hitler ereignete? Nein. Es ist jedoch bedauerlich, daß das deutsche Volk selbst zuließ, von Hitler so betrogen zu werden."

Mir erschien das unverschämt. Darum erinnerte ich Alfried Krupp von Bohlen und Halbach an seine eigene Rolle in der Nazizeit. So hatten er und sein Vater am 13. November 1940 dem NS-Reichsmarschall Hermann Göring ein prunkvolles Schwert überreicht. Es solle, so hieß es, „die Mitwirkung der Krupp-Werke bei der Durchführung des Vierjahresplanes und der Wiederwehrhaftmachung des deutschen Volkes versinnbildlichen". Neben den drei Krupp-Ringen stand auf der Klinge geschrieben: „Dem Schmied des Vierjahresplanes, Reichsmarschall Hermann Göring, die deutsche Waffenschmiede." Meine Schlußfolgerung: Die Krupps und andere Großindustrielle hätten von Hitler hohe Pfründe kassiert, während viele Menschen, darunter auch Krupp-Arbeiter, im Kampf gegen das Hitlerregime ihr Leben lassen mußten. Auf sie könne unsere Stadt stolz sein, nicht auf die Krupps.

Richard Thierbach wollte wissen, ob der Artikel denn inhaltlich falsch sei. Das stünde nicht zur Debatte, sei ihm gesagt worden. Die Tatsache, daß er eine Zeitschrift drucke, in der ein solcher Artikel erscheine, sei entscheidend. Als ihm dann auch noch ein Duisburger Großbetrieb Vorhaltungen wegen des „Ruhrboten" machte, habe er zunächst in den Ausgaben vom 24. Oktober und 7. November 1959 den Namen seiner Druckerei im Impressum weggelassen, dann aber technische Schwierigkeiten vorgetäuscht. Ihm sei diese Ausrede sehr peinlich gewesen. Jetzt, lange nach Lösung der geschäftlichen Beziehungen, fühle er sich verpflichtet, mir den wahren Sachverhalt nicht länger zu verschweigen.

Als Thierbach den Druck des „Ruhrboten" kündigte, bemühten wir uns um einen anderen Drucker. Die Firma Unterschemann in Essen-Rellinghausen erklärte sich zunächst bereit. Kurz darauf kam eine Absage. Man habe einen größeren Druckauftrag erhalten und sei deshalb nicht in der Lage, unseren Auftrag zu übernehmen. Erfolgreicher verliefen die Verhandlungen mit der Druckerei Hansbuer in Essen-Kray. Sie druckte den „Ruhrboten" vom 27. Februar 1960 bis zu seiner letzten Ausgabe am 8. Juli 1960. Da sie die Ausgaben einen Tag früher anliefern konnte, erhielten Postbezieher die Zeitschrift bereits zum Wochenende.

Ungesühnte Nazi-Justiz am Pranger

In der Ausgabe vom 15. Oktober 1958 prangerte die Mitgliedszeitschrift der IG Druck und Papier ein Urteil des NS-Sondergerichts Leslau (Polen) vom 30. Januar 1942 an. Danach war der 30jährige Pole Ignatz Kazmierczak, Zimmerergehilfe und Vater von zwei unmündigen Kindern, deshalb zum Tode verurteilt und fünf Tage später hingerichtet worden, weil er den Hund eines deutschen Zollbeamten hinter dem Ohr verletzt haben soll.

Die Gewerkschaftszeitung teilte mit, einer der Richter sei der Amtsgerichtsrat Dr. Kowalski gewesen und fügte hinzu: „Der frühere Amtsgerichtsrat und Sonderrichter Dr. Kowalski, dem

29 Todesurteile in einem besetzten Land zur Last gelegt werden, hat inzwischen in der Bundesrepublik Karriere gemacht. Er ist jetzt Landgerichtsdirektor in Essen."

Unter der Überschrift „NS-Richter in Amt und Würden" berichtete ich darüber im „Ruhrboten" vom 20. Dezember 1958 und kommentierte: „Tausende Essener Bürger sind wegen ihres unbeugsamen Kampfes gegen Hitler oder wegen ihrer jüdischen Abstammung in den faschistischen Konzentrationslagern ermordet, vergast oder gefoltert worden. Sind diese Opfer vergessen? Dürfen solche Leute heute wieder Recht sprechen? Was sagen die Essener Gewerkschaften zu dieser Veröffentlichung in Druck und Papier? Dazu darf man nicht schweigen."

Später erfuhr ich von weiteren Todesurteilen, an denen Kowalski mitgewirkt hatte und teilte das am 15. August 1959 den Lesern mit. Am 7. November 1941 war es der Maurer Josef Burzynski aus Kutno gewesen, der „einen Deutschen mit dem Messer bedroht" und Widerstand geleistet haben soll. Am 1. Juni 1942 der polnische Arbeiter Bronislaw Drapinski wegen Schwarzschlachtung. Am 26. Juni 1942 der polnische Waldarbeiter Jan Paradowski, weil er die Ohrfeige eines Deutschen mit einer Ohrfeige erwiderte, und man das als „Schädigung des Ansehens des deutschen Volkes" wertete. Am 19. März 1943 der Pole Jan Morowski, weil er Anfang September 1939, noch vor dem Einmarsch der Hitlertruppen, einen Deutschen wegen strafbarer Handlungen der polnischen Polizei übergeben hatte.

Es sei nicht einzusehen, meinte ich, daß ein solcher Mann von Steuergroschen bezahlt würde, während Nazigegnern, die in der Blütezeit Kowalskis gegen Hitler und sein Regime kämpften, heute die Wiedergutmachungsrenten entzogen bekämen und zurückzahlen sollten. Zu ihnen gehöre auch Heinz Renner. Auch der Rat der Stadt Essen dürfe dazu nicht schweigen. Es ginge auch die Gewerkschaften an, denn es seien in der Hauptsache Arbeiter gewesen, die durch Mithilfe Kowalskis umgebracht wurden.

Obgleich ich diese Ausgabe des „Ruhrboten" mit Hinweis auf den Artikel dem Rat der Stadt, den Parteien, den Gewerkschaften und den Zeitungen zusandte, schwieg man in Essen. Ende 1959 berichteten die Zeitungen über eine in Karlsruhe gezeigte Ausstellung „Ungesühnte Nazi-Justiz". Zu den Organisatoren dieser Ausstellung gehörten auch die Studenten Strecker und Koppel. Sie stellten Anfang 1960 bei der Karlsruher Staatsanwaltschaft Strafantrag gegen 43 Richter und Staatsanwälte aus der Bundesrepublik. Darunter, neben Kowalski, Landgerichtsrat Krügers, Oberstaatsanwalt Törning und Senatspräsident Neubauer. Sie waren während des Zweiten Weltkriegs an den Sondergerichten in Prag, Lodz und Kattowitz tätig gewesen und sprachen jetzt „Recht" in Essen. Ich veröffentlichte auch ihre Namen im „Ruhrboten".

Am 13. März 1960 eröffnete der Generalbundesanwalt Dr. Güde in der Aula des Burggymnasiums die „Woche der Brüderlichkeit". In seiner Rede sagte er u.a.: „Scheuen wir uns nicht, zu allen Völkern und zu allen Menschen, denen in unserem Namen Unrecht getan wurde, aus offenem Herzen zu sagen: Verzeiht! Verzeih, jüdisches Volk! Verzeih, du polnisches Volk, an dem wir uns nächst dem jüdischen am meisten versündigt haben aus dem abscheulichen Wahn, ein Herrenvolk zu sein."

In meiner Zeitschrift nahm ich am 26. März 1960 dazu Stellung. Wolle man diese Verzeihung erlangen, meinte ich, sei es höchste Zeit, die unter uns weilenden Schuldigen zur Verantwortung zu ziehen und Justiz, Polizei und Verwaltung der Bundesrepublik von den ehemaligen treuen Dienern Hitlers zu säubern.

Im gleichen Artikel nannte ich auch Essener Richter, die von 1939 bis 1945 an Sondergerichten der Tschechoslowakei „Im Namen des deutschen Volkes" Terror-Urteile verhängt hatten. Ihre

Kundgebung zum 1. Mai 1960 auf dem Essener Burgplatz

Namen hatte ich auf einer Pressekonferenz des „Ausschusses für deutsche Einheit" in Ostberlin erfahren. Dazu gehörten Dr. Kurt Backhaus, früher Landgerichtsdirektor am deutschen Landgericht in Sumperk (Mähr.-Schönberg), nach dem Krieg Landgerichtsdirektor am Landgericht Essen, Dr. Otto Bruche, früher Richter am deutschen Amtsgericht in Chaborovice (Karbitz) CSR, nach dem Kriege Landgerichtsrat am Landgericht Essen, Dr. Josef Törnig, früher Staatsanwalt am deutschen Sondergericht in Prag, nach dem Krieg Oberstaatsanwalt in Essen. Ich nannte ferner Dr. Franz Jungmann, früher Staatsanwalt am Sondergericht Posen, und Dr. Dr. Horst Neubauer, früher Landgerichtsdirektor beim Sondergericht in Litzmannstadt (Lodz). Jungmann war jetzt Staatsanwalt in Essen, Neubauer Senatspräsident beim Essener Landessozialgericht.

Die Broschüre „Wir klagen an"

Ende Juni 1960 erschien meine 28 Seiten starke Broschüre „Wir klagen an – NS-Richter und Staatsanwälte in Essen". Bei der Oberhausener Buchdruckerei Althoff war sie in einer Auflage von 2.000 Stück gedruckt worden. Unter der Überschrift „In unserer eigenen Stadt beginnen!" hatte ich u.a. geschrieben:

„Wenn man die gegenwärtig für jeden interessierten Bürger greifbaren dokumentarischen Unterlagen einsieht, dann ergibt sich folgende bemerkenswerte Übersicht über das Justizwesen in der Stadt Essen:

1. Mit dem Namen der Stadt Essen sind mindestens 26 NS-Richter und Staatsanwälte verbunden. Sie alle sind für die Gestaltung eines demokratischen Rechtswesens untragbar, zumindest jedoch sehr fragwürdig.

2. Diese 26 Richter und Staatsanwälte hatten folgende Funktionen:

	in der NS-Zeit:	nach dem Kriege:
Senatspräsidenten	–	1
Landgerichtsdirektoren	4	7
Landgerichtsräte	6	6
Amtsgerichtsdirektoren	–	2
Amtsgerichtsräte	6	2
Reichsanwälte	1	–
Oberstaatsanwälte	–	4
Staatsanwälte	6	4
Feldgerichtsräte	1	–
Kriegsgerichtsräte	2	–

Diese sicher noch nicht den neuesten Stand darstellende Übersicht zeigt, daß der Einfluß der Nazirichter und -staatsanwälte heute entschieden größer ist, als er früher in der Nazizeit war.

3. Von den 26 mit dem Namen Essen verbundenen Richtern und Staatsanwälten waren nach dem Krieg 19 an Gerichten unserer Stadt tätig und sind es zum Teil heute noch. Darunter fünf Landgerichtsdirektoren, fünf Landgerichtsräte, ein Senatspräsident, ein Amtsgerichtsdirektor, ein Amtsgerichtsrat, drei Oberstaatsanwälte und drei Staatsanwälte. Soweit sie inzwischen pensioniert sind, erhalten sie sicherlich schöne Pensionen. Die demokratische Vertrauenswürdigkeit und Zuverlässigkeit des ganzen Essener Justizwesens wird durch diese Richter und Staatsanwälte solange in Frage gestellt, als deren Tätigkeit an den nazistischen Gerichten einerseits sowie ihre politische Einstellung zur Nazizeit andererseits nicht vor allen Bürgern klargestellt worden ist."

In der Mühle des „Kalten Krieges"

Festnahme und Haftbefehl

Am Freitag, dem 8. Juli 1960, wenige Tage nach dem Erscheinen der Broschüre „Wir klagen an", löste NRW-Innenminister Dufhues (CDU) die „Aktion Schwalbe" aus. Sie richtete sich gegen meine und fünf andere Zeitschriften im Land. Einen Tag zuvor war eine neue Ausgabe des „Ruhrboten" bei mir angeliefert und noch am gleichen Tag versandfertig gemacht worden. Neben der Erwähnung der Broschüre „Wir klagen an" im Textteil legten wir einen Bestellschein bei. Die notwendige Mehrarbeit verhinderte den Postversand noch am gleichen Tag.

Am Morgen des 8. Juli 1960 nahmen mich Beamten der politischen Polizei auf meiner Arbeitsstelle fest und brachten mich zum Polizeipräsidium. Zeitgleich wurden meine Wohnung und die meiner Schwiegereltern durchsucht. Dabei beschlagnahmte man die versandfertigen Exemplare des „Ruhrboten", die noch vorhandenen Exemplare der Broschüre „Wir klagen an" und die Unterlagen meines Verlages. Meine Frau mußte mit zum Präsidium, ebenso Hans Lomberg und Cläre Lorenz nach der Durchsuchung ihrer Wohnungen.

Hans hatte bereits vom 9. Mai bis zum 2. Juni 1960 in Untersuchungshaft gesessen. Von einem fragwürdigen Zeugen war er beschuldigt worden, auf einer Stubenversammlung der illegalen KPD in Katernberg referiert zu haben.

Als man mich nach der Festnahme im Essener Polizeipräsidium zur Vernehmung führte, verweigerte ich zunächst die Aussage. Erst als mir gesagt wurde, daß man unter diesen Umständen Cläre und meine Frau „wegen Verdunkelungsgefahr" in Haft behalten müsse, erklärte ich mich zu Aussagen über meinen Verlag und den „Ruhrboten" bereit. Man fragte nach Motiven der Verlagsgründung, seiner Finanzierung, seinem Geschäftsgebaren und welche Rollen Cläre und Hans bei der Herausgabe meiner Zeitschrift gespielt hätten. Cläre hätte hauptsächlich verlegerische Arbeiten gemacht, Hans einige namentlich gezeichnete Artikel geschrieben, sagte ich. Als man mich aufforderte, die Aussagen zu unterschreiben, fragte ich zunächst, was mit Cläre und meiner Frau inzwischen geschehen sei. Als ich erfuhr, man habe meine Frau, nicht aber Cläre Lorenz entlassen, unterschrieb ich das Vernehmungsprotokoll nicht.

Cläre Lorenz, Hans Lomberg und ich verbrachten die Nacht im Essener Polizeigefängnis. Am Vormittag des 9. Juli 1960 wurden wir nacheinander dem Haftrichter vorgeführt. Amtsgerichtsrat D. nahm uns in Untersuchungshaft. Sein Haftbefehl gegen mich lautete:

> „Der kaufmännische Angestellte Ernst Schmidt aus Essen-Borbeck, In der Worth 11, geb. am 12.10.24 in Essen, ist zur Untersuchungshaft zu bringen. Er wird beschuldigt, vorsätzlich gegen eine Entscheidung des Bundesverfassungsgerichts zuwider gehandelt und die Bestrebung einer Vereinigung, deren Zweck oder deren Tätigkeit sich gegen die verfassungsmäßige Ordnung richtet, als Rädelsführer oder Hintermann gefördert zu haben, indem er die Zeitung „Der Ruhrbote", die nach ihrem Inhalt den Zwecken der KPD zu dienen bestimmt ist, als Verlagsleiter herausgab. Die Bezieher dieser Zeitung sind zum größten Teil frühere Angehörige und Funktionäre dieser Partei...
>
> Er ist dieser Straftat dringend verdächtig. Es besteht Verdunkelungsgefahr, weil mehrere vermutliche Mittäter wegen Abwesenheit von Essen noch nicht vernommen werden konnten..."

Unmittelbar danach brachte man uns in die Essener Justizvollzugsanstalt in der Krawehlstraße. Am gleichen Tag berichteten alle Medien über die Aktion „Schwalbe".

In Untersuchungshaft

Am Tage nach der Einlieferung in die Haftanstalt – es war ein Sonntag – erlebte ich den ersten halbstündigen Hofgang. Unter Aufsicht von Wärtern mußten ein großer und ein kleiner Kreis gebildet werden. Der kleine Kreis blieb Fußkranken und älteren Häftlingen vorbehalten. „Tatgenossen" – in meinem Fall war das Hans Lomberg – hatten nie gemeinsam „Freistunde". Plötzlich glaubte ich zu hören, daß jemand leise meinen Vorname rief. Woher der Ruf kam, konnte ich mir zunächst nicht erklären. Als wieder „Ernst! Ernst! Ernst!" gerufen wurde, entdeckte ich im Oberlicht eines der vielen Fenster das Gesicht von Hans Lomberg. Er war auf den Tisch in seiner Zelle gestiegen, um mich beim Hofgang zu entdecken. Ihm zu signalisieren, daß auch ich ihn sah, war gar nicht so einfach, denn die Wachhabenden durften es nicht bemerken. Schließlich aber kam mir eine Idee. Ich ergriff mein Taschentuch, führte es hin und her winkend an die Nase, schneuzte und strich mir mit dem Tuch in der Hand über die Haare. Der Gruß kam an. Als der Hofgang endete, pfiff Hans leise, aber hörbar ein russisches Volkslied. Das Erlebnis wiederholte sich bis zur Entlassung von Hans Tag für Tag. Es gab mir viel Kraft.

Am Montag, den 11. Juli 1960, besuchte uns der Essener Rechtsanwalt Dr. Diether Posser und blieb fortan unser Verteidiger. Gleich nach meiner Verhaftung hatten meine Frau und Wilma Lomberg ihn darum gebeten. Für Sonnabend, den 16. Juli 1960, hatte er inzwischen einen mündlichen Haftprüfungstermin beantragt. Bevor man Hans und mich an jenem Tage über den Gefängnishof zum Gerichtsgebäude führte, kettete man uns mit einer Handschelle aneinander. Haftrichter war Amtsgerichtsrat E., Staatsanwalt der Dortmunder Gerichtsassessor P. Zunächst kam Hans Lomberg an die Reihe. Sein Haftbefehl wurde aufgehoben. Nach einwöchigem Gefängnisaufenthalt konnte er nach Hause zurückkehren. Cläre Lorenz und ich blieben weiterhin in Haft. Am 8. August 1960 fanden für uns zwei neue Haftprüfungstermine statt. Cläre wurde mit der Auflage aus der Haft entlassen, ihre Personalpapiere bei der Polizei zu hinterlegen, sich einmal wöchentlich beim zuständigen Polizeirevier zu melden und das Stadtgebiet Essen nicht ohne Genehmigung zu verlassen. Für mich blieb die Untersuchungshaft weiter bestehen. Kurz danach kam Kriminalobermeister B. von der Politischen Polizei zu mir ins Gefängnis. Er wollte mich vernehmen. Ich verweigerte das. Mit einem Polizeibeamten, dessen feindlichen und gehässigen Umgang mit Kommunisten ich auch bei meiner Festnahme erlebt hatte, wollte ich kein Wort mehr wechseln.

Bei der Nennung seines Namens fällt mir ein Zwischenfall ein, den meine Frau einmal mit ihm erlebte. Während einer Haussuchung bei uns ging er auch in den Keller. Bei starkem Regen stieg dort das Wasser immer etwa 20 Zentimeter hoch. Den dort lagernden Hausbrandkohlen meiner Schwiegereltern schadete das nicht. Holte man einen Eimer voll nach oben, zog man sich Gummistiefel an. Als B. in den Keller ging, stand das Wasser wieder einmal um die 20 cm hoch. Feiner Kohlenstaub lag auf der Wasseroberfläche. Man konnte annehmen, der Kellerboden sei asphaltiert. Bekleidet mit Sommerschuhen und hellem Anzug, stieg B. die Treppe herunter und stand plötzlich im Wasser. „Was ist denn das für eine Schweinerei?", fragte er wütend meine Frau, die oben auf der Treppe stand. „Das ist Grundwasser. Wir ziehen uns deshalb immer Gummistiefel an, wenn wir in den Keller gehen", antwortete sie und mußte sich das

Lachen krampfhaft verkneifen. Mit zornrotem Gesicht empörte sich B.: „Warum haben Sie mir das nicht gesagt?" „Sie haben mich ja nicht danach gefragt", lautete die spitzbübische Antwort meiner Frau.

Knasterlebnisse

Unvergeßlich bleibt mir der 14. Juli 1960. Kurz nach dem Mittagessen führte man mich in Handschellen zu Amtsgerichtsrat E. Dort wartete der evangelische Pfarrer Martin Ritter. Ich hatte ihn bei Diskussionsabenden des literarischen Zirkels der evangelischen Kirchengemeinde Essen-Borbeck kennengelernt. E. glaubte offenbar, der Pfarrer wolle mir geistlichen Zuspruch geben. Martin Ritter trat auf mich zu, ergriff meine Hand, drückte sie fest und sagte, er wäre gekommen, um mir die Grüße der Teilnehmer des literarischen Zirkels zu überbringen. Sie seien allesamt über meine Verhaftung empört. Ich möge den Kopf hochhalten, denn schämen brauche ich mich nicht. Auf meine Frau dürfe ich stolz sein. Sie stünde fest zu mir.

Mehr konnte er nicht sagen, denn Amtgerichtsrat E. war inzwischen aufgesprungen und erklärte mit wütender Stimme das Gespräch für beendet. Dann sah er Martin Ritter strafend an und meinte bissig, es sei leider immer schon so gewesen, daß sich Teile der Geistlichkeit zu den Extremisten hingezogen fühlten.

Unter den Häftlingen befanden sich alle möglichen Typen. Solidarität war immer dann angesagt, wenn man den Wärtern ein Schnippchen schlagen konnte. Ich erlebte dies schon in den ersten Tagen nach meiner Inhaftierung. Bei der Einlieferung ins Gefängnis brachte man mich zur Kleiderkammer. Nachdem ich mich entkleidet und alle Taschen geleert hatte, führte mich ein Häftling in den Duschraum. Auf halbem Wege flüsterte er mir zu: „Gleich sehe ich deinen Tatgenossen Lomberg. Soll ich ihm von dir was ausrichten?"

Drei Tage später durften Hans und ich erstmals Besuch empfangen. Unsere Frauen waren gemeinsam gekommen. Vor den Besuchsräumen mußten wir warten, bis wir an der Reihe waren. Unter Aufsicht eines Wärters arbeitete hier auch der Häftlingsfriseur. Er mußte vor dem Besuch alle jene rasieren, denen man die Benutzung eines eigenen Rasierapparates nicht gestattete oder die, wie Hans und ich, noch kein Rasierzeug besaßen. Hans kam als erster an die Reihe. Vor mir standen noch zwei wartende Häftlinge. Als der Friseur von Hans gehört hatte, ich wäre sein Tatgenosse, gab er diese Information flüsternd an die zwei vor mir stehenden Häftlinge weiter. Als der auf und ab gehende Wärter wieder einmal in die uns abgewandte Richtung ging, wurde ich nach vorn gewinkt. Jetzt stand ich unmittelbar neben dem Friseur und konnte mit Hans einige Worte wechseln.

Eines Tages wurden alle Gefangenen zur ärztlichen Untersuchung geführt. In der langen Schlange stand hinter mir jemand aus der Nachbarzelle. Ich hatte ihn beim täglichen Hofgang lange nicht gesehen. Jetzt machte er auf mich einen rundum zufriedenen Eindruck. Als ich ihn fragte, wo er denn in den letzten Tagen gewesen sei, erfuhr ich, daß im Augenblick sein Prozeß anstehe. Weshalb er denn angesichts dieser Tatsache so fröhlich sei, wollte ich wissen. Mit sichtlichem Vergnügen antwortete er mir: „Weißt du, man beschuldigt mich, über 80 Autos gestohlen und nach Südfrankreich gebracht zu haben. Gestern hatte ich meinen großen Tag. 30 Autos habe ich dem Staatsanwalt schon kaputt gemacht. Jetzt spricht die Anklage nur noch von 50." Mir fehlten die Worte.

Der Tagesablauf hinter Gefängnismauern war nicht uninteressant. Schon vor 6 Uhr wurde geweckt. Bald darauf machten sich die Essenholer auf den Weg. Sie holten das Frühstück aus der Küche. Dazu gehörten Brot, Kaffee, ein Würfelchen Margarine und ein Löffel Marmelade. Sonntags gab es Kakao. Zur Frühstücksausgabe trat jeder Häftlinge mit Napf und Trinkbecher auf den Flur. Unter Aufsicht von Wärtern erhielt jeder den ihm zustehenden Proviant. Nach dem Frühstück begann die Arbeit. Von 12 bis 13 Uhr war Mittagspause und gegen 16.30 Uhr endete die Arbeit. Für die Nacht sicherte man alle Zellen zusätzlich mit einem Riegel, und um 21 Uhr löschte man das Licht. Zum Leidwesen der Wärter war danach der Teufel los.

Gewöhnlich begann ein Häftling: Auf seinem Bett liegend, ließ er seinen Eßlöffel monoton immer wieder auf den Fliesenboden fallen. Da der Lärm durch das ganze Haus hallte, protestierten einige mit dem Ruf: „Mensch, sei still!" Andere forderten lautstark das Zellenlicht zurück. Geboten die Wärter Ruhe, begann lautes Gebrüll in den Zellen. Bald klapperte nicht mehr nur ein Löffel.

Briefe nach Hause

Die Trennung von Familie und Freunden fiel mir sehr schwer. Nur hin und wieder durfte meine Frau mich besuchen. Statt zu klagen und zu jammern, redete sie mir Mut zu und stand fest und unerschütterlich zu mir.

Rechtsanwalt Dr. Diether Posser kam regelmäßig einmal in der Woche. Er fragte mich, ob mir seine Besuche auch recht seien. Es gäbe Häftlinge, denen wäre das gar nicht so angenehm. „Wenn es Ihnen nichts ausmacht, dann kommen Sie so oft es Ihnen möglich ist", antwortete ich und fügte hinzu: „Meine Frau und Sie sind doch die einzigen, mit denen ich mich hier vernünftig unterhalten kann." Bei jedem seiner Besuche übermittelte er mir Grüße von meiner Frau und gab die meinen an sie weiter. Possers Hilfsbereitschaft war beispielgebend. Seine Art zu reden strahlte Wärme aus. Man spürte sofort, daß man bei ihm mehr war als nur ein Klient. Beim ersten Besuch legte er eine Schachtel Zigaretten auf den Tisch und sagte: „Im Essener Gefängnis darf der Verteidiger mit seinem Klienten rauchen." Da er Nichtraucher war und ich die übrig gebliebenen Zigaretten mit in die Zelle nehmen durfte, bereitete er mir damit ein fürstliches Geschenk. Als bei seinem nächsten Besuch wieder eine Schachtel Zigaretten auf dem Tisch lag, faßte ich mir ein Herz und fragte, ob er nicht statt Zigaretten Tabak und Blättchen mitbringen könne. Das sei für ihn billiger, für mich aber ergiebiger. Er erfüllte meinen Wunsch.

Die eigenen Gedanken und Gefühle in den fast zweieinhalb Monaten Untersuchungshaft im Essener Gefängnis kann ich im Nachhinein schwer beschreiben. Wie es in meinem Innern aussah, was ich empfand, was mich bewegte, spiegeln erhalten gebliebene Briefe an meine Familie, an meine Frau und meine Kinder wider. Einige Auszüge daraus möchte ich zitieren.

Brief vom 9. Juli 1960:
„Da sitzt man nun im Gefängnis, weil das, was ich in meiner Zeitschrift geschrieben habe, so gedeutet wird, als habe man gegen bestehende Gesetze verstoßen. Ich habe mich in meiner Zeitschrift eingesetzt für die Erhaltung des Friedens auf dieser Welt. Ich habe mich eingesetzt für die Verständigung unter den Völkern. Ich habe mich eingesetzt gegen die Atompolitik und für ein besseres Leben unserer arbeitenden Essener Bevölkerung.

Ernst Schmidt und Dieter Posser 1994 (Foto: Wolfgang Filz)

Warum? Weil ich den Krieg mit allen seinen Schrecken kennengelernt habe; weil ich erfahren habe, daß wir im Falle eines Krieges immer die Lasten und das Elend zu tragen haben; weil ich meinen beiden Kindern einen neuen Krieg mit allen seinen Schrecken ersparen will..."

Brief vom 15. Juli 1960:
„Um mich braucht Ihr Euch keine Sorgen zu machen. Das Alleinsein ist zwar nicht angenehm, aber in Wirklichkeit ist man ja nicht so allein. Ich weiß, daß hinter dem, was ich in meiner Zeitschrift geschrieben habe, viele Essener Bürger, viele Menschen in Deutschland und viele Millionen in der ganzen Welt stehen. Dieses Wissen sprengt die Enge der Zelle, stimmt mich froh und glücklich. Und alle diese Menschen werde ich nicht enttäuschen..."

Brief vom 22. Juli 1960:
„Dank Dir, liebe Inge, für all die Liebe und Fürsorge, die Du mir bis jetzt entgegengebracht hast. Du hast es in der Zeit unseres gemeinsamen Lebens niemals leicht gehabt, aber im Augenblick ist es für Dich besonders schwer. Auf der einen Seite die Sorgen um unsere Kinder, auf der anderen Seite die Sorgen, die ich Dir bereite. Ich weiß, daß alle diese Sorgen an Deiner Gesundheit zehren. Bei Deinem letzten Besuch sahst Du sehr abgespannt aus... Siehst Du, das sind meine Sorgen. Sorgen, die mir in den vielen Stunden des Alleinseins immer wieder durch den Kopf gehen. Wenn ich dann auf der anderen Seite aber sehe, wie Du dennoch mit all Deinen vielen Sorgen fertig wirst, dann erfüllt mich das mit Stolz und Kraft..."

Brief vom 5. August 1960:
„Ich habe jetzt mehr Gelegenheit, die oftmals endlos erscheinenden Tage auszufüllen. Ich lese und studiere, spiele Schach und bekomme jetzt endlich die Zeitung. Dennoch aber ist man immer wieder mit seinen Gedanken unterwegs. 'Wie geht es zu Hause?' 'Was machen die Kinder?' 'Ist wohl alles gesund?' 'Welche Sorgen hat Inge?' Diese und ähnliche Fragen stellt man sich, obgleich man weiß, daß sie im Augenblick unbeantwortet bleiben... Auch damit müssen wir fertig werden. Siehst Du, gerade das Wort 'wir' gibt einem dann wieder große Kraft... Wenn wir zusammenhalten, wenn wir, wie Du einmal geschrieben hast, gemeinsam wie bisher durch dick und dünn gehen, wenn wir uns dabei vor Augen halten, daß neben uns unsere Kinder und hinter uns unsere Eltern stehen, wenn wir uns immer vor Augen halten, daß viele, viele Menschen an unserer Seite stehen, dann, ja dann werden wir fertig mit den Dingen..."

Brief vom 12. August 1960:
„Meine liebe Inge! Nun bin ich bereits seit fünf Wochen hier in diesen vier Wänden mit dem vergitterten Fenster und der verschlossenen Tür. Die einzige Abwechslung und Freude, die die sonst fast gleichmäßig abrollenden Tage bringen, ist ein Brief von Dir oder Dein Besuch... Inzwischen habe ich mir einen regelrechten täglichen Stundenplan gemacht. An den Vormittagen wird zunächst studiert. Vornehmlich politische Ökonomie. Nach dem Essen lese ich meine Zeitung. Dann arbeite ich in dem Lehrbuch „Deut-

sche Sprachlehre". Kurz vor dem Abendessen nehme ich mein Reiseschachspiel und beschäftige mich damit. Abends lese ich dann bis zum Dunkelwerden in den Romanen, die ich mir hier ausleihe. Du siehst also, ich lasse weder den Kopf hängen, noch lege ich meine Hände in den Schoß..."

Sonderbrief vom 22. August 1960:
„Liebe Schwiegereltern. Nun sind fast sieben Wochen vergangen, seitdem ich von meiner Familie und auch von Euch getrennt wurde... Daß mir diese Zeit leichter fällt, ist nicht zuletzt Euer Verdienst. Ihr habt bis zur Stunde hinter meiner Familie und auch hinter mir gestanden, und ich weiß, daß auch die Zukunft daran nichts ändern wird. Dieses Wissen ist es, das meine derzeitige Lage wesentlich erleichtert... Ich bin davon überzeugt, daß die Zeit, die wir gegenwärtig durchmachen, uns noch fester zusammenschweißen wird als es bisher schon der Fall war..."

Brief vom 2. September 1960:
„Je länger man hier sitzt, um so unverständlicher wird einem die ganze Angelegenheit. Sozusagen als Trost kann man dann in der Zeitung lesen, daß ein ehemaliger SS-General, der wegen seiner 'Heldentaten' vor Gericht stand, freigesprochen wurde. (Siehe SS-General Simon.) Aber trotz all der Schwierigkeiten lasse ich keineswegs meinen Kopf hängen. Oh nein, dazu habe ich keinen Grund. Ich sage mir immer: Wichtig ist, daß man mit all seinem Handeln vor der Geschichte unseres Volkes bestehen kann. Es hat Zeiten gegeben, da wurden Menschen wegen ihrer politischen Auffassung von ihren Zeitgenossen verurteilt und in Gefängnisse gesperrt. Heute sagt uns die Geschichte unseres Volkes, wer damals Recht und Unrecht hatte. Ich selbst bin davon überzeugt, daß ich mit ruhigem Gewissen vor das Gericht der Geschichte meines Volkes treten kann..."

Brief vom 9. September 1960:
„Dank Dir, liebe Inge, für Deine Fürsorge... Besonders gefreut habe ich mich über Deinen Brief vom 27. August. Du hast darin so treffende Wahrheiten gesagt. Ja, wir wollen fest zusammenhalten, zu zweien geht alles viel leichter. So haben es Deine Eltern gemacht, so wollen wir es machen und es auch unsere Kindern lehren..."

Entlassung und Warten auf den Prozeß

In den Mittagsstunden des 15. September 1960 wurde ich überraschend dem Haftrichter vorgeführt. Amtsgerichtsrat E. las mir ein Schreiben der Dortmunder Staatsanwaltschaft vor. Darin stand, daß mein Haftbefehl zwar aufrecht erhalten, die verhängte Untersuchungshaft jedoch ausgesetzt würde. Voraussetzung dafür sei meine Bereitschaft, das Land NRW nicht zu verlassen, meinen Personalausweis beim zuständigen Polizeirevier zu hinterlegen und mich zweimal wöchentlich dort zu melden. Diese Auflagen sollten vorerst bis zum 1. Dezember 1960 gelten.

Nach über zwei Monaten nach Hause zurückgekehrt, informierte ich sofort die Firma Saeger. Man forderte mich auf, die Arbeit sofort wieder aufzunehmen. Später erfuhr ich, daß Kriminalobermeister B. den Firmeninhaber hatte wissen lassen, meine Verhaftung sei ein

Grund zur fristlosen Entlassung. Wen er in seinem Betrieb beschäftige, möge er gefälligst ihm überlassen, lautete dessen Antwort.

Meine Frau erzählte mir von Solidaritätsbekundungen der vergangenen Wochen. Ihre Eltern hatten in dieser Zeit alles mit ihr und unseren Kindern geteilt. Von Wilma und Hans Lomberg war meine Familie rührend betreut worden. Die Fußballer der 1. und 2. Mannschaft des „S.V. Union Frintrop" – ich war Mitglied des Vereins – hatten nach jedem Spiel für meine Familie gesammelt. „Sportfreunde, das erste Glas Bier ist für den Ernst", sagten die Spielführer, wenn sie zusammensaßen. Dann ging eine Mütze von Hand zu Hand. Anderntags gab man meiner Frau das gesammelte Geld.

Der Berginvalide Heinrich Kegelmann, Gewerkschaftler und Sozialdemokrat, war mehrfach gekommen, gab fünf Mark und sagte dabei: „Hier, Deern, datt is für dinne Jong!" Der Berginvalide Heinrich Held schickte mir fünf Mark zum Einkauf ins Gefängnis. Die Frau des Kohlenhändlers Lange aus dem Möllhoven steckte meiner Frau einen namhaften Geldbetrag zu. Auch das Ehepaar Wix – es betrieb in der Fürstäbtissinenstraße einen Kiosk – unterstützte meine Familie finanziell und materiell.

Um den Lebensunterhalt für sich und die Kinder zu sichern, arbeitete Inge stundenweise beim Gärtner Rankers auf dem Borbecker Wochenmarkt und im Geschäft des Gärtners Holtwiesche auf der Bocholder Straße.

Zehn Tage nach meiner Entlassung fragte ich die Dortmunder Staatsanwaltschaft, ob mir die Herausgabe des „Ruhrboten" untersagt sei. Mit Datum vom 29. September 1960 teilte sie mir mit, weder Gericht noch Staatsanwaltschaft könnten mir Auflagen machen. Die könnten nur seitens der Strafverfolgungsbehörden ergehen. Ob und inwieweit Einschränkungen durch die Polizeibehörde gegen mich bestünden, wisse man nicht.

Was blieb mir anders übrig, als am 18. Oktober 1960 den Essener Polizeipräsidenten Dr. H. danach zu fragen. Erst nach Anmahnung ließ er mich am 6. Dezember 1960 wissen, er wäre bei der Wiederherausgabe des 'Ruhrboten' verpflichtet, „die notwendigen Maßnahmen zu treffen, um von der Allgemeinheit Gefahren abzuwehren, durch die die öffentliche Sicherheit und Ordnung bedroht wird". Mir erschien diese Mitteilung grotesk; sie löste Kopfschütteln aus.

Während und nach dem Ende meiner Untersuchungshaft bestellte man fast alle Leser meiner Zeitschrift zu polizeilichen Vernehmungen. Da man den Grund der Vorladung verschwieg, gab es hier und da Aufregung. Besonders dann, wenn Vater und Sohn den gleichen Vornamen hatten. In einem solchen Fall glaubte ein Leser zunächst, die polizeiliche Vorladung sei für den 16 Jahre alten Sohn bestimmt, der kurz zuvor mit seinem Fahrrad ein Stopschild überfahren hatte. In einem anderen Fall war der Sohn kurz zuvor beim Besuch einer nicht jugendfreien Filmveranstaltung erwischt worden. Von allen Vorgeladenen wollte man wissen, wie man sie für den „Ruhrboten" geworben hatte, ob sie Mitglied der KPD oder Leser der der Partei nahestehenden „Neuen Volks-Zeitung" gewesen wären. Was mich persönlich betrifft, so erfuhr ich viel später, daß man ohne mein Wissen 74 an mich gerichtete Postsendungen beschlagnahmt hatte.

Bei Ablauf meiner Meldefrist bei der Polizei am 1. Dezember 1960 ging ich zum zuständigen Revierbeamten, bat um Rückgabe meines Personalausweises und erhielt ihn zurück. Für Cläre Lorenz hatte man eine unbegrenzte Meldepflicht festgelegt. Als Dr. Posser jetzt beim Amtsgericht auch ihre Befreiung davon beantragte, erfolgte die Ablehnung. Zeitgleich verfügte man die erneute Einziehung meines Personalausweises und legte fest, daß ich mich fortan an jedem Montag auf dem Borbecker Polizeirevier zu melden hätte.

Zur Jahreswende 1960/61 wandte ich mich ein letztes Mal schriftlich an alle Leser des „Ruhrboten". Ich schilderte ihnen die gegen mich ergriffenen Maßnahmen der Staatsmacht, gab ihnen den Brief des Essener Polizeipräsidenten zur Kenntnis, in dem polizeiliche Maßnahmen gegen mich angekündigt wurden, falls „Der Ruhrbote" nochmals erscheinen sollte, dankte allen, die mich ihre Solidarität hatten spüren lassen und endete mit dem Wunsch: „Möge das Jahr 1961 ein Jahr des Friedens, der Verständigung und Völkerfreundschaft werden."

Inge Schmidt mit ihren Kindern Brigitte und Peter im Dezember 1965

In den folgenden Monaten ging ich Montag für Montag zu meinem zuständigen Polizeirevier und meldete mich dort vorschriftsmäßig. Als ich dann im Sommer 1961 mit meiner Familie eine Urlaubsreise antreten wollte, wandte ich mich am 9. Juli 1961 an das Amtsgericht Essen mit der Bitte, mich vom 31. Juli bis zum 14. August 1961 von der Meldepflicht zu entbinden. Jetzt erst hob man meine Meldepflicht auf. Bei dieser Gelegenheit erfuhr ich dann auch, daß der Haftbefehl gegen mich bereits seit Wochen aufgehoben wäre. Auch Cläre Lorenz wurde erst jetzt von der Meldepflicht befreit. Danach hüllten sich Polizei, Staatsanwaltschaft und Gericht fast neun Monate in Schweigen.

Am Sonntag, dem 13. August 1961, hörte ich frühmorgens im Westdeutschen Rundfunk vom Mauerbau in Berlin. Als ich kurz darauf den Deutschlandsender des DDR-Radios einschaltete, sprach Karl-Eduard von Schnitzler gerade einen Kommentar dazu. Darin begründete er seinen „antifaschistischen Schutzwall" ausschließlich mit dem Hinweis auf westliche Geheimdienste, die in der DDR ihr Unwesen trieben. Das sei ihnen „ab hier und heute" nicht mehr möglich. Kein einziges Wort von ihm zu der damaligen Massenflucht von DDR-Bürgern in den Westen als Folge der erzwungenen Kollektivierung der Landwirtschaft, einer unrealistischen Wirtschaftsplanung und den zunehmenden Einschränkungen der persönlichen Freiheiten. Für Schnitzler war das alles kein Thema. Zugegeben, die Massenflucht lag auch im Interesse der Bundesregierung und der deutschen Wirtschaft. Betrachteten die einen sie als Faustpfand im Kalten Krieg, so waren den anderen ausgebildete und der deutschen Sprache mächtige Fachkräfte hilfreicher als spanische oder italienische Gastarbeiter. Als Schnitzler vor den tatsächlichen Faktoren die Augen verschloß, wurde mir klar, daß man lügnerisch die Wahrheit verschwieg.

Hans Lomberg und ich diskutierten in jenen Tagen viel miteinander. Wir konnten nicht verstehen, warum man später in der illegalen KPD ebenfalls so dumm daherredete wie der Kommentator des Deutschlandsenders. Ich selbst zog daraus den Schluß, fortan die aktuelle Politik hinten anstehen zu lassen und mich nur noch mit der Erforschung der jungen Geschichte Essens zu beschäftigen. Nach dem Ende meiner beruflichen Arbeit oder in meinem Urlaub besuchte ich Archive oder führte Gespräche mit Zeitzeugen. Ich begann zu sammeln: Forschungsergebnisse, Kopien aus Akten und Zeitungen, Fotos, Broschüren, Bilder, Mitgliedsbücher und anderes. Das so entstehende Archiv vergrößerte sich von Jahr zu Jahr.

Ein Prozeß wider die Demokratie

Anklageschrift und Eröffnungsbeschluß

Mit Datum vom 5. April 1962 erhielten Cläre Lorenz, Hans Lomberg und ich vom Landgericht Dortmund eine 58 Seiten umfassende Anklageschrift. Darin bezeichnete man jetzt auch meine Tätigkeit als Vertrauensmann des Kreiswahlvorschlages Renner zur NRW-Lamdtagswahl 1958 als „Strafbare Handlung" und konstruierte einen direkten Zusammenhang zwischen „Ruhrbote" und Kandidatur Renner. Bei den polizeilichen Vernehmungen im Rahmen der „Aktion Schwalbe" hatte das nie eine Rolle gespielt. Auch im Haftbefehl war davon nicht die Rede. Als Kriminalbeamte am 22. April 1959 meine Wohnung im Zusammenhang mit der Kandidatur Renner durchsuchten, erschien „Der Ruhrbote" schon mehr als ein halbes Jahr. Auf Befragen war damals mit Nachdruck versichert worden, die Hausdurchsuchung habe mit der Herausgabe meiner Zeitschrift nichts zu tun.

Wenn man jetzt behauptete, eines ergäbe sich aus dem anderen, so geschah das nicht grundlos. Am 23. September 1958 war Heinz Renner verhaftet und nach vier Tagen mit der Auflage entlassen worden, das Bundesgebiet ohne Genehmigung nicht zu verlassen. Im Februar 1960 erhielt er seine Anklageschrift zum Hauptverfahren vor dem Bundesgerichtshof. Darin lastete man ihm auch seine Kandidatur zur Landtagswahl 1958 an. Ende März 1960 genehmigte ihm der Bundesgerichtshof eine zweimonatige Kur im tschechischen Karlsbad. Da sein Gesundheitszustand sich während der Kur verschlechterte, konnte er nicht mehr nach Essen zurückkehren und wurde fortan in Ost-Berlin stationär behandelt. Im April 1961 stellte man das Verfahren gegen ihn deshalb ein, weil – wie gesagt wurde – „der Hauptverhandlung für längere Zeit die durch Krankheit bedingte Abwesenheit des Angeschuldigten" entgegenstehe. Heinz Renner starb am 11. Januar 1964. Da man ihn wegen seiner Kandidatur zur Landtagswahl 1958 nicht mehr belangen konnte, nahm man sich jetzt wohl den Vertrauensmann seines Wahlvorschlages vor.

Am 16. April 1963 ging uns der „Eröffnungsbeschluß" der VIII. Strafkammer des Landgerichts Dortmund zu. Seit der Kandidatur von Heinz Renner waren inzwischen fünf Jahre, seit der „Aktion Schwalbe" gegen den „Ruhrboten" drei Jahre und seit Übersendung der Anklageschrift ein Jahr vergangen. Man ist geneigt zu fragen, wieso die Strafverfolgungsbehörden einen so langen Zeitraum benötigten. Im Juristendeutsch war auf fünf Seiten alles das zusammengefaßt, was schon in der Anklageschrift gestanden hatte.

Man beschuldigte Cläre Lorenz, Hans Lomberg und mich, „die Bestrebungen einer Vereinigung, deren Zwecke oder deren Tätigkeit sich gegen die verfassungsmäßige Ordnung richten, als Rädelsführer oder Hintermann gefördert zu haben". Man unterstellte uns die Absicht, „den Bestand der Bundesrepublik zu beeinträchtigen". Man warf uns vor, mit dem „Ruhrboten" die „rechtsstaatlichen Grundsätze und die verfassungsmäßige Ordnung der Bundesrepublik in unsachlicher Weise kritisiert" und dem KPD-Verbot vorsätzlich „zuwidergehandelt zu haben".

Mich allein bezichtigte man noch des Versuchs, zu Personen außerhalb der Bundesrepublik „Beziehungen aufgenommen oder unterhalten zu haben" und warf mir meine Tätigkeit für den Kreiswahlvorschlag Renner bei der NRW-Landtagswahl 1958 vor. Hans Lomberg wurde zudem noch beschuldigt, auf einer Stubenversammlung der illegalen KPD zur „Aktivierung der illegalen Parteiarbeit" ein Referat gehalten zu haben.

Der Eröffnungsbeschluß offenbarte mir anschaulich den Mangel an Meinungs- und Pressefreiheit im Adenauer-Deutschland. Wenn die Justiz alle Register gegen mich zog, so wertete ich das auch als eine Reaktion auf die Veröffentlichungen über Essener Nazi-Richter im „Ruhrboten" und der Broschüre „Wir klagen an". Schon in den ersten Tagen nach meiner Verhaftung wurde mir klar, daß ich mit der Nennung von Namen und dem Abdruck von Urteilskopien in ein Wespennest gestochen hatte. Aufsichtsbeamte öffneten für Augenblicke meine Zellentür, schauten mich wortlos an und schlossen sie wieder. Einige lächelten verschmitzt, bevor sie wieder gingen. Nur einer bemerkte mit Ironie in der Stimme: „Ach, sie sind der, der dem Landgerichtsdirektor Dr. Kowalski eins auswischte." Auch der „Spion" an meiner Tür, durch den man ungesehen einen Blick in die Zelle werfen kann, trat damals mehrfach in Funktion. Mit Wut im Bauch schrieb ich dann diese Verse:

> „Noch gestern standen stramm sie bei den braunen Horden
> und wünschten sich die ganze Welt zum Knecht.
> Doch über Nacht sind sie dann plötzlich schwarz geworden
> und faseln laut von Freiheit und von Recht.
>
> Sie sitzen wieder frech auf den Ministerstühlen.
> Im Bonner Bundestag sind sie dabei.
> Wie ehedem sie sich erneut zu Hause fühlen,
> in der Justiz, Verwaltung, Polizei.
>
> Sie wurden zwar besiegt und blieben dennoch Sieger.
> Zwar wackelte, doch stürzte nicht ihr Thron.
> Und heut' bewegen sich als eisigkalte Krieger
> die gleichen Totengräber der Nation."

Viele der von mir veröffentlichten Namen und Urteilskopien hatte ich vom „Ausschuß für Deutsche Einheit" in Ostberlin bekommen. Deshalb jetzt wohl die Beschuldigung, ich hätte Beziehungen zu Personen außerhalb der Bundesrepublik unterhalten. Wenn Repräsentanten der Justiz so sehr empfindlich auf meine Anklagen gegen NS-Richter reagierten, dann wertete ich das als Beweis dafür, daß auch sie braune Flecken an ihren Roben hatten.

Beginn der Hauptverhandlung

Die Hauptverhandlung begann am 22. Mai 1963. Über uns zu Gericht saßen Landgerichtsdirektor K. als Vorsitzender, die Landgerichtsräte B. und Dr. B. als Beisitzende Richter sowie der Bergmann H. und der Laborant G. als Schöffen. Die Anklage vertrat Staatsanwalt K. Über die 13 Tage dauernde Hauptverhandlung mit insgesamt 28 Zeugen, unter ihnen acht Angehörige der politischen Polizei, gäbe es viel zu berichten. Ich will mich auf einige Höhepunkte, Erlebnisse und Eindrücke beschränken.

Beeindruckend war für mich die gleich zu Beginn erfolgte Vernehmung von Hans Lomberg und Cläre Lorenz zur Person, in deren Verlauf beide ihren Lebenslauf schildern mußten. Karl Lomberg, der Vater von Hans, war 1933 wegen seiner Mitgliedschaft in der KPD vier Monate in „Schutzhaft" gewesen. Im August 1943 erneut verhaftet, hat ihn ein „Volksgerichtshof" am 18. Juli 1944 zum Tode verurteilt. Hans hatte an diesem Tage im Gerichtssaal gesessen und sagte jetzt dazu:

> „Es war ebenso ein Gerichtssaal wie dieser. Damals saßen auch fünf Personen am Richtertisch. Es waren der Oberlandesgerichtsrat Dr. Großpietsch, der Oberstudienrat Henlein, der SA-Brigadeführer Zöberlein und der Generalleutnant Bock von Wülfingen. Amtsgerichtsrat Stark vertrat den Oberreichsanwalt. Als Vater mich sah, machte er eine Handbewegung, die ich niemals vergessen werde. Er fuhr mit der flachen Hand über seinen Hals. Damit deutete er mir an, daß auf ihn nur das Todesurteil warte. Der Prozeß dauerte nur wenige Stunden. Am 20. Oktober 1944 hat man ihn im Zuchthaus München-Stadelheim mit dem Fallbeil hingerichtet. Was ich an jenem 18. Juli 1944 erlebte, war entscheidend für mein späteres Leben. Mit meiner politischen Tätigkeit nach der Zerschlagung des Naziregimes im Jahre 1945 versuche ich, das Vermächtnis meines Vaters zu erfüllen."

Cläre Lorenz hatte im Elternhaus die sozialistische Arbeiterbewegung kennengelernt. 1923 wurde sie Mitglied im „Kommunistischen Jugendverband Deutschland" (KJVD) und trat 1929 der KPD bei. 1933 verschleppten die Nazis zwei ihrer Brüder zur berüchtigten Essener Herkules-Wache. Hier hat man sie und viele andere Essener Antifaschisten gefoltert und geschlagen. Ausführlich schilderte Cläre Lorenz dem Gericht die Verhaftung ihrer Brüder. Einer hätte nicht einmal mehr die Schuhe anziehen können. Man habe ihn auf Strümpfen aus dem Haus getrieben. Die Mutter, die sich schützend vor ihre Söhne stellen wollte, sei zu Boden gestoßen worden. Als die NS-Zeit 1945 endete, wäre Cläre Lorenz von der Besatzungsmacht in die ernannte erste Stadtvertretung berufen worden.

Während einer Vernehmung von Hans Lomberg fiel mir auf, daß man ihn lediglich zu seiner Mitarbeit am „Ruhrboten" befragte. Erst am Schluß kam man auf den Belastungszeugen Heinz S. zu sprechen. Er hatte Hans bezichtigt, auf einer Stubenversammlung der illegalen KPD in Essen-Katernberg ein Referat über die Aktivierung der Parteiarbeit gehalten zu haben. Der Vorsitzende verlas einen Brief des Zeugen, in dem dieser unter Hinweis auf ein inzwischen rechtskräftiges Urteil gegen ihn wegen Meineids fragte, ob sein Erscheinen vor Gericht erforderlich sei. Der Staatsanwalt verzichtete sofort. Die Richter, denen der Vorfall sichtlich peinlich war, verzichteten ebenfalls. Damit war dieser Anklagepunkt gegen Hans zusammengebrochen. Fortan ging es bei ihm nur noch um seine Tätigkeit für den „Ruhrboten". Neben seiner Hilfe bei der Beschaffung der Druckereien hatte er vier Artikel geschrieben. Einer davon erschien im „Ruhrboten" am 7. November 1959 als „Offener Brief" an Bundesinnenminister Schröder. Der hatte kurz zuvor das Verbot der „VVN" beim Bundesverwaltungsgericht beantragt. In dem Brief hieß es u.a.:

„Herr Minister!

Vor wenigen Tagen, am 20. Oktober, jährte sich zum 15. Male der Todestag meines Vaters. Er starb unter dem Fallbeil, weil ihn der Volksgerichtshof wegen Vorbereitung zum Hochverrat damals so verurteilt hatte. Auf einem Briefbogen des Strafgefängnisses München-Stadelheim schrieb er mir wenige Stunden vorher einen letzten Gruß. Mein Vater schrieb:

'Lieber Hans! Soeben wurde mir mitgeteilt, daß heute um 4 Uhr meine letzte Stunde geschlagen hat. Alles Hoffen war vergebens. Noch einige Stunden und alles ist vorüber. Über das Warum brauche ich keine Worte zu verlieren, weil Du am Verhandlungstag anwesend warst. Ich weiß, daß Du nun Deine Pflicht erfüllen wirst. Mache es der Mutter etwas leichter und helfe mit, daß Ihr alle einig bleibt. Ich danke Dir und auch Wilma für alles Gute, was Ihr an mir getan habt. – Für Euch wird nun noch eine schwere Zeit kommen. Ich hoffe aber, daß Ihr diese überlebt. Gern hätte ich auch noch das Ende dieser grausigen Zeit erlebt. Ich bin der erste nicht, der auf diese Weise sein Leben verliert, hoffentlich aber bald der letzte. Nach 14 Monaten Leidenszeit noch so ein bitteres Ende, hatte ich nicht erwartet. Sei nun noch mal herzlich gegrüßt und wünsche ich Euch alles Gute. Leb wohl und vergesse die Mutter nicht, Dein Vater.'

Ich hatte nicht die Absicht, diese Zeilen jemals einem fremden Menschen mitzuteilen. Jetzt aber tue ich es. Herr Minister, Sie haben das Verbot der 'Vereinigung der Verfolgten des Naziregimes' (VVN) beantragt, in der ich seit langen Jahren Mitglied bin. Mit dieser Absicht bekunden Sie, wie wenig Sie mit dem menschlichen Schicksal derjenigen verbunden sind, die in der dunkelsten Zeit unseres Vaterlandes dazu bereit waren, für Ehre und Ansehen des deutschen Volkes ihr Leben einzusetzen. Für mich ist dieser Brief ein menschlich hohes und eben deswegen auch so politisch wichtiges Erbe. Ich habe aus ihm die einfache Schlußfolgerung gezogen, in meinem ferneren Leben für ein neues, besseres Heimatland zu kämpfen."

„Zeugen der Anklage" verweigern die Aussage

Im Mittelpunkt der Hauptverhandlung gegen mich stand zunächst die Kandidatur von Heinz Renner zur NRW-Landtagswahl am 6. Juli 1958. „Zeugen der Anklage" sollten mir die Teilnahme an einer Konferenz der illegalen KPD nachweisen, die sich am 15. und 16. März 1958 in der DDR mit den bevorstehenden NRW-Landtagswahlen beschäftigte. Zu diesen Zeugen gehörten auch meine Genossen Phillip Roth und Rolf Wißmann. Sie waren im Raum Bielefeld zu Hause, hatten an besagter Konferenz teilgenommen und waren deswegen wegen „Staatsgefährdung" mit Gefängnis bestraft worden.

Als erster wurde Philipp Roth aufgerufen. Er war in der NS-Zeit von den Nationalsozialisten als Kommunist verfolgt worden. Man belehrte ihn zunächst darüber, daß er nach rechtskräftigem Abschluß seines Verfahrens zur wahrheitsgemäßen Aussage verpflichtet sei. Seine Antwort: „Ich mache keine Aussagen." „Sie sind zur Aussage verpflichtet!", rief ihm der Vorsitzende zu. „Ich mache keine Aussagen", fiel Philipp Roth ihm ins Wort und gab als Begründung an: „Wie in meinem eigenen Prozeß, so stützen Sie sich im Verfahren gegen Schmidt auch auf Aussagen anonymer V-Männer. Ich denke nicht daran, so etwas mit meiner Aussagebereitschaft zu unterstützen."

Sichtlich wütend geworden, brüllte der Vorsitzende jetzt: „Ist Ihnen bekannt, daß wir Sie wegen Aussageverweigerung sofort in Beugehaft nehmen können?" Ruhig, aber mit fester Stimme antwortete Philipp: „Das weiß ich. Darum hat meine Frau mir alles eingepackt, was ich in einem solchen Falle brauche." Bei seinen letzten Worten ergriff er eine Aktentasche, hob sie hoch und hielt sie dem Richter entgegen. Am Richtertisch flüsterte man kurz miteinander und ließ Philipp Roth vorerst auf der Zeugenbank Platz nehmen.

Jetzt war die Reihe an Rolf Wißmann. Er hatte erst einen Teil seiner Gefängnishaft verbüßt und war aus der Haftanstalt Werl nach Dortmund überführt worden. Auch er verweigerte die Aussage. Der Vorsitzende war außer sich. „Das ist die Höhe", schrie er. „Es kommt mir so vor, als hätten Sie sich mit Roth abgesprochen. Sie verspielen mit ihrer Aussageverweigerung die mögliche vorzeitige Haftentlassung nach Verbüßung von zwei Dritteln ihrer Strafe. Ferner können wir Sie auch wegen Aussageverweigerung sechs Monaten in Beugehaft nehmen oder zu einer Geldstrafe verurteilen."

Rolf Wißmann, der dem Wutausbruch des Vorsitzenden ruhig und gelassen zugehört hatte, lächelte spitzbübisch und sagte dann: „Ich sitze ja schon, Herr Vorsitzender, und was die Geldstrafe betrifft, so muß ich Sie korrigieren. Ich bin in gleicher Sache, allerdings in einem anderen Verfahren, schon zu einer Geldstrafe wegen Aussageverweigerung verurteilt worden. Den Strafbescheid habe ich übrigens dabei." Rolf zog ihn aus der Jackentasche, ging zum Richtertisch, reichte ihn dem Vorsitzenden und sagte dabei: „Nach meinem Rechtsverständnis kann man in gleicher Angelegenheit nicht zweimal bestraft werden."

Jetzt meldete sich Philipp Roth nochmals zu Wort und machte geltend, auch er wäre bereits wegen Aussageverweigerung in gleicher Sache zu einer Geldstrafe verurteilt worden. „Mäßigen Sie sich gefälligst", schrie der Vorsitzende und wollte noch von Rolf Wißmann wissen, warum er die Aussage verweigere. „Als Kommunist werde ich in der Haftanstalt Werl wie ein Verbrecher behandelt. Zu einer Justiz, die so etwas zuläßt, habe ich kein Vertrauen."

Mit den Worten: „Das Gericht zieht sich zur Beratung zurück!", unterbrach der Vorsitzende die Verhandlung. Es gab wohl kaum jemanden im Gerichtssaal, den der Auftritt der beiden Zeugen nicht beeindruckt hätte.

Wieder in den Gerichtssaal zurückgekehrt, gab das Gericht seine Entscheidung bekannt. Zwar wäre eine wiederholte Bestrafung bei Zeugnisverweigerung zum selben Fragenkomplex nicht möglich, allerdings könnte man beide Zeugen bis zu sechs Monaten in Beugehaft nehmen. Das halte man im vorliegenden Fall aber nicht für nötig. Philipp und Rolf konnten unbestraft den Gerichtssaal verlassen. Ich hätte sie umarmen können.

Fragwürdige Beweise und ihre Folgen

Im Verlauf der Hauptverhandlung wurden Kriminalhauptkommissar Sch., Kriminalhauptkommissar H. und Kriminalobermeister E. als „Zeugen vom Hörensagen" vernommen. Sch. hatte am Ostersamstag 1963 den Essener Pfarrer Günneberg festnehmen lassen, als dieser zwischen Polizei und Ostermarschierern vermitteln wollte, die in Düsseldorf dagegen protestierten, daß ihre britischen Freunde ein Flugzeug nicht verlassen durften, mit dem sie aus London gekommen waren. Jetzt saß Pfarrer Günneberg als Zuhörer im Gerichtssaal.

Die drei Beamten wurden zu der KPD-Konferenz befragt, die am 15. und 16. März 1958 in der DDR stattgefunden haben soll. Ihr Wissen darüber verdankten sie zwei Kontaktpersonen mit den Pseudonymen „H.R." und „W.A." Beide hätten daran teilgenommen, wurde gesagt. Die Frage des Vorsitzenden, wer sich hinter den Pseudonymen verberge, blieb unbeantwortet. Bei einem hätte die vorgesetzte Dienststelle keine Aussagegenehmigung erteilt, der andere sei noch nicht „freigegeben". In den Vernehmungen verwickelten sich alle drei in Widersprüche. Ein Beweis dafür ist folgendes Frage- und Antwortspiel zwischen dem Gerichtsvorsitzenden und Kriminalhauptkommissar H.:

Vorsitzender: „Sie haben dem Zeugen ‚H.R.' Fotos vorgelegt. Hat er darunter den Angeklagten Schmidt identifiziert?" – H.: „Schmidt ist nicht identifiziert worden." – Vorsitzender: „Hat er unter den ihm vorgelegten Bildern nicht eines vermißt?" – H.: „Daran kann ich mich nicht erinnern." – Vorsitzender: „Das haben Sie aber seinerzeit in einem Protokoll festgehalten." – H.: „Daran kann ich mich nicht erinnern." – Vorsitzender: „Aber das, woran Sie sich jetzt nicht mehr erinnern können, haben Sie in dem Protokoll ausdrücklich festgehalten." – H.: „Ich kann mich an diesen Vermerk nicht mehr erinnern."

Jetzt las der Vorsitzende besagten Vermerk vor. Aus ihm ging hervor, daß der Zeuge „H.R." mein Foto vermißt hatte. Auch als der Vorsitzende dann fragte: „Können Sie sich jetzt wenigstens daran erinnern?", antwortete H. mit hochrotem Kopf: „Bedaure, daran erinnere ich mich nicht mehr." Man sah dem Vorsitzenden seine Unzufriedenheit an, als er die so peinlich verlaufene Vernehmung beendete.

Auch Kriminalobermeister E. verwickelte sich in Widersprüche. So sagte er aus, er habe dem Zeugen „H.R." am 20. Januar 1959 70 bis 80 Personenfotos vorgelegt und ihn aufgefordert, daraus Teilnehmer der KPD-Konferenz in der DDR herauszusuchen. Darunter wäre auch mein Foto gewesen. „Schmidt ist mir persönlich bekannt", soll er gesagt haben. Schon im Zug und beim Aussteigen auf dem Berliner Bahnhof Zoo habe er mich gesehen.

Dr. Posser las jetzt einen Abschnitt aus dem Protokoll vor, das E. nach besagter Vernehmung des Zeugen „H.R." angefertigt hatte. Darin heißt es an einer Stelle, „H.R." habe Ernst Schmidt gemeinsam mit anderen Essenern beim Aussteigen auf dem Berliner Bahnhof Zoo gesehen. Einige Sätze später steht dann geschrieben, „H.R." hätte erst auf der Rückfahrt von Berlin erfahren, daß Schmidt aus Essen sei. Wie E. sich einen solchen Widerspruch erkläre, wollte Dr. Posser wissen. Als die Antwort ausweichend ausfiel, fragte er, ob E. nicht nach der Vorladung zu diesem Prozeß Gelegenheit genommen habe, das Protokoll über seine Vernehmung des „H.R." einzusehen? E.: „Nein." Posser: „Wie ist es denn möglich, daß Sie dem Gericht soeben ohne vorherige Akteneinsicht sagen konnten, die Vernehmung hätte am 20. Januar 1959 stattgefunden? Immerhin sind seitdem mehr als vier Jahre vergangen." E.: „Ich habe ein sehr gutes Gedächtnis." Posser: „Wenn ich davon ausgehe, daß ein Kriminalbeamter immerhin sehr viele Vernehmungen vornehmen muß, dann müssen Sie ein phänomenales Gedächtnis haben."

Jetzt wandte sich Dr. Posser an den Zeugen Sch. Der hatte bei seiner Vernehmung gesagt, „H.R." hätte im Zug und beim Aussteigen in Berlin niemanden gesehen. Wie er es sich erkläre, daß „H.R." Monate nach der Konferenz plötzlich zu Protokoll gibt, er kenne Schmidt persönlich und habe ihn bereits im Zug und beim Verlassen des Zuges in Berlin-Zoo gesehen, fragte er Sch. Der antwortete: „Ich war zur damaligen Zeit in Bielefeld tätig. Die mir vorgehaltene Aussage des 'H.R.' bezieht sich nur auf Bielefeld und Umgebung. Aus dieser Gegend hat der Zeuge keinen persönlich gekannt." – Posser: „Es ist doch sehr verwunderlich, wenn Sie jetzt erst zum Ausdruck bringen, die Aussagen des 'H.R.' beziehen sich nur auf den Bielefelder Raum. Hat denn der anonyme Zeuge in seiner Aussage Konferenzteilnehmer aus anderen Gebieten genannt?" – Sch.: „Das ist möglich." – Posser: „Haben Sie sich Namen notiert?" – Sch.: „Nein!" – Posser: „Es mutet komisch an, daß ein Kriminalbeamter bei Vernehmungen nicht auch Einzelheiten notiert, die über seinen Tätigkeitsbereich hinausgehen." – An Richter und Staatsanwalt gewandt bemerkte Dr. Posser: „Was wir hier gehört haben, ist doch sehr merkwürdig."

Die Vernehmung der Kriminalbeamten endete mit deren Vereidigung als „Zeugen vom Hörensagen". Dabei kam es im Gerichtssaal zu einem Zwischenfall. Vom Vorsitzenden mit der Eidesformel vertraut gemacht, entschieden sich alle drei dafür, am Schluß die Worte zu sprechen: „So wahr mir Gott helfe." Daraufhin sprang der im Zuhörerraum anwesende Essener Pfarrer Herbert Günneberg auf, rannte aus dem Gerichtssaal und donnerte die Tür hinter sich zu.

Am Abend des Tages erklärte er mir sein Verhalten. „Das war mein Protest gegen eine Beweisführung, die mich empört. Als dann auch noch die 'Zeugen vom Hörensagen' ihren für mich unverständlichen Eid mit 'So wahr mit Gott helfe' beenden wollten, wertete ich das als Gotteslästerung. Mir blieben jetzt nur zwei Möglichkeiten: Entweder das Kruzifix vom Richtertisch zu nehmen oder den Gerichtssaal schnellstens zu verlassen. Ich wählte die letztere."

Der Versuch, mir mit „Zeugen vom Hörensagen" die Teilnahme an der am 15. und 16. März 1958 in der DDR stattgefundenen KPD-Konferenz nachzuweisen, scheiterte letztlich an einer Arbeitskollegin der Firma Saeger und dem Firmeninhaber selbst. Sie erklärten vor Gericht, daß ich nach ihren Erkenntnissen am 15. März 1958 im Betrieb gearbeitet hätte.

Ein bezeichnendes Licht auf die Arbeitsweise der politischen Polizei warf auch die spätere Vernehmung des Kriminalobermeisters B. aus Essen. Er hatte die Ermittlungen geführt und das beschlagnahmte Material ausgewertet. „Mit viel Sorgfalt", wie er versicherte. Dennoch behauptete er, den Gesamtausgaben meines Verlages in Höhe von rund 18.000 Mark stünden nur rund 5.000 Mark Einnahmen gegenüber. Die Haupteinnahmequelle des Verlages, den Freiverkauf meiner Zeitschrift, erwähnte er mit keinem Wort. Ihm kam es offenbar nur darauf an, dem Gericht zu suggerieren, ich sei ein Staatsfeind, der mit fremden Geldern (aus der DDR) seine Untergrundtätigkeit finanziere. Dabei waren alle Freiverkäufe der einzelnen Ausgaben von Cläre Lorenz buchhalterisch erfaßt und in den Akten abgeheftet worden. Ich widersprach den Behauptungen des B. entschieden. Auch Dr. Posser meinte, es sei schon ein starkes Stück, wenn ein Kriminalbeamter angesichts solcher Ermittlungen von „viel Sorgfalt" spreche.

In diesem Zusammenhang wollte der Staatsanwalt wissen, wer mir denn beim Freiverkauf geholfen habe. Es könne für mich vorteilhaft sein, wenn einer von ihnen dem Gericht meine Darstellung zum Freiverkauf untermauern würden. Ich wies dieses Ansinnen zurück. Meine Helfer wollte ich nicht solchen Beamten wie B. ausliefern. Plötzlich schaltete sich B. ein und sagte, er kenne einen meiner Helfer. Er heiße Wilhelm Bauch, habe nach eigenem Eingeständnis den „Ruhrboten" verkauft und für ihn geworben. Einen Wilhelm Bauch kannte ich nicht, wohl einen Gustav Bauch. Er war einer meiner aktivsten Helfer gewesen und hatte großen Anteil am Freiverkauf des „Ruhrboten". Mehrfach war er an mich mit der Bitte herangetreten, ihn dem Gericht als Zeugen zu benennen.

Vor dem Beginn des folgenden Verhandlungstages saß ein uns unbekannter Mann auf dem Flur vor dem Sitzungssaal. „Möglich, daß es sich um einen Zeugen handelt", meinte Dr. Posser.

Seine Vermutung traf zu: Es war Wilhelm Bauch. Kriminalobermeister B. hatte ihn als einen meiner Helfer bezeichnet. Noch am Abend konnte ich dank meiner Notizen das folgende Protokoll über seine Einvernahme durch den Staatsanwalt anfertigen:

Staatsanwalt: „Ist Ihnen der ‚Ruhrbote' bekannt?" – Wilhelm Bauch: „Ja, ich habe ihn schon einmal bekommen." – Staatsanwalt: „Haben Sie ihn auch bezahlt?" – Wilhelm Bauch: „Es ist durchaus möglich, daß ich ihn bezahlt habe." – Staatsanwalt: „Kennen Sie Ernst Schmidt?" – Wilhelm Bauch: „Nur dem Namen nach." – Staatsanwalt: „Der Kriminalobermeister B. hat uns aber wissen lassen, Sie hätten ihm gegenüber zugegeben, Schmidt beim Weiterverkauf und der Werbung für den ‚Ruhrboten' geholfen zu haben." – Wilhelm Bauch: „Ich habe niemals den ‚Ruhrboten' verkauft und habe auch nicht für ihn geworben. Einen Herrn B. kenne ich nicht."

Im Gerichtssaal blieb es für Augenblicke mäuschenstill. Dem Staatsanwalt war anzumerken, daß er sich in seiner Haut nicht wohl fühlte. Die peinliche Zeugenaussage des Wilhelm Bauch endete mit seiner Vereidigung.

Mir war inzwischen klar geworden, daß B. den falschen Bauch angegeben hatte. Meine Vermutung bestätigte sich am Abend, als mich Gustav Bauch anrief, mein aktiver Helfer. Wilhelm Bauch war sein Bruder. Als Beamte der politischen Polizei ihm die Ladung des Gerichts überbringen wollten, trafen sie nur seine Frau an. Aufgeregt und erfüllt von Angst sagte sie den Kriminalbeamten, ihr Mann wäre auf seiner Arbeitsstelle bei der Bundesbahn. Hier sorgten die Beamten für weitere Aufregung. Wilhelm Bauch war in einem Stellwerk tätig. Um rechtzeitig in Dortmund einzutreffen, war seine sofortige Ablösung notwendig. Da bei der Bundesbahn in solchen Fällen besonders strenge Maßstäbe gelten, mußte die vorgesetzte Dienststelle unterrichtet und eine Ablösung für ihn beschafft werden. Man kann sich vorstellen, welche Aufregung die Vorladung dem Betroffenen bescherte.

Am nächsten Verhandlungstag schilderte ich dem Gericht, was der Zeuge Wilhelm Bauch bei seiner Ladung als Zeuge erlebt hatte. Zugleich bat ich darum, mich nie mehr nach Namen meiner Helfer zu befragen. Ich dächte nicht daran, sie ähnlichen unangenehmen Erlebnissen auszusetzen.

Walter F. gibt sich gesprächig

Eines Tages gab der Vorsitzende des Gerichts bekannt, man hätte für den nächsten Verhandlungstag nochmals Kriminalhauptkommissar H. und Kriminalobermeister E. als Zeugen geladen. Ferner würde auch Walter F. aus Frankfurt a.M. erscheinen.

Walter F. war von 1949 bis 1953 Abgeordneter der KPD im ersten deutschen Bundestag gewesen und hatte bis zu seiner Verhaftung 1958 dem Parteivorstand der illegalen KPD angehört. Bei Nennung seines Namens fiel mir wieder jener Tag im Juni 1957 ein, an dem ich zur Teilnahme am Parteitag der illegalen KPD nach Ost-Berlin gekommen war. Ihn und einen anderen führenden Genossen hatte ich gebeten, mich aus der illegalen Arbeit in Baden-Württemberg herauszunehmen. Jetzt, sechs Jahre später, sollte er, der mich 1957 so bitter enttäuscht hatte, in meinem Verfahren als Zeuge gehört werden.

Wie sich herausstellte, waren die beiden Kriminalbeamten mit der Auswertung des umfangreichen Materials befaßt gewesen, das bei Festnahme von Walter F. am 4. Februar 1958 in die Hände der Polizei gefallen war. Darunter auch solches, das sich mit der NRW-Landtagswahl

1958 beschäftigte. Nachdem sie dazu ihre Aussagen gemacht hatten, wurde Walter F. in den Gerichtssaal gerufen. Rechtsanwalt Dr. Posser, der davon ausging, er würde jegliche Aussage verweigern, hatte ihn kurz zuvor gebeten, eine Prozeßvollmacht zu unterschreiben. Würde das Gericht für ihn Beugehaft anordnen, könne er ihn sofort vertreten.

Wie Philipp Roth und Rolf Wißmann, so wurde auch Walter F. vom Vorsitzenden eindringlich darauf aufmerksam gemacht, daß er zur Aussage verpflichtet sei. Ich war überrascht, daß er sofort dazu bereit war. Dank meiner im Gerichtssaal angefertigten Notizen konnte ich die Vernehmung noch am gleichen Abend protokollieren:

Vorsitzender: „Kennen Sie den Angeklagten Schmidt?" – F.: „Ja." – Vorsitzender: „Gegenstand Ihrer Vernehmung sind die Vorbereitungen der illegalen KPD zu den NRW-Landtagswahlen 1958." – F.: „Die waren im Juli 1958. Ich bin aber schon am 4. Februar 1958 verhaftet worden." – Vorsitzender: „Als Sie verhaftet wurden, stellte man bei Ihnen Materialien sicher, die beweisen, daß die KPD sich bereits Anfang 1958 mit Wahlvorbereitungen beschäftigte. Dazu gehörte auch der Entwurf eines Wahlaufrufes." – F.: „Bei diesem Entwurf hat es sich um erste Überlegungen gehandelt." – Vorsitzender: „Gehörten auch Renner und Schmidt zu den Empfängern des Entwurfs?" – F.: „Das war wohl nicht der Fall, denn er ist nur einem kleinen Kreis zugänglich gemacht worden. Zu Ernst Schmidt hatte ich schon deshalb keine Kontakte, weil es in NRW zwei Parteibezirke gab, Essen gehörte nicht zu meinem Jagdrevier." – Vorsitzender: „Kam es der KPD darauf an, möglichst in allen Wahlkreisen ehemalige KPD-Mitglieder als unabhängige Kandidaten aufzustellen?" – F.: „Nein, man sollte erst herauszufinden, wie die Wahlkandidaten zur atomaren Aufrüstung stehen." – Vorsitzender: „Sollten auch Kandidaten unterstützt werden, die nicht der KPD angehörten?" – F.: „Ja, aber nur, wenn sie Gegner der atomaren Aufrüstung waren." – Vorsitzender: „War es erwünscht, mit der SPD darüber zu sprechen?" – F.: „Ja, das ZK der KPD legte fest, der SPD und ihren Kandidaten zu empfehlen, den Kampf gegen die atomare Aufrüstung in ihr Wahlprogramm aufzunehmen. Würde das geschehen, solle man zur Wahl des SPD-Kandidaten aufrufen."

Die Richter und der Staatsanwalt waren mit dem Zeugen sehr zufrieden. Besonders liebenswürdig behandelte ihn der Vorsitzende. Als die Zeit zur sonst üblichen Mittagspause gekommen war, teilte er mit, F. habe ihn unter Hinweis auf seine kranke Frau darum gebeten, schnellstens nach Frankfurt zurückfahren zu dürfen. Er hätte dafür Verständnis und wolle mit der Mittagspause so lange warten, bis seine Einvernahme abgeschlossen wäre.

Dieses Entgegenkommen wird verständlich, sieht man die Aussagen des Zeugen Walter F. im Zusammenhang mit den gegen mich erhobenen Anschuldigungen. Ich hatte ja auch Hans F., den SPD-Vorsitzenden von Borbeck, aufgesucht und ihm meine Bereitschaft bekundete, zur Stimmabgabe für die Kandidatin seiner Partei aufzurufen, würde sie sich im Wahlprogramm gegen die atomare Aufrüstung aussprechen. Erst nachdem mir Hans F. die Ablehnung der SPD überbrachte, betrieb ich die Kandidatur Renner. Die Aussagen von Walter F. bestätigten dem Gericht, daß ich mit der Kandidatur Renner der politischen Linie der illegalen KPD folgte. Darum waren die Richter und der Staatsanwalt mit ihm so sehr zufrieden. Mich hatte er ein zweites Mal enttäuscht.

Ende der Beweisaufnahme

An den letzten Tagen der Hauptverhandlung las Landgerichtsrat Dr. B. zahlreiche Veröffentlichungen aus meiner Zeitschrift vor. Mir fiel auf, daß in fast allen die Politik der Adenauer-Regierung kritisiert wurde.

Auf meine Forderung hin mußte er auch den Artikel verlesen, in dem ich zu den Todesurteilen des Nazi-Richters Dr. Kowalski Stellung genommen hatte. Danach bat ich ums Wort und meinte, es empöre mich zutiefst, daß man Kowalski kürzlich in den vorzeitigen Ruhestand geschickt, nicht aber vor Gericht gestellt habe. Während ich heute vor Gericht stünde, lief dieser Mann, an dessen Händen Blut klebe, frei und sorgenlos herum. Als ich endete, herrschte Stille im Gerichtssaal. Sie wurde vom Vorsitzenden mit den Worten unterbrochen „Ich schlage vor, wir machen eine Pause."

In diesem Augenblick kam einer der Richter zu Rechtsanwalt Dr. Posser und meinte, es sei nicht zu fassen, was über Kowalski in dem Artikel geschrieben stünde. Während seiner Tätigkeit als Assessor am Essener Landgericht hätte er ihn kennengelernt. Es sei ein so netter und freundlicher Mann gewesen.

Kurz vor dem Ende der Hauptverhandlung wurde über die auf dem Richtertisch liegenden „Beweismittel" entschieden. Darunter befanden sich auch drei Fotos (siehe S. 70 bis 72). In der Annahme, sie gehörten mir, rief mich der Vorsitzende zu sich und fragte, ob ich sie zurückhaben wolle. Obgleich ich sie nie zuvor gesehen hatte, bat ich darum und bekam sie ausgehändigt. Alle drei waren Mitte der fünfziger Jahre aufgenommen worden. Auf dem ersten erkannte ich mich als Redner bei einer Protestdemonstration gegen ein SS-Treffen in Iserlohn. Auf dem zweiten sah man mich als Teilnehmer einer Beerdigung. Das dritte zeigte mich als Kranzträger anläßlich einer Gedenkveranstaltung im westfälischen Pelkum. Jeweils von meinem Kopf ausgehend, hatte man mit schwarzer Tusche einen Pfeil zum Rand gezogen. Dort stand mein Name. Mir war sofort klar, daß Beamte des Amtes für Verfassungsschutz die Fotos gemacht hatten.

Dann zeigte der Vorsitzende auf die vor ihm liegenden Exemplare meiner Broschüre „Wir klagen an" und fragte: „Was soll nun damit geschehen?" Als ich um Rückgabe bat, sah er mich unschlüssig an, nahm ein Exemplar und blätterte darin. Dann kam es zu folgendem Dialog: Vorsitzender: „Woher haben Sie die darin veröffentlichten Urteilskopien der NS-Sondergerichte?" – Ich: „Ich erhielt sie 1959 vom Ostberliner 'Ausschuß für deutsche Einheit'." – Vorsitzender: „Ist Ihnen nie der Gedanke gekommen, daß sie gefälscht sein könnten?" – Ich: „In den Zeitungen stand damals geschrieben, daß der oberste Ankläger der Bundesrepublik, Generalbundesanwalt Dr. Max Güde, nicht an ihrer Echtheit zweifelte. Wieso sollten mir dann noch Zweifel kommen?" Statt einer Antwort schob mir der Vorsitzende die vor ihm liegenden Exemplare der Broschüre zu.

Unmittelbar danach ließ er Auszüge aus dem am 13. Juni 1958 verkündeten Urteil des Bundesgerichts gegen Walter F. verlesen. Sie betrafen das Strafmaß in Höhe von zweieinhalb Jahren Gefängnis. Dieses Urteil, so der Vorsitzende, wäre deshalb „so milde" ausgefallen, weil F. in der Nazizeit zu den Verfolgten zählte. Mir war sofort klar, daß er damit den Staatsanwalt aufforderte, eine möglichst hohe Strafe für mich zu beantragen. Mit der Verlesung der Urteilsauszüge wurde die Beweisaufnahme geschlossen. Es folgten jetzt die Plädoyers.

Bevor ich damit beginne, möchte ich einige Bemerkungen zu unserem Verteidiger sagen. In Dr. Diether Posser hatten Cläre Lorenz, Hans Lomberg und ich einen Anwalt, wie man ihn sich nur wünschen kann. Sein Eintreten für uns übertraf bei weitem das, was man von einem Verteidiger erwartet. Immer wieder brachte er auch Verständnis für Fragen auf, die mit dem eigentlichen Prozeßverlauf nichts zu tun hatten. Immer wieder spürte jeder von uns seine menschliche Wärme. Zu jedem Verhandlungstag nahm er uns in seinem Pkw mit nach Dortmund und, bis auf eine Ausnahme, auch wieder mit zurück nach Essen. Als wir dann einmal die Rückfahrt mit der Eisenbahn antreten mußten, verabschiedete er sich von uns mit den Worten: „Tut mir leid, ich habe in Dortmund auch noch eine ‚ehrliche' Strafsache zu vertreten." Für sein Engagement bin ich ihm zeitlebens dankbar.

Plädoyers und Schlußworte

Nach dem Ende der Beweisaufnahme folgte das Plädoyer des Staatsanwalts K. Die Angeklagten seien nicht vorbestraft, und in allen Lebensläufen könne kein Tadel festgestellt werden, meinte er einleitend. Für ihn sei klar, daß Heinz Renner und ich bewußt den Zielen der KPD gedient hätten. Das träfe für mich auch auf die Herausgabe des „Ruhrboten" zu.

Die Hans Lomberg zur Last gelegte Durchführung einer illegalen Versammlungen sei nicht nachweisbar. Was den „Ruhrboten" betreffe, so könne aber angenommen werden, daß das, was der eine wußte, der andere auch gewußt habe. Zur Verurteilung Lombergs reiche das jedoch nicht aus. Darum beantrage er Freispruch.

Frau Lorenz habe die Ziele der KPD ebenso gekannt wie ich. Nach dem Gesetz könne man uns mit Zuchthaus bestrafen. Nach seiner Meinung wäre aber eine niedrige Gefängnisstrafe ausreichend. Wir hätten die Taten deshalb begangen, weil wir Kommunisten seien. Für einen fanatischen Kommunisten halte er mich allerdings nicht. Im übrigen müsse er den Strafverfolgungsbehörden einen Vorwurf machen. Der „Ruhrbote" hätte immerhin fast zwei Jahre erscheinen können, ehe Maßnahmen ergriffen wurden. Für mich beantrage er darum eine Gefängnisstrafe von einem Jahr. Die Tätigkeit von Cläre Lorenz beim „Ruhrboten" wäre mehr technischer Art gewesen. Darum wäre für sie eine Gefängnisstrafe von acht Monaten auf Bewährung ausreichend.

Jetzt hielt Dr. Posser sein Plädoyer. Er begann mit der Feststellung, daß in vielen Verfahren, bei denen er als Verteidiger mitgewirkt habe, Angeklagte auf Grund „geheimer Beweismittel" verurteilt worden seien. Die Belastungszeugen wären immer anonym geblieben. Beschuldigungen wären von Kriminalbeamten als „Zeugen vom Hörensagen" vorgetragen und beeidet worden. Eine solche Praxis sei sehr gefährlich. Im Jahre 1933 habe man den späteren Bundeskanzler Adenauer der Untreue beschuldigt. Der Zeuge, auf den sich die Anklage stützte, wäre im Gerichtssaal gewesen. Adenauer habe bei der Gegenüberstellung mit ihm auf ein Kruzifix an der Wand gezeigt und ihn gebeten, er möge angesichts des Kruzifixes sagen, ob seine Aussage wahr sei. In diesem Augenblick sei der Zeuge zusammengebrochen und habe seine Falschaussage zugegeben. Was wäre geschehen, wenn ein „Zeuge vom Hörensagen" die Beschuldigung vorgetragen hätte, fragte Dr. Posser. Im Verfahren gegen Schmidt traten auch „Zeugen vom Hörensagen" auf. Es waren Kriminalbeamte. Gegen wen solle Schmidt sich verteidigen? Keiner wisse, wer sich hinter den Abkürzungen „H.R." und „W.A." verberge. Das Gericht dürfe einer solchen Beweisführung schon deshalb nicht folgen, weil in den Aussagen der Kriminalbeamten Widersprüche erkennbar gewesen seien.

Posser beantragte für Cläre, Hans und mich Freispruch und für Hans darüber hinaus eine Entschädigung für die Zeit seiner Inhaftierung.

Es ist allgemein üblich, daß ein Verteidiger sein Plädoyer mit seinen Anträgen beendet. Von dieser Regel wich Dr. Posser mit einigen Bemerkungen ab. Alle im Gerichtssaal Anwesenden seien Staatsbürger, stellte er fest. Der einzige Unterschied zwischen den Richtern und den anderen Anwesenden bestünde darin, daß man in ihnen Staatsbürger in Roben sehe. Auch ein Richter habe das Recht auf eine politische Meinung. Nach seiner Auffassung hätte er sogar die Pflicht dazu. Schließlich sei die Weimarer Republik deshalb zugrunde gegangen, weil sich viele Menschen nicht politisch engagierten. Bei der Urteilsfindung im vorliegenden Verfahren sollten sich Richter und Schöffen allerdings frei machen von der eigenen politischen Meinung und wie in kriminellen Verfahren an die Urteilsfindung herangehen. Würde man einem solchen Verfahren die jetzt abgeschlossene Beweisaufnahme zugrunde legen, käme dabei nur ein Freispruch heraus. Es sei nicht gut, wenn Antikommunisten über Kommunisten zu Gericht säßen. Ebensowenig könne er sich Schmidt als Richter in einem Prozeß gegen ehemalige Nazi-Richter vorstellen.

Warum Posser diese Bemerkungen an Richter und Schöffen richtete, hatte seinen Grund. Als sein Plädoyer durch eine Pause unterbrochen wurde, kam Staatsanwalt K. zu ihm und sagte, es sei nicht seine Absicht, mich ins Gefängnis zu bringen. Da damals nur Strafen bis zu neun Monaten zur Bewährung ausgesetzt werden konnten, fragte Posser, warum er denn für mich ein Jahr Gefängnis beantragt habe. K. antwortete, er sei schließlich als Staatsanwalt weisungsgebunden. Sollte allerdings das Gericht für mich neun Monaten festlegen, würde die Staatsanwaltschaft keine Revision beantragen. Noch in der Pause gingen beide zu Landgerichtsdirektor K. und teilten ihm das mit.

Zum besseren Verständnis für das, was jetzt geschah, muß man wissen, daß in politischen Strafverfahren lediglich eine Revision beim Bundesgericht möglich war. In einem solchen Fall mußte das Urteil von den Richtern im Detail begründet werden. Kam es nicht dazu, so war das verkündete Urteil rechtskräftig. Eine bis in die Details gehende ausführliche schriftliche Begründung, wie sie im Falle einer Revision notwendig wäre, erübrigte sich.

Als Rechtsanwalt und Staatsanwalt den Gerichtsvorsitzenden wissen ließen, daß die Staatsanwaltschaft bei einem Urteil von neun Monaten auf eine Revision verzichten würde, äußerte Landgerichtsdirektor K. Empörung über den allzu geringen Strafantrag. Mit einer Strafe auf Bewährung sei auf gar keinen Fall zu rechnen. Dieses Verhalten veranlaßte Posser zu seinen Schlußbemerkungen.

Im Anschluß an die Plädoyers hielten Cläre Lorenz, Hans Lomberg und ich unsere Schlußworte. Wir stellten uns hinter die Ausführungen unseres Verteidigers.

Urteil und Bewertung

Am 3. Juli 1963, dem 13. und letzten Verhandlungstag, verkündete Landgerichtsdirektor K. „Im Namen des Volkes" das Urteil. Hans Lomberg wurde freigesprochen. Cläre Lorenz verurteilte man zu acht Monaten und mich zu einem Jahr und drei Monaten Gefängnis. Die Untersuchungshaft rechnete man auf die Strafe an. Bei Cläre Lorenz setzte man die Vollstreckung der Reststrafe zur Bewährung aus. Der bei mir sichergestellte Bargeldbetrag von 42,11 DM sowie das Guthaben auf meinem gesperrten Postscheckkonto unterlagen der Einziehung. Die Kosten des Verfahrens fielen im Falle von Hans Lomberg der Staatskasse zur Last. Cläre und ich wurden zur Zahlung verurteilt.

Nach dem Ende des Verfahrens verfaßte ich die folgende schriftliche Einschätzung und Bewertung der Verhandlungstage:

„Das von der VIII. Strafkammer des Landgerichts Dortmund gegen Cläre Lorenz, Hans Lomberg und mich ausgesprochene Urteil gibt zweifellos zu denken. Jeder, der objektiv die Verhandlung über 13 Tage verfolgt hat, kommt zu dem Schluß, daß das Gericht von Anfang an von der Schuld der Angeklagten überzeugt war und voreingenommen an den Prozeß heranging. Darum werte ich das Urteil als ein ausgesprochenes Gesinnungsurteil. Es bestraft nicht nur die politische Gesinnung der Angeklagten, sondern offenbart auch die politische Gesinnung der Richter.

Wir Angeklagten hatten zu keiner Zeit das Gefühl, es mit einem unabhängigen Gericht zu tun zu haben. Hier saßen tatsächlich Antikommunisten über Kommunisten zu Gericht. Neben Landgerichtsdirektor K. machte auch Landgerichtsrat Dr. B. aus seiner feindlichen Haltung uns gegenüber keinen Hehl. Lediglich Landgerichtsrat B. unterschied sich von den beiden anderen Richtern und hinterließ einen objektiveren Eindruck. Die Schöffen schwiegen an allen Verhandlungstagen. Einer trug die Anstecknadel der IG Bergbau für 25jährige Mitgliedschaft am Rockaufschlag, der andere das Abzeichen der Katholischen Arbeiterbewegung (KAB). Wahrscheinlich haben sie bei der Urteilsfindung ebenso geschwiegen wie im Verlauf des ganzen Prozesses.

Eine eigenartige Haltung nahm Staatsanwalt K. ein. Bei ihm hatte man oftmals den Eindruck, als fühle er sich in der Rolle des Anklägers nicht besonders wohl. Bei seinen Fragen deutete er mehrfach an, daß er den Inhalt der Anklageschrift nicht zu verantworten habe. Im Gegensatz zum Vorsitzenden des Gerichts behandelte er Angeklagte und Entlastungszeugen niemals grob. Sein Verhalten war sachlich und keineswegs feindselig. Das bestätigten auch sein Plädoyer und der von ihm gestellte Strafantrag. Er lag immerhin um drei Monate unter dem späteren Gerichtsurteil. Zweifellos ist es diesem Strafantrag zu verdanken, daß das Urteil nicht noch höher ausgefallen ist.

Bei der Einschätzung und Bewertung der Hauptverhandlung scheint mir noch etwas wichtig zu sein. Es steht fest, daß sich die Mehrzahl der Verhandlungstage mit meiner Tätigkeit als Vertrauensmann des Kreiswahlvorschlages Renner beschäftigte, wenn auch das Gericht versuchte, zwischen Kandidatur und 'Ruhrbote' einen Zusammenhang zu konstruieren. Schon in der Anklageschrift hatte man behauptet, daß sich die Herausgabe des 'Ruhrboten' aus meiner Tätigkeit als Wahlvertrauensmann ergeben habe. Dennoch stand meine Zeitschrift nicht so im Mittelpunkt der Verhandlung wie die Landtagskandidatur von Heinz Renner. Insgesamt 26 Zeugen wurden vernommen. 13 von ihnen zur Kandidatur von Heinz Renner, 7 zum 'Ruhrboten' und 5 zu den Beschuldigungen gegen Hans Lomberg. Dabei muß noch erwähnt werden, daß die Vernehmungen zum 'Ruhrboten' wesentlich weniger Zeit in Anspruch nahmen, als die zur Kandidatur Renner. Bemerkenswert ist in diesem Zusammenhang auch, daß Walter F. als Zeuge eigentlich gar nicht vorgesehen war. Erst während der Verhandlung hatte man seine Vorladung angeordnet.

Bei der Urteilsfindung haben die Kandidatur Heinz Renner als Parteiloser zur Landtagswahl 1958 und meine Tätigkeit als Vertrauensmann dieses Wahlvorschlages eine ausschlaggebende Rolle gespielt. Ich behaupte im nachhinein, daß der Prozeß ein Ersatzprozeß gegen den durch Krankheit verhinderten Heinz Renner war, denn auf dem Richtertisch lagen Akten und Anklageschrift aus dem Verfahren gegen ihn.

Das Verhalten von Cläre Lorenz, Hans Lomberg und mir war an allen 13 Verhandlungstagen ohne Tadel. Zu keiner Zeit gab es zwischen uns Meinungsverschiedenheiten. Überzeugend vertraten wir unsere Ansichten und verleugneten niemals unsere politische Einstellung."

Revision und Warten auf den Strafantritt

Die Revision

Gegen das Urteil der VIII. Großen Strafkammer des Landgerichts Dortmund vom 3. Juli 1963 legte Rechtsanwalt Posser Revision ein. Es vergingen fünf Monate, bis ich das 139 Seiten umfassende Urteil mit seiner ausführlichen Begründung in Händen hielt. Am 17. April 1964 verhandelte dann der 3. Strafsenat des Bundesgerichtshofs in Karlsruhe über die Revision. Ich fuhr mit Posser nach Karlsruhe.

Der Senat tagte in folgender Zusammensetzung: Vorsitzender: Dr. Rotberg. Beisitzende Richter: Weber, Dr. Wiefels und Dr. Faller. Vertreter der Bundesanwaltschaft Dr. Kammerer.

Dr. Rotberg teilte zunächst mit, der Senat habe die Revision der Angeklagten Lorenz zurückgewiesen. Zu einer Hauptverhandlung gegen mich sei es nur deshalb gekommen, weil der Senat über die im Urteil angesprochene Einziehung meines Bargeldbetrages und des Postscheckguthabens noch einmal verhandeln wolle.

Nach der Vorstellung des Dortmunder Urteils durch einen der Bundesrichter erhielt Dr. Posser das Wort. Er begann mit der Feststellung, ihm käme es bei der Revision zwar auch auf die Freigabe der sichergestellten Gelder an, im wesentlichen ginge es ihm aber um die Höhe des Urteils. Immerhin hätte auch die Anklagebehörde eine geringere Strafe beantragt. Auch sei zu erwarten, daß in Kürze die Mindeststrafe für den Verstoß gegen das Bundesverfassungsgerichtsgesetz zum KPD-Verbot von sechs auf drei Monate gesenkt würde. In der Urteilsbegründung gäbe es darüber hinaus einige Widersprüche. An einer Stelle heiße es, der durch die Herausgabe und Verbreitung des „Ruhrboten" erreichte Erfolg für die KPD sei nicht gering gewesen. An anderer Stelle sage man dann, die verfassungsmäßige Ordnung der Bundesrepublik wäre zur Zeit so gefestigt, daß dem „verfassungsumstürzlerischen Wirken des Angeklagten" kein allzu großer Erfolg beschieden sein konnte. Das passe doch wohl nicht zusammen.

In der Urteilsbegründung bezeichne man Schmidt auch als „einen fanatischen, völlig unbelehrbaren kommunistischen Funktionär", der „kraft seiner beachtlichen Intelligenz" zu den „gefährlichen Funktionären der illegalen KPD" gehöre. Schmidt habe sich für die Kandidatur Renner nicht nur überaus aktiv eingesetzt, sondern hätte nach Ablehnung auch noch von allen legalen Möglichkeiten bis zur Beschwerde vor dem Verfassungsgericht Gebrauch gemacht.

In einem späteren Absatz stünde dann geschrieben, man hätte bei der Strafzumessung berücksichtigt, daß Schmidt „in der Hauptverhandlung persönlich einen guten Eindruck gemacht" habe. Zunächst halte man den Angeklagten Schmidt also für einen „fanatischen Funktionär der KPD" und später stelle man fest, er habe in der Hauptverhandlung einen günstigen Eindruck gemacht. Für ihn sei es unverständlich, wie ein fanatischer Funktionär auf die Große Strafkammer des Landgerichts Dortmund einen günstigen Eindruck machen könne. Die Feststellung, Schmidt zähle zu den gefährlichen Funktionären der illegalen KPD, begründe man im gleichen Absatz dazu auch noch mit der Feststellung, er habe, um seine Ziele zu fördern, von allen legalen Möglichkeiten bis zur Beschwerde vor dem Verfassungsgerichtshof Gebrauch gemacht. Das sei für ihn nicht zu begreifen. Sich an den Verfassungsgerichtshof zu wenden, sei doch wohl das Recht eines jeden Bürgers. Wegen der von ihm vorgebrachten Fakten beantrage er, das Urteil im Strafmaß aufzuheben.

Nach den Ausführungen von Dr. Posser erhielt der Vertreter der Bundesanwaltschaft das Wort. Er könne keine Widersprüche in der Urteilsbegründung entdecken. Mit der Formulierung, bei Schmidt handele es sich um einen fanatischen, völlig unbelehrbaren Funktionär wolle das Dortmunder Gericht zum Ausdruck bringen, der Angeklagte sei von dem, was die KPD will, voll und ganz überzeugt. Die Feststellung in der Urteilsbegründung, Schmidt hätte in der Hauptverhandlung einen günstigen Eindruck gemacht, stehe nicht im Widerspruch dazu. Wenn das Dortmunder Landgericht Schmidt zu den gefährlichen Funktionären der KPD rechne und das mit dem Hinweis begründe, er hätte von allen legalen Möglichkeiten, bis zur Beschwerde beim Verfassungsgerichtshof, Gebrauch gemacht, so solle der Verteidiger nicht übersehen, daß das Wort „legalen" in Anführungszeichen stünde. Die Dortmunder Strafkammer habe damit ausdrücken wollen, Schmidt hätte im Auftrage der illegalen KPD diese legalen Möglichkeiten ausgenutzt. So gesehen trüge die Ausnutzung aller legalen Möglichkeiten einen scheinlegalen Charakter. Er jedenfalls beantrage, die Revision abzuweisen.

Mir erteilte man das letzte Wort. Zunächst hob ich hervor, daß ich meinem Urteil kein Verständnis entgegenbringen könne. Bei der Vorbereitung der Kandidatur Heinz Renner zur Landtagswahl 1958 in NRW seien die Bestimmungen des Landeswahlgesetzes voll und ganz eingehalten worden. Deshalb habe ihr auch der Kreiswahlausschuß Essen einmütig zugestimmt. Im Landeswahlausschusses hätten dann die beiden CDU-Vertreter Dr. Bollig und Blank ebenfalls für die Zulassung der Kandidatur gestimmt. Das alles sei für mich eine Bestätigung für die Rechtmäßigkeit meiner Handlungen gewesen. Mit der Herausgabe meiner Zeitschrift „Der Ruhrbote" hätte ich das Recht der freien Meinungsäußerung für mich in Anspruch genommen. Wie im Landespressegesetz vorgeschrieben, habe das NRW-Innenministerium nicht nur alle gewünschten Fragen beantwortet bekommen, sondern von jeder Ausgabe ein Belegexemplar erhalten. Immerhin sei meine Zeitschrift fast zwei Jahre unbeanstandet erschienen. Von keiner Seite wäre ich in dieser Zeit auf mögliche strafbare Handlungen hingewiesen worden. Es hätte auch keine einzige Strafanzeige wegen falscher Berichterstattung gegeben. Abschließend nahm ich dann noch zur Person von Heinz Renner Stellung, der erst drei Monate zuvor, am 11. Januar 1964, gestorben war. Es sei ein Unrecht gewesen, ihm 1958 das Recht abzusprechen, als parteiloser Kandidat zum NRW-Landtag zu kandidieren. Die zahlreichen Kondolenzschreiben aus Anlaß seines Todes wären Beweise dafür, daß er sich auch über Essen hinaus einen Namen erworben habe. Politiker und Persönlichkeiten des öffentlichen Lebens wie Dr. Adenauer, Thomas Dehler, Carlo Schmid, Bundestagspräsident Gerstenmeier, der hessische Ministerpräsident Zinn, NRW-Ministerpräsident Meyers, der alte Reichstagspräsident Paul Löbe, Wilhelm Elfes, August Dresbach, Fritz Baade und der Essener Bischof Hengsbach hätten darin Worte der Anerkennung für ihn gefunden. Angesichts der von meinem Anwalt und von mir vorgebrachten Argumente bat ich den Senat, der Revision zuzustimmen.

Zur Urteilsfindung verließ der Senat den Sitzungssaal. Nach etwa zwei Stunden kam er zurück und Senatspräsident Dr. Rotberg teilte die Zurückweisung der Revision mit. Sowohl die Strafzumessung im Urteil des Oberlandesgerichts Dortmund als auch die Darlegung meines Persönlichkeitsbildes in der Urteilsbegründung ließen keine Rechtsfehler erkennen. Lediglich die Einziehung meines Guthabens auf dem Postscheckkonto sei aufgehoben. Die Kosten des Verfahrens müsse ich tragen.

Mit dieser Entscheidung wurde das Urteil des Landgerichts Dortmund vom 3. Juli 1963 bis auf die Einziehung der Geldbeträge rechtskräftig. Am 28. April 1964 übersandte mir der Bundesgerichtshof eine Kostenrechnung in Höhe von 205 Mark. Auf Antrag wurde mir gestattet, den Betrag in vier Monatsraten zu begleichen.

Ein Senatspräsident mit NS-Vergangenheit

Nach Ablehnung meiner Revision durch den 3. Senat des Bundesgerichtshofes fragte ich mich, ob zu den Richtern, die mir in den Verhandlungen begegnet waren, nicht auch einige mit NS-Vergangenheit gehörten. Dem Alter nach hätten viele von ihnen braune Flecken an den Roben haben können. Erst 1988 erhielt ich Gewißheit, daß Senatspräsident Dr. Eberhard Rotberg dazu gehörte.

Damals machte man mich auf den Fall des Regierungsrates Dr. Otto Weiß aufmerksam. Man hatte ihn 1943 vom NS-Volksgerichtshof deshalb zum Tode verurteilt, weil er die Beendigung des Krieges gefordert hatte. Am 28. April 1902 in Mülheim-Ruhr geboren und dort zur Schule gegangen, hatte er vor 1933 der Zentrumspartei angehört. Später war er als Regierungsrat bei der Polizei in Breslau tätig gewesen. Obwohl in Mülheim begraben, hatte man ihn in seiner Geburtsstadt völlig vergessen. Erst im „Mülheimer Jahrbuch 98" erschien mein Artikel „Dr. Otto Weiß – am 20. März 1944 als Hitler-Gegner gehängt".

Kurz nachdem man mich 1988 um Nachforschungen gebeten hatte, hielt ich das Volksgerichtsurteil gegen Dr. Otto Weiß in Händen und erfuhr daraus Einzelheiten. Als am 2. Februar 1943 die Schlacht um Stalingrad mit der Kapitulation der 6. deutschen Armee endete, forderte Dr. Otto Weiß in einem anonymen Brief Adolf Hitler zum Rücktritt auf. Abschriften sandte er an Josef Goebbels, Hermann Göring und einige hohe Militärs. Später verfaßte er die Denkschrift „Auftrag zur Rettung Deutschlands" und suchte Mitstreiter. Schließlich entschloß er sich, ins Ausland zu gehen, um mit dem ehemaligen Reichskanzler Heinrich Brüning Kontakt aufzunehmen. Bei dem Versuch, die Schweizer Grenze illegal zu überschreiten, wurde er festgenommen. Der 1. Senat des Volksgerichtshofes mit Dr. Roland Freisler, Kammergerichtsrat Rehse, SA-Brigadeführer Hauer, Oberreichsleiter Bodinus, SA-Oberführer Hell und Oberstaatsanwalt Volk verurteilte ihn am 9. Februar 1944 „Im Namen des Deutschen Volkes" zum Tode. Im Zuchthaus Brandenburg hat man ihn am 20. März 1944 hingerichtet.

In der Urteilsbegründung steht, daß Dr. Weiß seinerzeit auch Dr. Eberhard Rotberg als Mitstreiter gewinnen wollte. Er hatte mit ihm in Mülheim die Schule besucht. Die Zeitung „Frankenpost" vom 13. November 1965 berichtete nicht nur, daß Rotberg im Verfahren gegen seinen Schulfreund am 21. August 1943 von der Gestapo vernommen wurde, sondern veröffentlichte auch den vollen Wortlaut des Vernehmungsprotokolls. Danach sagte Rotberg der Gestapo:

> „Politisch war ich früher parteilos, trat nach der Machtergreifung alsbald dem NS-Rechtswahrerbund, der NSV und einigen anderen Verbänden bei und bewarb mich nach Wiedereröffnung der NSDAP meines Wissens im Jahre 1939 oder 1940 um Aufnahme als Parteigenosse, welche vor etwa zwei oder drei Jahren erfolgte.
> Ich war außerdem Mitarbeiter im Sicherheitsdienst des SD, der SS, ferner Amtsträger im NSRB und bin zu verschiedenen Aufgaben rechtspolitischer Art, insbesondere zur Abfas-

1965 auf einer Versammlung der VVN, Kreisverband Essen (Foto: Toni Tripp)

sung von Berichten und Gutachten über die Stimmungslage im Allgemeinen und über rechtspolitische Fragen im besonderen herangezogen worden."

Dr. Eberhard Rotberg machte in der Bundesrepublik Karriere und wurde Präsident des 3. Strafsenats des Bundesgerichtshofs. Seinen Mülheimer Schulfreund Dr. Otto Weiß, der 1943 sein Leben durch den Strang verlor, strich er so lange aus seinem Gedächtnis, bis ihn seine braune Vergangenheit einholte. Möglich, daß sie ihn auch in meinem Revisionsverfahren veranlaßte, Solidarität mit den von mir in einer Broschüre bloßgestellten NS-Juristen zu üben.

Borbecker Bürger zeigen Flagge

Als das Bundesgericht die Revision gegen das Dortmunder Urteil zurückwies, beschäftigte sich die Öffentlichkeit zunehmend kritisch mit der politischen Strafjustiz in der Bundesrepublik. Auf einer Veranstaltung der Evangelischen Akademie in Mülheim-Ruhr Ende April 1964 teilte Dr. Posser mit, daß seit 1951 rund 150.000 Ermittlungsverfahren in politischen Strafsachen eingeleitet worden waren.

In den ersten Maitagen 1964 fragte mich Walter Wimmer, Redakteur und Mitverleger der „Borbecker Nachrichten", was aus meiner Revision beim Bundesgericht geworden sei. Sie wurde abgelehnt, sagte ich ihm. In absehbarer Zeit müsse ich wohl die 15 Monate Gefängnisstrafe verbüßen. Walter Wimmer war empört und meinte: „Das kann man nicht so einfach hinnehmen." Als ich meiner Frau von dem Gespräch erzählte, sagte sie mit Resignation in der Stimme: „Viele geben sich empört, aber in der Regel bleibt es dabei." Ich widersprach nicht. Wir täuschten uns beide. Walter Wimmer stand zu seinen Worten.

Wenige Tage nach dem Gespräch mit ihm besuchte uns der in unserer Nachbarschaft wohnende Dr. Heinz-Horst Deichmann und bat um Überlassung des schriftlichen Urteils gegen mich. Kurz darauf erfuhr ich von Dr. Posser, daß bekannte Borbecker Bürger ein Gnadengesuch an die Gnadenstelle des Landgerichts Dortmund gerichtet hatten. Es lautete:

> „Herr Schmidt ist durch Urteil der VIII. Strafkammer des Landgerichtes Dortmund vom 3. Juli 1963 zu einer Gefängnisstrafe von einem Jahr und drei Monaten verurteilt worden. Die gegen das Urteil eingelegte Revision ist erfolglos geblieben, so daß das Verfahren rechtskräftig abgeschlossen ist. Die Verurteilung ist erfolgt, weil in dem Wirken des Herrn Schmidt eine Fortsetzung der durch das Bundesverfassungsgericht verbotenen KPD erblickt worden ist.
> Wir Unterzeichner gehörten weder der KPD an noch vertreten wir die kommunistische Ideologie. Wir möchten vielmehr aus menschlichen Gründen dazu beitragen, daß die gegen Herrn Schmidt erkannte Strafe auf dem Gnadenwege zur Bewährung ausgesetzt wird, weil wir ihn – zum Teil seit Jahrzehnten – als einen redlichen, hilfsbereiten und anständigen Menschen kennen.
> Im einzelnen bewegen uns folgende Gründe:
> 1. Herr Schmidt ist – von der erwähnten Verurteilung abgesehen – nicht vorbestraft und verfügt in Essen-Borbeck über einen sehr guten Leumund.
> 2. Ein Teil der Herrn Schmidt gemachten Vorwürfe in dem Urteil betrifft seine Unter-

stützung der Kandidatur des früheren Essener Oberbürgermeisters Heinz Renner bei der Landtagswahl 1958. Möglicherweise ist dem Landgericht Dortmund nicht bekannt gewesen, daß Herr Renner sich in besonderem Maße um die Stadt Essen verdient gemacht hat. Wir überreichen die 'Westdeutsche Allgemeine Zeitung' vom 3. Februar 1964, aus der sich ergibt, in welchem Ausmaß die höchsten Stellen des Staates und Landes ihrer Trauer über den Tod von Herrn Renner Ausdruck gegeben haben. Es erscheint uns zu wenig berücksichtigt zu sein, daß Herr Schmidt in der Unterstützung des Herrn Renner nichts Strafbares gesehen hat.

3. Der Hauptvorwurf gegen Herrn Schmidt wird wegen der Herausgabe seiner Zeitung 'Der Ruhrbote' erhoben. Hierzu möchten wir bemerken, daß diese Zeitung in aller Öffentlichkeit erschien und von der Polizei niemals dagegen eingeschritten worden ist. Es ist auch zu keinem Zeitpunkt gegen Herrn Schmidt der Vorwurf erhoben worden, daß er durch die in seiner Zeitung veröffentlichten Artikel jemand beleidigt oder verunglimpft habe.

4. In dem Urteil wird Herr Schmidt als fanatischer, völlig unbelehrbarer kommunistischer Funktionär bezeichnet. Wir meinen, daß diese Persönlichkeitsbewertung Herrn Schmidt nicht gerecht wird. Wir kennen ihn vielmehr als einen sehr arbeitsamen, ordentlichen und tolerant eingestellten Menschen. Wegen seiner allgemeinen Beliebtheit ist er auch zu Ehrenämtern berufen worden, z.B. in der Schulpflegschaft der ev. Schloßschule E.-Borbeck und mehreren Vereinen.

5. Wir haben davon gehört, daß der Bundestag am 4. Juni 1964 einstimmig eine Änderung des Staatsgefährdungsstrafrechtes verabschiedet hat, die am 26. Juni 1964 die einmütige Zustimmung des Bundesrates gefunden hat. Wenn diese Gesetzesänderung schon im Zeitpunkt des Verfahrens gegen Herrn Schmidt in Kraft getreten wäre, würde der Prozeß wohl anders ausgegangen sein. Wir bitten zu prüfen, ob diese Gesetzesänderung Herrn Schmidt nicht zumindest in der Form zugute kommen kann, daß die Strafe zur Bewährung ausgesetzt wird. Es wird sich dann ja herausstellen, ob – wie das Landgericht Dortmund meint – Herr Schmidt ein unbelehrbarer und fanatischer Mensch ist.

6. In der Presse ist zweimal über ein Interview des nordrhein-westfälischen Ministerpräsidenten Dr. Meyers berichtet worden, der eine Diskussion über die Frage der Aufhebung des KPD-Verbotes angeregt hat. Angesichts eines solchen Sachverhaltes erscheint es uns wenig sinnvoll, jetzt noch einen geachteten Bürger unserer Stadt wegen seiner politischen Betätigung zur Strafhaft zu laden und damit von Familie und Arbeitsplatz zu trennen.

Eine Antwort erbitten wir an die Anschrift von Pastor Johannes Locher, Essen-Borbeck, Bandstraße 35.

Essen-Borbeck, den 14. Juli 1964

Dr. Heinz-Horst Deichmann, Essen-Borbeck, Inh. der Firma Heinrich Deichmann Schuhe; Julie Deichmann, Essen-Borbeck, geb. 5. August 1889; Walter Wimmer, Redakteur und Mitverleger der 'Borbecker Nachrichten', Essen-Borbeck; Pastor Johannes Locher, Pfarrer der Ev. Kirchengemeinde Essen-Borbeck, z.Zt. Präses presbyterii, Essen-Borbeck; Rektor Heinrich Kersten, Rektor der Ev. Schaeferdickschule, Kirchmeister der Ev. Kirchengemeinde Borbeck, Mitglied des Rates der Stadt Essen; Erich Witt, Rektor der Ev. Schloßschule E.-Borbeck; Herbert Pfeiffer, Vorsitzender des 'SV Union Frintrop'."

Mit Datum vom 28. September 1964 schrieb die Gnadenstelle den Antragstellern, sie habe nach Prüfung des Sachverhaltes keine Veranlassung gefunden, eine bedingte Strafaussetzung für mich zu befürworten. Die ausführlichen Feststellungen im Urteil zu meiner Person und die „sorgfältigen Erwägungen zum Strafmaß" ließen erkennen, daß die Strafkammer – entgegen der Annahme in dem Gnadengesuch – bestrebt gewesen sei, „in subjektiver und objektiver Hinsicht ein gerechtes Urteil zu sprechen". Im übrigen sei im Hinblick auf das öffentliche Interesse eine Vollstreckung der Strafe erforderlich.

Da die Borbecker Bürger diese Antwort nicht akzeptierten, legten sie am 2. Oktober 1964 Beschwerde ein und baten darum, dem NRW-Justizminister die Angelegenheit zur Entscheidung vorzulegen. Während die Richter mich nur als Angeklagten kennengelernt hätten, sei ich ihnen seit längerer Zeit, und zwar unter normalen Umständen, bekannt, meinten die Borbecker in ihrer Begründung. Würde die erkannte Strafe zur Bewährung ausgesetzt, müßte sich zeigen, ob die Beurteilung der Strafkammer oder ihre Beurteilung richtig wäre. Man könne keinesfalls einsehen, warum das öffentliche Interesse eine Vollstreckung der Strafe erforderlich mache.

Neben den Unterzeichnern des Gnadengesuchs hatten jetzt auch der Borbecker Pfarrer Oskar Pannen und der Apotheker Dr. Petersheim, Vorsitzender des Essener Katholikenausschusses, die Beschwerde unterschrieben.

Die engagierten Borbecker Bürger gaben sich damit aber noch nicht zufrieden. Sie machten am 9. Oktober 1964 auch den Justizausschuß des NRW-Landtages auf meinen Fall aufmerksam. Wieder standen unter diesem Brief die Namen derer, die zuvor das Gnadengesuch und die Beschwerde unterzeichnet hatten. Absender war Walter Wimmer. Ihm bestätigte der Präsident des Landtags am 13. Oktober 1964 den Eingang des Briefes mit dem Hinweis, der Eingabenausschuß würde sich mit der Angelegenheit befassen.

Der „Fall Schmidt" in „Panorama"

Gegen Ende Oktober 1964 erhielt ich einen ungewöhnlichen Besuch. Den Mann glaubte ich schon einmal gesehen zu haben. Aber erst als er sich mit „Lutz Lehmann, Norddeutscher Rundfunk Hamburg" vorstellte, wußte ich, daß ich ihn aus der Fernsehsendung „panorama" kannte. Leiter der „Panorama"-Redaktion war Eugen Kogon, Autor des viel beachteten Buches „Der SS-Staat".

Lutz Lehmann teilte mir mit, er produziere einen Beitrag zur politischen Strafjustiz in der Bundesrepublik. Sollte ich einverstanden sein, wolle er auch meinen Fall darin behandeln. Ich hatte nichts dagegen. Zwei Tage später, es war ein Sonntag, stand ein großer Wagen mit der Aufschrift „NDR-Fernsehen" vor unserem Haus und sorgte in der Nachbarschaft für Aufregung. Die Techniker verliehen unserem Wohnzimmer in wenigen Minuten ein völlig anderes Aussehen. Möbelstücke wurden verrückt, Scheinwerfer aufgebaut, der Kanarienvogel ins Nebenzimmer gebracht, das Telefon stillgelegt.

Pfarrer Johannes Locher bei der „Panorama"-Sendung, November 1964

Dann hielt man die Klappe vor die laufende Kamera, schlug sie zu und sagte: „Schmidt 1". „Schmidt 1" wurde schon nach wenigen Augenblicken unterbrochen. „Schauen Sie bitte nicht so ernst, geben Sie sich locker und freundlicher", riet man mir. „Schmidt 2" störten die Glocken der nahen Dionysius-Kirche. „Schmidt 3" gelang schließlich. Als der Beitrag „im Kasten" war, hieß es: „Schmidt gestorben."

Dann fuhren die Fernsehleute zu Pfarrer Johannes Locher in die Bandstraße nach Essen-Bedingrade. Er sollte sich hier vor laufender Kamera zu dem Gnadengesuch für mich äußern. Am 9. November 1964 wurde der Beitrag im Ersten Programm gesendet.

Die Zeitschrift „Elan" hat in ihrer Dezember-Ausgabe 1964 Teile des Beitrags abgedruckt. Hier einige Auszüge:

> „Lutz Lehmann: Essen, Sonnabend, den 1. Februar dieses Jahres. Unter reger Anteilnahme der Bevölkerung wird die Urne mit der Asche von Heinz Renner auf dem Südwestfriedhof beigesetzt. Es ist ein Kommunist, um den hier getrauert wird.
> Ein Kommunist, der als Stadtverordneter seit dem Jahre 1922 – wie es in der Gedenkrede hieß – sich um die Stadt verdient gemacht hat. So legt auch die Stadt Essen einen Kranz nieder...
> Unter den zahlreichen Beileidsschreiben zum Tode Renners solche von Konrad Adenauer, Carlo Schmid, Franz Meyers, Ferdinand Friedensburg, liest man von der Hand

Bischof Hengsbach über Renner: '...was er in rechter Gesinnung zum Wohle seiner Mitmenschen getan hat, wird bei Gott nicht vergessen bleiben'.

1958 hat sich Renner zum letzten Male zur Wahl gestellt. Bei den Landtags- und Kommunalwahlen in Nordrhein-Westfalen, zwei Jahre nach dem Verbot der Kommunistischen Partei. Mit Zustimmung des Wahlkreisausschusses Essen-Borbeck kandidierte er als Unabhängiger. Dagegen legte der Landeswahlausschuß Protest ein. Die Wahlplakate für Renner mußten entfernt werden, und der Mann, der als Wahlhelfer die Kandidatur Heinz Renner, des verdienten Mannes, getragen hatte, wurde 1963 verurteilt... Herr Schmidt, warum sind Sie verurteilt worden?

Schmidt: Wegen meiner Wahlhilfe für die Kandidatur des ehemaligen Essener Oberbürgermeisters Heinz Renner. Zum anderen wegen der Herausgabe einer in Essen erscheinenden periodischen Zeitschrift 'Der Ruhrbote'. Das Gericht, so erklärt Schmidt, habe nicht feststellen können, daß er oder seine Zeitung gegen geltende Gesetze verstoßen habe. Gerade das aber habe man ihm als 'besondere Raffinesse' angekreidet und darin eine 'strikte Befolgung der Anweisungen der KPD' erblickt, was als Verstoß gegen das KPD-Verbot zu ahnden sei. Deshalb müsse er für 15 Monate ins Gefängnis, wenn nicht das Gnadengesuch Essener Bürger Erfolg habe.

(Die Kamera schwenkt in die Amtsstube eines Essener Pfarrers.)

Lutz Lehmann: 'Sie haben, Herr Pfarrer Locher, zusammen mit weiteren angesehenen Bürgern Essens nach der Ablehnung in erster Instanz nunmehr ein zweites Gnadengesuch an den Landesjustizminister und an den Justizausschuß des Landtages gerichtet. Warum setzen Sie sich für Herrn Schmidt ein?

Pfarrer Locher, Essen: Wir alle kennen Herrn Schmidt, zum Teil schon seit Jahrzehnten, als einen ordentlichen, ehrlichen, anständigen und auch toleranten Menschen. Herr Schmidt hat einen guten Leumund in Borbeck... Ich kann nicht einsehen, daß ein solcher Mensch – nur weil er politisch anders denkt als wir – zum Menschen zweiter Klasse gestempelt werden soll... Ich kann es nicht glauben, daß der Demokratie unseres Landes damit gedient sein soll...

(Die Kamera zeigt den Autor der Sendung, Lutz Lehmann, vor der Strafanstalt Anrath.)

Lutz Lehmann: Die Tore der Strafanstalt in Anrath werden sich 15 Monate lang hinter Ernst Schmidt schließen, wenn das Gnadengesuch erfolglos bleibt. Ernst Schmidt wird wie alle politischen Gefangenen seine Strafe zusammen mit gewöhnlichen Kriminellen absitzen müssen.

Wie viele politische Gefangene gibt es in der Bundesrepublik? Nach Angaben des Bundesjustizministeriums waren es im Sommer letzten Jahres 140. Strafverteidiger zweifeln diese Zahl als zu niedrig an."

Die „WAZ" kommentierte die panorama-Sendung in ihrer Ausgabe vom 10. November 1964 mit den Worten: „Wie leicht der Bundesbürger in den Verdacht landesverräterischer Beziehungen oder prokommunistischer Propaganda-Tätigkeit geraten kann, zeigte 'panorama' in einem ausführlichen Bericht über die (haarsträubenden) Methoden unserer politischen Strafjustiz." Eugen Kogon war bald nicht mehr Leiter der 'panorama'-Redaktion. Es hieß damals, die Sendung zur politischen Strafjustiz sei Schuld daran gewesen.

In jenen Tagen starb mein Vater. Drei Tage nach der Sendung haben wir ihn auf dem Friedhof in Alpen am Niederrhein neben meiner bereits 1952 verstorbenen Mutter begraben.

Gescheiterter Gnadenerweis und Strafantritt

Über den Fortgang der Bemühungen in Sachen Gnadengesuch informierte mich laufend Rechtsanwalt Posser. Mit Datum vom 29. Dezember 1964 teilte der Präsident des NRW-Landtags Walter Wimmer mit, der Justizminister würde in meinem Fall „in eigener Zuständigkeit befinden".

Nach diesem Schreiben tat sich sechs Monate nichts mehr, bis mir dann am 1. Juli 1965 Posser schrieb, Pfarrer Locher hätte ihn davon unterrichtet, daß laut Gnadenstelle des Landgerichts Dortmund eine Begnadigung für mich in vollem Umfang zur Zeit nicht möglich sei. Man müsse damit rechnen, daß ich bald eine Ladung zum Strafantritt erhalten würde.

Anfang Juli 1965 teilte man mir mit, daß ich meine Strafe am Sonnabend, dem 17. Juli 1965 in der Männer- und Frauenstrafanstalt Anrath, Gartenstraße, antreten müsse. Der Aufforderung lag dieser „Briefmerkzettel für Gefängnisgefangene" bei:

> „1. Besuche:
> Der Gefangene darf alle 6 Wochen einmal Besuch empfangen. In begründeten dringenden Fällen kann der Anstaltsleiter einen Sonderbesuch außerhalb der Besuchsfrist zulassen. Mehr als 3 Personen sowie Kinder im Alter bis zu 16 Jahren werden im allgemeinen zum Besuch nicht zugelassen. Die Angehörigen mögen sich jeweils darüber verständigen, wer den Gefangenen besuchen will. Andere Personen als Angehörige bedürfen für den Besuch einer besonderen Genehmigung.
> Um unnötige Fahrtausgaben zu vermeiden, empfiehlt es sich dringend, die Genehmigung zu einem Sonderbesuch vorher schriftlich einzuholen. Dies gilt auch für den Besuch von Nichtangehörigen. Der Besucher muß sich über seine Person ausweisen. Zum Besuch darf für den Gefangenen nichts mitgebracht werden, es sei denn, daß vorher die Genehmigung eingeholt ist. Für Lebens- und Genußmittel einschließlich Tabakwaren wird eine Genehmigung nicht erteilt.
>
> 2. Briefverkehr:
> Der Gefangene darf alle 2 Wochen schreiben. Briefe an ihn unterliegen keiner zeitlichen Beschränkung; sie können jedoch zurückgesandt werden, wenn sie zu zahlreich eingehen. Es wird gebeten, mit Kugelschreiber oder Tinte zu schreiben.
>
> 3. Paketempfang:
> Der Empfang von Paketen ist dem Gefangenen in der Regel nicht erlaubt. Sollte aus besonderem Anlaß der Empfang eines Paketes gestattet werden, wird dem Gefangenen hiervon Nachricht geben. Nicht genehmigte Pakete werden auf Kosten und Gefahr des Absenders zurückgesandt."

Meine Frau, mein Schwiegervater, Cläre Lorenz, die Familie Lomberg und einige andere Freunde begleiteten mich bis vor das Tor der Strafanstalt.

In der Strafanstalt Anrath

Die ersten Tage

Einige Erlebnisse in der Strafanstalt Anrath möchte ich schildern. Briefe an meine Angehörigen und eigene Aufzeichnungen in einer Kladde dienen mir dabei als authentische Quellen. Die Kladde hatte ich mir am 27. Oktober 1965 von meinem ersten verdienten Geld kaufen können. Im Innendeckel stand geschrieben: „Eigentümer Schmidt Ernst, Seitenzahl 148, Schreibgerät Kugelschreiber. Seiten dürfen nicht – auch nicht teilweise – entfernt werden. Jeder Mißbrauch wird mit Hausstrafverfahren und Entzug der Schreiberlaubnis geahndet. Jederzeitige Einsichtnahme bleibt vorbehalten. Alle Schreibmaterialien müssen immer auf der Zelle sein."

Die ersten Tage nach dem Strafantritt waren bedrückend. Mir war „zum Kotzen" zumute. Erst in sechs Wochen würde ich meine Frau wiedersehen. In der Kleiderkammer nahm man mir bis auf Toilettenartikel alles ab. Als ich die Gefängniskleidung trug, hatte ich aufgehört, ein Zivilist zu sein.

Die Strafanstalt verfügte über vier Flügel. Sie trugen die Bezeichnung A, B, C und D. Jeder Flügel hatte vier Etagen. In der II. Etage des D-Flügels befand sich auf vorgebauter Plattform der „Stand", die Zentrale der Strafanstalt. Mir wies man die Zelle D IV/2 an. Sie war etwa 1,20 x 3,50 m groß. In ihr befanden sich Klappbett, Tisch, Stuhl und Toilette. Letztere nannte man „Bello". Beugte man sich tief hinein, so konnte man mit der Nachbarzelle kommunizieren. Unterhalb der Decke befand sich eine kleine Fensteröffnung.

Erst vier Tage nach meinem Strafantritt teilte man mich zur Zellenarbeit für die Textilfirma Leng ein. Mit einer Pinzette sollte ich Noppen aus Stoffen entfernen. Zu diesem Zweck verlegte man mich in die Zelle A I/36. Ein bereits länger einsitzender Strafgefangener mußte mich und zwei weitere „Zugänge" in die Arbeit einweisen. Daraus wurde zunächst nichts, denn „der Lehrer" interessierte sich erst einmal für die Straftaten seiner „Schüler". Von den anderen „Zugängen" saß einer wegen Einbruchs, der andere wegen Überfalls ein. Bis in die Einzelheiten beschrieben sie ihre Straftaten und beteuerten immer wieder ihre „Unschuld". Schließlich sagte der „Lehrer": „Heute oder morgen führt man euch zum Anstaltsleiter. Fragt er euch, ob ihr eure Tat bereut, dann müßt ihr laut und überzeugt mit 'Ja' antworten. Im Hinblick auf eine vorzeitige Entlassung ist das sehr wichtig. Hinterher könnt ihr denken, was ihr wollt."

Am 23. Juli 1965 führte man mich zu Oberregierungsrat Dr. Feige, dem Anstaltsleiter. Er ließ mich vor seinem Schreibtisch Platz nehmen und sagte: „Ich habe Sie im Fernsehen gesehen. Es erübrigt sich zu fragen, wie Sie zu ihrer Straftat stehen. Bei Überzeugungstätern sollte man es auch lassen." Meine Arbeitseinteilung gefiel ihm nicht. Die Kleiderkammer brauche dringend einen weiteren Häftling, meinte er. Dafür sei ich wohl der richtige. Dann schmunzelte er ein wenig und sagte: „Lachen Sie nicht, aber auch in einer Strafanstalt braucht man ehrliche Leute."

Ernst Schmidt (3.v.l.) mit seiner Frau (4.v.l.) und Freunden beim Haftantritt vor der Strafanstalt Anrath. – Cläre Lorenz (2.v.l.) und Hans Lomberg (r.)

Ich werde Kammerarbeiter

Die Andeutungen des Anstaltsleiters wurden anderntags Wirklichkeit. Ich war fortan Kammerarbeiter und bewohnte jetzt die Kammerzelle D I/10. Sie war 2,95 x 5,65 m groß, hatte ein großes, vergittertes Flügelfenster zum Hof hin und war mit vier Kammerarbeitern belegt. Nach tagelangem Alleinsein empfand ich die Verlegung zunächst als großes Glück. Das änderte sich allerdings schon bald. Menschen, mit denen man im Gefängnis zusammenleben muß, kann man sich nicht aussuchen. Besonders ein Kammerarbeiter fiel mir auf die Nerven. Meine Bitte, in eine Einzelzelle verlegt zu werden, ging erst am 26. Oktober 1965 in Erfüllung. Die neue Zelle trug die Bezeichnung B V/17 und hatte in Brusthöhe ein relativ großes, vergittertes Fenster mit Klarglasscheiben. Sie erlaubten mir einen weiten Blick auf Straßen, Wege und Felder.

Meine Hauptarbeit auf der Kammer war der Wäschetausch. Die „Kalfakter" der Strafanstalt erhielten von mir jeden Samstag nach Rückgabe der Schmutzwäsche saubere zurück. Dazu gehörten die Unterwäsche, ein Taschentuch, ein Halstuch, ein Handtuch, ein Spültuch und alle zwei Wochen saubere Bettwäsche. Auch Anzüge und Jacken wurden von Zeit zu Zeit gewechselt. Die Schmutzwäsche, in Säcke verstaut und auf eine Handkarre verladen, brachte ich mit einem anderen Häftling montags in die Waschküche des Frauenzuchthauses. Ein Kammerbeamter begleitete uns. In der Waschküche arbeiteten neben anderen Frauen auch solche, die wegen Mord eine lebenslange Zuchthausstrafe verbüßten.

Freitags holten wir die gewaschene Wäsche wieder ab. Bei dieser Gelegenheit trugen wir den Frauen immer einige der 50 kg schweren Säcke mit Waschpulver aus dem Keller nach oben. Als Dank dafür baten sie uns, die eigene Kleidung mit einer Sicherheitsnadel zu kennzeichnen. Holten wir die Wäsche wieder ab, so lagen unsere Kleidungsstücke gebügelt obenauf. Das fiel zwar den Beamten auf, aber sie sahen darüber hinweg.

Jeweils von montags bis freitags mußten alle Kammerarbeiter auch in der Mittagspause zum Wäschetausch für die Arbeitskommandos bereitstehen. Nicht selten brauchte jemand Ersatz für die während der Arbeit zerrissene Kleidung. Andere tauschten Taschentücher oder Strümpfe. Das Mittagessen nahmen wir deshalb schon vor der üblichen Pause auf der Kammer ein.

An Wochentagen wurden die Häftlinge um 5.45 Uhr durch eine Glocke geweckt. Nach dem Frühstück begann um 6.45 Uhr die Arbeit. Von 12 bis 12.45 Uhr war Mittagspause und um 17 Uhr endete die Arbeit, sonnabends um 12 Uhr. War die Abendmahlzeit ausgegeben, schob man vor jede Zellentür zusätzlich einen Riegel. „Einschluß" nannte man das. Jetzt konnte sich jeder aufs Bett legen. Um 21 Uhr wurde in den Zellen das Licht gelöscht. Sonntags weckte man später, und nach dem Mittagessen durfte man sich hinlegen.

Die Verpflegung war schmackhaft und ausreichend. Morgens bekam man einige Scheiben Brot, ein Sternchen Margarine und Kaffee. Abends wieder ein Sternchen Margarine, Brot, Wurst oder Käse und Tee. Dienstags und donnerstags reichte man neben Brot und Margarine eine süße Suppe oder Pellkartoffeln. Freitags erhielt man ein Schälchen Quark und samstags einen Löffel Marmelade. An drei Tagen in der Woche gab es Eintopf. An den anderen Tagen Kartoffeln, Soße, Gemüse und Fleisch. Die Strafanstalt Anrath versorgte sich weitgehend selbst. Sie betrieb eine eigene Bäckerei, eine eigene Landwirtschaft und einen Schweinestall mit eigener Schlachtung.

Jeder Strafgefangene ist gesetzlich zur Arbeit verpflichtet. Für die Hälfte der Arbeitsentlohnung konnte man einmal im Monat einkaufen, hatte man 30 Mark Rücklage erarbeitet. Ich bekam als Kammerarbeiter pro Tag 90 Pfennige Arbeitsentlohnung. Im Juli 1965 waren es sieben und im August 26 Arbeitstage. Für diese 33 Arbeitstage schrieb man mir 29,70 Mark gut. Folglich fehlten 30 Pfennige zu meiner Rücklage. Mein Einkauf wäre ins Wasser gefallen, hätte ich nicht eine „Prämie" in Höhe von 3 Mark erhalten. Das Geld reichte gerade für ein Päckchen Tabak und Blättchen.

Beim nächsten Einkauf sah die Welt schon besser aus. Für meine 16,50 Mark Arbeitslohn und Prämie gab es 1 Pfund Margarine, 1/2 Pfund Schmalz, 1 Paket Quark, 1 Dose Fisch, 1 Paket Rübenkraut, Zwiebeln, 1 Schreibheft, Tabak und Blättchen.

Auf der Kammer verlief ein Tag wie der andere. Der Kammerbeamte benutzte für mich nie die Anrede „Du", aber auch nicht „Sie". Für mich wählte er das „Ihr" und „Euch". „Kommt Ihr mal mit?" „Was ich Euch noch sagen wollte."

Wie alle anderen Mitglieder der Arbeitskommandos erhielten auch die Kammerarbeiter ein zusätzliches Frühstück. Es gab Kaffee und trockenes Brot. Bewaffnet mit einer Kanne und einem Holzkasten ging einer von uns in Begleitung des Kammerbeamten zur Küche. Auf dem Kastenboden lagen immer zwei Spültücher übereinander. Während der Kammerbeamte im Küchenbereich den dafür zuständigen Beamten aufsuchte, begab sich der Kammerarbeiter zum Ausgabeschalter. Dort stellte er den Holzkasten auf die Ablage und hob das oberste Spültuch auf. Der Küchenarbeiter, auch ein Häftling, legte dann für jeden von uns eine Portion Margarine in den Kasten, die dann mit dem Spültuch zugedeckt wurden. Obenauf legte man das Brot.

Die Küchenarbeiter schoben uns die Margarineportionen nicht grundlos zu. Jeden Samstag tauschten auch sie ihre Schmutzwäsche. Zwei von ihnen brachten sie in einem großen Korb zur Kammer. Darin lag von jedem eine weiße Hose und eine weiße Jacke. Individuell gekennzeichnet wurden auch sie von den Frauen in der Wäscherei gebügelt. Als Dank lag für uns immer eine Wurst unten im Korb.

Im landwirtschaftlichen Bereich der Strafanstalt versorgte ein Häftling die Schweine. Auch der „Schweinehirt" wechselte wöchentlich Jacke und Hose in der Kammer. Da diese Kleidungsstücke extrem nach saurem Schweinefutter rochen, warf ich sie weit von mir haltend schnell auf den Haufen schmutziger Kleidung. Erst später griff ich in die rechte Hosentasche und holte mir daraus eine dicke Zwiebel. Mir gefiel diese Art seiner Entschuldigung.

Fast jede Woche kam ein großer Lkw mit Nahrungsmitteln in die Strafanstalt. Beim Entladen mußten wir helfen. Als Dankeschön dafür gab uns der Küchenbeamte freitags schon zum zweiten Frühstück eine zusätzliche Portion Fisch.

Einige Häftlinge bezogen Zeitungen. Wurden sie ihnen ausgehändigt, mußten die vom Vortag abgegeben werden. Die zurückgegebenen Zeitungen kamen in die Kammer. Gebündelt verkaufte man sie als Altpapier. Jeden Abend verstaute ich heimlich eine oder mehrere Zeitungen unter die Jacke und nahm sie mit auf meine Zelle. Nach „Einschluß" gelesen, brachte ich sie anderntags wieder zurück. Auf diese Weise war ich über vieles, was „draußen" geschah, bestens informiert.

Sternstunden im Gefängnis

Sternstunden in meinem Anrather Alltag waren die Besuche meiner Frau. Inge durfte mich erstmals am 28. August 1965 besuchen; danach am 12. Oktober und zuletzt am 22. November 1965. Am 4. November wurde ihr ein Sonderbesuch ausschließlich zu dem Zweck gestattet, mit mir über die bevorstehende berufliche Ausbildung unseres Sohnes zu sprechen.

Besuchstage erwartete ich mit Ungeduld. Welche Gefühle mich bewegten, bezeugen Briefe und Eintragungen im meiner Kladde. Der erste Besuch am 28. August 1965 fiel zusammen mit dem Tag, an dem ich wieder einmal einen Brief schreiben durfte. An jenem Tag schrieb ich nach Hause:

„Weißt Du Inge, als ich kurz vor Deinem Besuch stand, gestern und vorgestern, da habe ich mich immer gefragt: 'Wie wird es einem zu Mute sein, wenn die viertel Stunde vorbei ist?' Jetzt weiß ich es. Ich bin ehrlich, mir hat sie enorm viel Kraft gegeben. Zuerst hatte ich angenommen, daß man danach eventuell niedergeschlagen sei. Das ist nicht der Fall. Im Gegenteil, ich fühle mich gelöster, freier und freudiger. Woran mag das liegen? Bestimmt daran, weil man einen Menschen, den man lieb hat, gesund wiedersehen durfte, und der durch sein ganzes Verhalten während des Besuches und auch in allen Briefen vorher einem die Gewißheit vermittelte, daß er fest hinter einem steht, daß man sich auf ihn voll verlassen kann. Einen Menschen auf den man stolz sein darf. Dafür, liebe Inge, vielen Dank."

Der zweite Besuch meiner Frau am 12. Oktober 1965 war der Tag, an dem ich mein 41. Lebensjahr vollendete. Sie kam in Begleitung unserer Kinder und meiner Schwiegermutter. Der Borbecker Druckereibesitzer Heinrich Wigge hatte sie mit seinem Pkw nach Anrath gefahren. Da mein Sohn erst 13 Jahre alt war, durfte er nicht zu mir und wartete mit Heinrich Wigge auf die Rückkehr von Mutter, Großmutter und Schwester. Ein Geschenk durfte man mir zwar zeigen, mußte es aber wieder mit nach Hause nehmen. Nur ein Foto von Inge mit den beiden Kindern durfte ich behalten. Am Abend des Tages schrieb ich meiner Frau:

„Ein ereignisreicher Tag liegt hinter mir. Ich selbst bin mehr als überwältigt und dankbar. Mein schönstes Geburtstagsgeschenk war Dein Besuch, gemeinsam mit Mutter und Brigitte. Aber auch Peter, der immerhin in meiner Nähe war, und auch Herr Wigge, der Euch zu mir brachte, gehören dazu. Dank auch für das Geschenk, das ich sehen durfte. Was ich beim und nach dem Besuch empfand, kann ich Dir in Worten einfach nicht schildern... Das Bild, das Du mir mitgebracht hast, habe ich in meinem Schrank. Ich danke auch dafür. Ja, jetzt liegen drei Monate hinter mir. Der Rest wird bestimmt auch vergehen... Ich habe meine Arbeit, und die hilft mir, die Zeit schneller vergehen zu lassen. Vor allen Dingen aber habe ich Dich und Deine Briefe. Sie geben mir immer wieder Kraft."

Wie ich den Sonderbesuch am 4. November 1965 empfand, vertraute ich am gleichen Tag meiner Kladde an:

„Wie habe ich mich gefreut, Inge wieder zu sehen. Sie sah nicht gut aus. Ich mache mir ernsthafte Sorgen. Wenn sie mir bloß nicht krank wird. Ach, jetzt habe ich doch einen Moralischen. In solchen Augenblicken wird einem der ganze Widersinn der Lage bewußt, in der man sich befindet. Nur weil man seine politische Meinung vertreten hat, nur weil man sich bemüht hat, etwas für Frieden und Verständigung zu tun, weil man die Politik der Stärke, der Militarisierung abgelehnt und als verhängnisvoll bekämpft hat, kurzum, weil man sich als Kommunist bekannt hat, deshalb sitzt man hier. Deshalb lebt man hier mit Kriminellen, mit Dieben und Verbrechern unter einem Dach und wird sicherlich auch als ein solcher angesehen. Deshalb wird man von seiner Familie getrennt, die man liebt, und vor der man sich nicht zu schämen braucht. Es gehört schon allerlei dazu, sich mit solchen Dingen abzufinden. An Tagen wie dem heutigen wird einem die verfluchte Lage ganz besonders bewußt. Warum das alles? Man könnte heulen vor Wut. Ein Trost nur, daß heute in der Frühe zu Hause noch alles in Ordnung war. Wenn man diese Sorge nicht hätte, ließe sich die aufgezwungene Trennung viel leichter ertragen. Aber ich muß ja einmal mit den Dingen fertig werden. Andere vor mir und mit mir müssen es ja auch. Ich lasse den Kopf nicht hängen, kann ich doch darüber froh sein, daß so viele Freunde Inge zur Seite stehen."

Den vierten und letzten Besuch meiner Frau erhielt ich am 22. November 1965. Noch unter dem Eindruck des Tages stehend, schrieb ich abends in meine Kladde:

„Meine Inge war da. Ich sah sie wieder, saß ihr gegenüber, konnte sie sprechen und ihre Hand halten. Eine wunderbare Frau. Sie gibt mir immer und immer wieder Kraft und Stärke. Das ist etwas, was man hier als politisch Inhaftierter braucht. Ich bin so stolz auf sie und kann den Tag kaum erwarten, an dem ich ihr in unserer eigenen Behausung danken kann für all das Liebe, das sie mir in den vergangenen vier Monaten bereitet hat, und für die Treue, mit der sie mich umgibt. Wer eine solche Frau besitzt, kann wahrhaft glücklich sein. Ich habe sie und bin glücklich... Die Zeit wird vergehen, und ich muß sie standhaft durchstehen. Gemessen an dem, was viele Nazigegner in den Jahren 1933 bis 1945 aushalten mußten, ist Anrath für mich ein Sanatoriumsaufenthalt."

Geburtstag in Anrath

Am 12. Oktober 1965, meinem Geburtstag, kam der für die Zensur der Häftlingspost zuständige Polizeiinspektor in die Kammer. Mit zahlreichen Briefen und Postkarten in der Hand trat er auf mich zu, gratulierte zum Geburtstag und sagte: „Diese 31 Postsendungen sind alle an Sie gerichtet. Glauben Sie ernsthaft, ich würde das alles lesen? Setzen Sie sich hin und lesen Sie selbst." Zwei Briefe davon besitze ich heute noch. Einen hatte Pfarrer Johannes Locher geschrieben. Darin hieß es:

> „Nun müssen Sie leider Ihren Geburtstag in der 'Fremde' begehen. Sie sollen aber wissen, daß hier Menschen sind, die an Sie denken. Nehmen Sie bitte diesen Brief als leider nur mageres Zeichen dafür! Es ist für uns eine immer schwerer zu ertragende Sache, Sie dort wissen zu müssen. Glücklicherweise erhielt ich von Ihrer lieben Frau die Nachricht, daß es Ihnen den Umständen nach erträglich geht. Was ich Ihnen für Ihr neues Lebensjahr wünsche, daß ist die Freiheit, aber auch, daß Sie diese Zeit ohne Schaden für Leib und Seele überstehen, ohne die nur zu nahe liegende Bitterkeit, die einem das Leben vergiften kann. Sie werden es, auch wenn Ihre innere Entwicklung anders verlaufen ist, sicher verstehen, wenn mein Gebet, das täglich auch für alle Gefangenen geschieht, am Sonntag in besonderer Weise Ihrer gedenkt. Mein Glaube an Jesus Christus verbietet es mir einfach, Sie und Gott getrennt zu sehen. So grüße ich Sie, auch im Namen meiner Familie, mit einem ganz herzlichen 'Auf Wiedersehen'! Ihr Johannes Locher."

Der andere Brief war von Walter Wimmer von den „Borbecker Nachrichten". Nach seinen Glückwünschen zum Geburtstag beschrieb er mir den damaligen Alltag in Borbeck mit den Worten:

> „In diesen Tagen nimmt der Rat der Stadt Essen den ersten Bericht des Beigeordneten Bonczek über die Umgestaltung Borbeck-Mitte entgegen. Vorgesehen ist der Bau zweier neuer Straßen. Die eine, bisher Nord-Süd-Straße genannt, soll an der Bockmühle von der Altendorfer Straße abzweigen, an der St. Fronleichnam-Kirche (östlich der Wüstenhöferstraße) vorbeiführen, die Bocholder Straße überqueren und schließlich hinter dem Exerzitienhaus auf die Hülsmannstraße stoßen, nachdem sie das große Freigelände westlich der Wolfsbankhalde durchschnitten hat. Die zweite Straße, vorerst West-Straße

genannt, biegt von der Borbecker Straße ab, führt unter der Bahnlinie Borbeck – Essen-West hindurch und unter der Wüstenhöferstraße hindurch. Wichtig für die Entwicklung des Einkaufszentrums: die Borbecker Straße (zwischen Bahnunterführung und Germaniaplatz) und die Rechtstraße sollen künftig den Fußgängern vorbehalten bleiben. 'Fußläufig' nennt man das im Essener Amtsjargon. Wir wollen uns bemühen, dieses gräßliche Wort nie zu verwenden…"

Am Nachmittag des Tages erlebte ich noch eine Überraschung. Rechtsanwalt Posser war gekommen, um mir ebenfalls zu gratulieren. Nach Abschluß meines Verfahrens durfte auch er jetzt nur in Anwesenheit eines Beamten mit mir sprechen. Posser ließ mich wissen, daß er von jenen Borbeckern, die das Gnadengesuch für mich gestellt hatten, wegen eines erneuten Vorstoßes angesprochen worden sei. Man wolle einen Antrag auf vorzeitige Haftentlassung zu Weihnachten stellen.

Einige Tage später holte mich der Polizeiinspektor in sein Büro. „In Ihrer Sache tut sich was", sagte er. Die Dortmunder Staatsanwaltschaft habe eine Beurteilung über mich angefordert. Nach einem erneuten Gnadenersuchen einiger Borbecker Bürger erwäge man meine vorzeitige Entlassung. In diesem Zusammenhang wolle man wissen, wie ich heute zum Urteil des Dortmunder Landgerichts stehe. „Meine Meinung zu dem Urteil habe ich bei Strafantritt dem Anstaltsleiter gesagt", antwortete ich. „Für mich war es ein Gesinnungsurteil, das sage ich auch heute wieder." Der Polizeiinspektor lächelte spitzbübisch und meinte: „Ich beabsichtige, in die Beurteilung zu schreiben: 'Schmidt ist von dem Urteil beeindruckt.' Könnten Sie eine solche Formulierung akzeptieren?" „Man hat mich verurteilt, weil die Richter fälschlicherweise Staat und Verfassung gleichsetzten mit Regierung und deren Politik", antwortete ich und fügte hinzu. „So gesehen hat mich das Urteil durchaus beeindruckt."

Menschenmuseen

Strafanstalten sind Menschenmuseen. Wer die verschiedensten Typen und Charaktere studieren will, findet hier reichlich Gelegenheit. Etwa 650 Häftlinge lebten in Anrath hinter dicken Mauern, vergitterten Fenstern und verschlossenen Türen. Nicht alle waren Schiffbrüchige des Lebens, denn in Anrath saßen hauptsächlich Erstbestrafte ein. Darunter Verkehrssünder, Zeugen Jehovas und Bundeswehrsoldaten. Man hatte sie wegen fahrlässiger Tötung, Wehrdienstverweigerung, Fahnenflucht oder Befehlsverweigerung zu Gefängnis verurteilt. Jetzt saßen sie mit Dieben, Hehlern, Betrügern oder Sittlichkeitsverbrechern in einer Zelle. Ihnen ging es genau wie mir. So mancher war verbittert, die Haft ließ viele an Recht und Gerechtigkeit zweifeln.

Eine stattliche Anzahl uniformierter Gefängnisbeamter bewachte die 650 Häftlinge. Viele von ihnen verkörperten den Typ eines preußischen Korporals. Ihnen standen zwei Pfarrer und zwei Fürsorger gegenüber – ein Tropfen auf den heißen Stein. In Anrath setzte man auf Strafe, weniger auf Erziehung.

Hin und wieder fanden Theaterveranstaltungen und Kinovorführungen im Kirchsaal statt. Die Kanzel zierte ein Tuch. Eingestickt darin in großen Lettern die Worte: „Seid Täter des Wortes." Ich war einer. Darum saß ich ja in Anrath ein. Ich hätte darüber lachen können, aber mir war nicht danach. Am Sonntag, den 28. November 1965, schrieb u.a. in meine Kladde:

„Heute ist der 1. Advent. Auch in diesem Hause wird Advent gefeiert. Im Innern der Strafanstalt hängt ein Adventskranz mit vier großen roten Kerzen. Er ist schmucklos. Kein rotes Band, kein Christbaumschmuck ziert ihn. Er sieht ebenso trostlos aus wie die Atmosphäre, die ihn umgibt. Nachmittags fand eine Vorweihnachtsfeier statt. Ich habe nicht teilgenommen, denn mir ist durchaus nicht weihnachtlich zumute. Wie eine Ironie hörte sich angesichts der verschlossenen Türen und verriegelten Tore das Lied an: 'Macht hoch die Tür, die Tor macht weit.' Ich mußte unweigerlich an den Choral denken, den Gefangene während des Gottesdienstes in dem Rühmann-Film 'Der Hauptmann von Köpenick' sangen: 'Bis hierher hat mich Gott gebracht mit seiner großen Güte.' Ja, man ist hier sehr fromm. Die Gottesdienste sind gut besucht. An mangelnder Beteiligung fehlt es nicht. Aber ist es die Frömmigkeit, die die Leute hier in die Gottesdienste führt? Nein, es ist die Flucht aus der Eintönigkeit. Der Gottesdienst bietet vielen eine Abwechslung. Darum besucht man ihn. Übrigens spielt noch ein anderer Grund eine Rolle: Die Pfarrer arbeiten an der Beurteilung des Gefangenen mit. Nicht wenige werden gerade deshalb aktive Christen. Sie besuchen den Gottesdienst, die Bibelstunde und melden sich zum Kirchenchor. Ich wette: Für viele wird nach ihrer Entlassung der Kirchenbesuch im Gefängnis der letzte auf Jahre hinaus sein."

Der verweigerte Geburtstagsbrief

Am 29. November 1965 sollte unsere Tochter Brigitte 17 und am 6. Dezember 1965 unser Sohn Peter 14 Jahre alt werden. Mit einem „Sonderbrief" wollte ich beiden meine Glückwünsche übermitteln. Als man mir diesen Brief verweigerte, vertraute ich ihn am 25. November 1965 meiner Kladde an:

„Liebe Brigitte, lieber Peter! In diesen Tagen feiert ihr beide Euren Geburtstag. Du, Brigitte, wirst 17 Jahre und Du, Peter, wirst 14 Jahre alt werden. Feiert Euren Ehrentag so wie jedes Jahr, freut Euch und laßt Euch beschenken. Für beide von Euch wird das kommende Lebensjahr von besonderer Bedeutung sein. Du, Brigitte, wirst Deine Berufsausbildung beenden. Du, Peter, verläßt die Schule und trittst ins Berufsleben ein. Beide seid Ihr inzwischen erwachsene Menschen geworden. Unwillkürlich muß ich an mein eigenes Leben denken. Als ich aus der Schule entlassen wurde, begann der Krieg, und nach Beendigung meiner Lehrzeit tobte er immer noch. In Deinem Alter, Brigitte, mußte ich das Elternhaus verlassen und in den fürchterlichen Krieg ziehen. Vielen Menschen in meinem Alter brachte er den Tod. Mutti durchlebte in dieser Zeit die grausamen Bombennächte mit dem sinnlosen Sterben vieler Menschen. Als ich nach Krieg und Gefangenschaft in die Heimat zurückkehrte, als Mutti und ich uns fanden, als wir gemeinsam einen neuen Lebensabschnitt begannen, da gelobten wir uns, mit dafür zu sorgen, daß uns und Euch ein neuer Krieg erspart bleibt. In diesem Sinne haben wir versucht zu leben und zu handeln. Merkt Euch eines für's ganze Leben: Der Krieg ist kein Gesetz der Natur, und der Frieden ist kein Geschenk. Kriege werden von Menschen gemacht und können auch von Menschen verhindert werden. Denkt immer daran und handelt danach."

Kritischer Rückblick

Saß ich allein in meiner Zelle, so ging mir manches durch den Kopf. Am Samstag, dem 6. November und am Buß- und Bettag, dem 17. November 1965, vertraute ich der Kladde solche Gedanken an.

6. November 1965:
„Eine richtige Jugend kannte ich nicht. Der Krieg raubte sie mir. Ich sah dem Tod ins Auge. Zurückgekehrt in die aus vielen Wunden blutende Heimat, mußte man fertig werden mit dem, was der deutsche Faschismus als Erbe hinterlassen hatte. Ich möchte nichts von all dem Erlebten missen. Es hat mich geformt und zu dem gemacht, was ich heute bin. Besonders die bisherigen gemeinsamen Jahre mit Inge waren herrlich. Beide sind wir bemüht, unseren Kindern eine glückliche Kindheit und fröhliche Jugend zu schenken. Aber das kann man doch nur, wenn man dem entgegentritt, was das Leben bedroht. Es ist der Krieg, der Militarismus in all seinen Formen, es ist die Wiederaufrüstung und das Atomgeschrei. Darum unser Eintreten für Frieden, Demokratie, Sozialismus und ein Leben frei von kapitalistischer Ausbeutung. Uns ging es dabei nie um persönliche Vorteile. Die hätten wir, wären wir von diesem Weg abgewichen, leichter und reichlicher bekommen. Wir sind den Weg um unserer selbst, um unserer Kinder und Mitmenschen Willen gegangen."

17. November 1965:
„Ich habe inzwischen die 40 überschritten. Man befindet sich in einem Alter, in dem man manches nüchterner, klarer und unvoreingenommener betrachtet. Gegenwärtig erlebe ich, daß Menschen, die eine ganz andere Auffassung als ich vertreten, sich für meine vorzeitige Entlassung einsetzen. Darunter Pfarrer, Lehrer und ausgesprochen bürgerliche Leute. Ich denke zurück an meine jungen Jahre. Das Verhältnis zu den Menschen um mich herum war weitgehend vom Freund-Feind-Denken geprägt. Alle, die so dachten und handelten wie ich, waren meine Freunde, die anderen meine Feinde. In welch hoffnungslose Isolierung hat mich diese Art der Betrachtung anderer Menschen gebracht. Gut waren nur jene, die alles das als richtig anerkannten, was man selbst vertrat. Die anderen waren böse, dumm und reaktionär. Man schaute über die Schulter zu ihnen herab. Daß es unter ihnen Menschen gab, die aus innerster Überzeugung heraus etwas Gutes wollten, das war für mich und viele meiner Genossen einfach undenkbar. Ein solches Denken verleitet zur Überheblichkeit und führt zur Isolierung. Man betrachtet es als unter seiner Würde, mit Menschen anderer Überzeugung das Gespräch zu suchen. Man meidet sie, lächelt über sie oder macht sich sogar über sie lustig. Man kommt sich erhaben und allwissend vor. Man meint, den Stein der Weisen allein in der Tasche zu haben. Man hat uns nicht zu einem selbständigen politischen Handeln erzogen. Gewiß, auch wir haben immer wieder erklärt: 'Der Marxismus ist kein Dogma, sondern eine Anleitung zum Handeln', aber die Praxis sah doch ganz anders aus. Zwar handelten wir in der Regel gar nicht schlecht. Wir handelten mit Begeisterung und Überzeugung, aber wir dachten zu wenig. Das Denken wurde denen da oben allein überlassen. Das war ja so einfach. Man brauchte nur vorbehaltlos den Standpunkt vertreten, den man vorgesetzt

bekam, und man fuhr gut dabei. Man war dadurch angesehen und konnte Karriere machen. Kurzum, man wurde im Grunde genommen zur Unterwürfigkeit erzogen. Alle diese Erscheinungen übten auf mich eine nachhaltige Wirkung aus. Erstmalig spürte ich das bei der Abkehr vom Personenkult. Nicht alle erkannten das, und auch heute erkennen viele das noch nicht. Für mich war es schwer umzulernen, und es ist mir bis heute noch nicht gelungen.

Man muß sich natürlich hüten, von einem Extrem in das andere zu verfallen. Das ist ebenso falsch. Aber man muß versuchen, diesen Weg zu gehen, selbst wenn es dabei vorkommen sollte, daß man – wie es Ilja Ehrenburg in seinem Buch 'Menschen – Jahre – Leben' feststellt – von der eigenen Artillerie beschossen wird...

Ich betrachte mich einmal selber: Ich liebe das Zuhause. Jede Trennung von Frau und Kindern, gleich, unter welchen Umständen, fällt mir schwer. Mir fehlt dann etwas, und ich fühle mich einsam. Unter diesen Gesichtspunkten gesehen ist mir manches in der Vergangenheit schwer gefallen...

Ich werde versuchen, in Zukunft den Weg zu gehen, den ich für richtig halte. Die Hauptsache ist, daß man sich selbst, seiner Familie und den Freunden gerade ins Auge blicken kann."

Ein unvergessener Freitag

Am 3. Dezember 1965 öffnete in den Abendstunden ein Gefängnisbeamter unerwartet meine Zelle und übergab mir folgendes Schreiben der Gnadenstelle des Landgerichts Dortmund: „In Ihrer Strafsache gewährt Ihnen der Justizminister des Landes Nordrhein-Westfalen in Düsseldorf durch Erlaß vom 26. November 1965 – für den Strafrest ab 21. Dezember 1965 Tagesende – bedingte Strafaussetzung mit Bewährungsfrist bis zum 31. Dezember 1968. gez. Weygand, Staatsanwalt."

Meine Frau erfuhr von meiner bevorstehenden Entlassung durch Pfarrer Johannes Locher, der als Sprecher des Gnadengesuchs den gleichen Bescheid erhalten hatte. Am 4. Dezember 1965 schrieb ich in meine Kladde:

„Knapp 24 Stunden sind vergangen, seit ich weiß, wann dieser Zwangsaufenthalt für mich vorbei ist. Für mich und Inge ist die Zeit der Ungewißheit vorbei. Es ist ein unbeschreibliches Glücksgefühl, das von mir Besitz ergriffen hat. Plötzlich, von einer Sekunde zur anderen, empfindet man die Enge der Zelle nicht mehr. Sie ist weit geworden. Die Gitterstäbe vor den Fenstern vermitteln nicht mehr das Bild von Schranken, die einem den Weg in die Freiheit verwehren. Man fühlt sich bereits wieder hineinversetzt in das pulsierende Leben da draußen. Die Welt hat ein anderes Gesicht bekommen. Man ist erfüllt von Freude, Hoffnung und Glück. Der wehmütige Blick, mit dem ich die vorbeifahrenden Züge und die darin sitzenden Reisenden bedachte, ist verschwunden. Es ist, als ob sich bereits das Tor zur Freiheit geöffnet hätte. In Gedanken durchlebe ich jetzt schon den Tag, der mich aus dieser fünfmonatigen Einsamkeit hinausführt. Es ist einfach wunderbar, jetzt schon Luftschlösser zu bauen."

Warten auf die Entlassung

Zwei Tage vor meiner Entlassung, am Sonntag, dem 19. Dezember 1965, vertraute ich letztmalig meine Gedanken meiner Kladde an:

„Für mich ist es der letzte Sonntag, den ich hier verlebe. In zwei Tagen bin ich wieder vereint mit den Meinen und in fünf Tagen beginnt das Fest aller Feste: Weihnachten. Fünf Monate und fünf Tage werde ich hier in Anrath verlebt haben, wenn sich am Dienstagmorgen die Außenpforte zum Gang in die Freiheit öffnet. Wie muß ich sie einschätzen? Wie in meinem Leben bewerten? Mir geht es wie Ilja Ehrenburg, der schreibt: 'Außerdem begann ich im Gefängnis an das Leben zu denken – an jene großen und ziemlich unklaren Fragen, die mir bisher in der Freiheit noch nicht zum Problem geworden waren. Strenggenommen ist das Gefängnis keine schlechte Schule, wenn es dabei ohne Prügel und Folterung abgeht und wenn du weißt, daß es die Feinde sind, die dich einsperrten, indes die Gleichgesinnten deiner freundschaftlich gedenken.' Man hat hier fünf Monate ohne ein Gefühl der Schuld, ohne Selbstvorwürfe und innere Scham verbracht. Man konnte frei atmen, frei denken und liebevoll der Seinen gedenken. Man spürte täglich die Freundschaft der Gleichgesinnten und wußte hinter sich eine Frau, eine Familie, auf die man sich verlassen konnte.
Vor drei Tagen las ich in einer Zeitung eine ganzseitige Anzeige der Bewegung 'Moralische Aufrüstung'. Sie wandte sich an den Bundeskanzler Erhard und trug im Hinblick auf dessen bevorstehende Amerikareise die fett ins Auge springende Überschrift: 'Gute Reise Herr Bundeskanzler!' Zwei Sätze standen darunter. Der eine lautete: 'Bitte sagen Sie Präsident Johnson und dem amerikanischen Volk, daß wir Deutsche dankbar sind für die Opfer an Leben und Gut, die Amerika in Vietnam für die Freiheit – auch unsere Freiheit – bringt.' Der andere lautete: 'Herr Bundeskanzler, wir brauchen die besten militärischen Waffen für die Verteidigung, aber angreifen müssen wir mit einer Ideologie der Freiheit, die, wie Sie selbst einmal sagten, die Werte stärkt, die nicht untergehen dürfen, wenn diese Welt überhaupt lebenswert sein soll.'
Zitiert wurde in der Anzeige dann noch der Ausspruch des Amerikaners J. Blaton Belk, der gesagt hatte: 'Das amerikanische Volk will den Frieden, aber nicht um den Preis der Freiheit; es will Patriotismus, nicht Pazifismus, es will moralische Aufrüstung, nicht moralische Abrüstung.'
Welchen Frieden und welche Freiheit meinen diese Leute? Ich möchte es mit dem abgewandelten Dichterwort erklären: 'Freiheit, die ich meine. Welche meinst du? Sprich! Meine oder deine, darum dreht es sich'. Wenn ich von Frieden rede, dann denke ich an die Beendigung des Wettrüstens in der Welt; dann denke ich an die Verständigung der Menschen untereinander; dann denke ich an ein Leben frei von Furcht vor einem neuen Krieg. Unter Freiheit verstehe ich ein Leben frei von kapitalistischer Ausbeutung, frei von Krisen und Kriegen.
Ich denke auch heute wieder an die Bemühungen all jener Borbecker Bürger, denen ich allein meine vorzeitige Entlassung zu verdanken habe, an Pfarrer Johannes Locher, Pfarrer Oskar Pannen, Dr. Heinz-Horst Deichmann, Julie Deichmann, Walter Wimmer, Erich Witt, Dr. Peterseim, Heinrich Kersten und Herbert Pfeiffer. Ich denke auch an

Willi Saeger, Inhaber der Firma, bei der ich beschäftigt bin. Er stellte ein eigenes Gnadengesuch für mich. Solidarität für einen Gleichgesinnten ist relativ gut zu verstehen, aber welche tiefe Menschlichkeit und welcher Mut gehört für Menschen dazu, die politisch und ideologisch in einem anderen Lager stehen. Ich gestehe offen und ehrlich, daß durch die Handlungen der von mir namentlich genannten Menschen in mir ein anderes Menschenbild entstanden ist. Alle waren sie mit mir mehr verbunden, als ich mit ihnen.
In letzter Zeit erreichen mich Postsendungen von Menschen, die ich nicht kenne. Es sind vornehmlich Bürger der DDR. Offenbar hat der DDR-Deutschlandsender über mich berichtet. Aus denen, die ich bis jetzt erhielt, spricht aufrichtige Anteilnahme und Mitgefühl, obgleich ich mich immer wieder frage, was denn an mir so besonderes ist. Abgesehen von der Trennung von zu Hause ist mir nichts geschehen.
Warum hat denn der Deutschlandsender über meinen Fall berichtet? Entspricht die Berichterstattung den gleichen Motiven wie denen, die ich aus der Post einfacher DDR-Bürger herauslesen kann? Ich wünsche nicht, daß mein Fall einer Agitation auf der Linie des kalten Krieges dient.
Hier in Anrath bin ich zu einem überzeugten Gegner der politischen Strafjustiz geworden. Und das nicht nur hier bei uns. Zugegeben, ein Staat muß sich schützen, aber mit Gewalt kann man die Meinung eines Menschen nicht ändern. Gesetze und Kampagnen gegen das Abhören bestimmter Rundfunk- und Fernsehsender in der DDR demonstrieren Schwäche und nicht Stärke. Auch mit hohen Urteilen gegen Leute, die die Regierung kritisieren, schafft man keine klaren Köpfe. Um klare Köpfe zu schaffen, muß man sich nicht auf den Staatsapparat, sondern auf die eigene Überzeugungskraft stützen. Wenn ich in zwei Tagen frohen Mutes hier herauskomme, dann denke ich mit Wehmut an alle jene Überzeugungstäter in der Welt, die dieses Weihnachtsfest nicht im Kreise ihrer Lieben verbringen könne, weil für sie die Gefängnistore geschlossen bleiben. Ich denke an die Bibelforscher hier in Anrath. Wegen ihres religiösen Bekenntnisses sitzen sie hier. Sie alle sind Menschen wie ich, sie fühlen wie ich den Schmerz und auch das, was man Heimweh nennt. Möge dieses Weihnachten 1965 ein Fest sein, das zum Verstehen der Menschen beiträgt. Möge es uns der Wirklichkeit der Weihnachtsbotschaft 'Friede auf Erden und den Menschen ein Wohlgefallen' ein Stück näher bringen."

Endlich in Freiheit

Wer aus Anrath entlassen wird, kommt tags zuvor in die Abgangszelle. Sie entspricht der Zugangszelle, die ich bei Strafantritt erlebt hatte: Etwa 1,20 x 3,50 Meter groß, mit Klappbett und einem kleinen Fenster unter der Decke. Alles in allem ein furchtbares Loch.
Wenige Tage vor meinem Entlassungstermin bat ich den Kammerbeamten, mich am Morgen des 20. Dezember 1965 aus dem Loch heraus in die Kammer zu holen. Er zögerte und meinte: „Ich kann Euch doch keinen Lohn für den Tag geben". Erst als ich ihm sagte, daß ich so etwas auf gar keinen Fall von ihm erwarte, ließ er mich hoffen. Tatsächlich kam er am 20. Dezember 1965 zu mir in die Abgangszelle und holte mich in die Kammer. Ich sollte nicht lange dort bleiben, denn am späten Vormittag wurde die telefonische Anordnung gegeben, mir die Zivilsachen auszuhändigen und mich sofort dem Leiter der Strafanstalt vorzuführen. Was

das zu bedeuten hatte, erfuhr ich erst, als ich diesem Mann und dem ebenfalls anwesenden uniformierten Leiter des Wachpersonals gegenübersaß.

Oberregierungsrat Dr. Feige teilte mir mit, am 21. Dezember würden außer mir auch alle jene entlassen, deren Strafe zwischen Weihnachten und Neujahr ablaufe. Da man anläßlich meiner Entlassung Demonstrationen befürchte, habe man beschlossen, mich nicht mit den anderen erst gegen 10 Uhr, sondern schon um 7 Uhr zu entlassen. „Leute wie Sie werden mit Blumen abgeholt", sagte er und meinte: „Was geht wohl im Kopf einer Mutter oder eine Frau vor, die gekommen ist, um ihren straffällig gewordenen Sohn oder Ehemann abzuholen und dabei erlebt, wie ein anderer mit Blumen und großem Gefolge in Empfang genommen wird?" Ich antwortete ihm, daß eine Demonstration nicht meinem Willen entspräche. Wollte ich sie, dann könne er sie auch nicht verhindern. Selbst dann nicht, wenn er mich schon in aller Frühe entlassen würde. Immerhin könnte ich mich außerhalb der Strafanstalt so lange aufhalten, bis meine Frau mich, wie vereinbart, um 10 Uhr abhole. Dann habe er das, was er verhindern möchte. „Wie soll übrigens meine Frau erfahren, daß ich morgen bereits um 7 Uhr entlassen werde?", fragte ich abschließend.

„Kann man sie telefonisch benachrichtigen?", fragte der Oberregierungsrat zurück. Als ich das bestätigte, gab er dem Leiter des Wachpersonals den Auftrag, mich später zum Fürsorger zu bringen. Der möge meiner Frau die vorzeitige Entlassung mitteilen.

Dann wandte er sich wieder an mich und sagte, er führe mit allen zur Entlassung anstehenden Gefangenen Gespräche. Darin ginge es vornehmlich darum, wie diese jetzt Straftat und Urteil bewerteten. In meinem Falle könne er sich das ersparen, sagte er mir. Von mir wolle er gern wissen, wie ich den Strafvollzug in Anrath bewerte.

Es wurde ein langes Gespräch. Sowohl ihm als auch dem anwesenden Leiter des Wachpersonals schenkte ich reinen Wein ein. Mit Strafe allein könne man nichts ändern, begann ich. In Anrath gäbe es neben zahlreichen Aufsehern nur zwei Fürsorger. Nach meiner Meinung müsse das genau umgekehrt sein. Geduldig hörten mir beide zu. Sie unterbrachen mich auch nicht, als ich das Gespräch auf die Arroganz und den Militarismus lenkte, den nicht wenige Aufseher immer wieder zur Schau stellten.

Schließlich kam ich auf Feige selbst zu sprechen. Was mich dazu veranlaßte, ist schnell erzählt. Brachte ich die Schmutzwäsche gemeinsam mit einem anderen Häftling und einem Kammerbeamten ins Frauenzuchthaus, begegneten wir ihm oftmals. Der uns begleitende Kammerbeamte trat dann stets an ihn heran, legte die Hand an die Mütze und meldete: „Zwei Häftlinge auf dem Wege ins Frauenzuchthaus." Erst nach dem: „Danke, weitermachen", setzten wir den Weg fort. Diese Zeremonie erinnerte mich an meine Zeit in der Hitler-Wehrmacht, meinte ich und sagte: „Ich an Ihrer Stelle würde mir solche militaristischen Gesten verbitten." Feige erwiderte: „Was soll ich machen, so lauten nun mal die Vorschriften."

Nach dem Gespräch brachte man mich zum Fürsorger. Er sollte meiner Frau telefonisch meine vorzeitig Entlassung am nächsten Tag mitteilen. Der Fürsorger schloß die Tür ab und ließ mich vor seinem Schreibtisch Platz nehmen. Dann sah er mich lächelnd an und sagte: „Sie erleben jetzt eine Premiere. So etwas hat es hier noch nicht gegeben. Ich denke, Sie sollten Ihre vorzeitige Entlassung Ihrer Frau selbst mitteilen." Dann wählte er die von mir angegebene Essener Telefonnummer und meldete sich mit „Haftanstalt Anrath". Meine Frau schien nicht da zu sein, denn er fragte, mit wem er denn spreche. Schließlich sagte er: „Einen Moment bitte, ich verbinde Sie mit Herrn Schmidt" und reichte mir den Hörer. Es war meine Schwiegermutter;

sie tat sehr verwundert und fragte mich: „Seit wann habt ihr in euren Gefängniszellen Telefon?" Ich mußte lachen, blieb ihr aber die Antwort schuldig. Dafür informierte ich sie über meine vorzeitige Entlassung.

Nach einer fast schlaflosen Nacht öffnete sich am 21. Dezember 1965 um 7 Uhr für mich die Außenpforte der Strafanstalt. Zuvor hatte ich den Entlassungsschein und 92,50 Mark „Arbeitsbelohnung" erhalten. Vor der Haftanstalt erwartete mich meine Frau. Wieder einmal hatte Heinrich Wigge sie von Borbeck nach Anrath gefahren. Eine Demonstration fand nicht statt. Wir verließen schnellstens den Ort, an dem ich 158 Tage gefangen gehalten worden war.

Wieder zu Hause

Zu Hause erwarteten mich Freunde und Bekannte. Es gab ein freudiges Wiedersehen mit ihnen. Dann erfuhr ich von den vielen Beweisen der Solidarität für mich und meine Familie. Einfache Menschen hatten mit Geld und Liebesgaben geholfen. Zahlreiche Briefe und Postkarten aus ganz Deutschland waren eingetroffen. Uns bis dahin unbekannte Menschen hatten darin Worte der Verbundenheit gefunden. Am Nachmittag des Tages erschien Heinz-Horst Deichmann, einer der Unterzeichner des Gnadengesuchs. In der Hand trug er einen Korb mit sechs Flaschen Wein. „Den können Sie auch nach längerer Abstinenz trinken", meinte er.

In den ersten Tagen des Jahres 1966 wandte ich mich mit etwa 100 gleichlautenden Briefen an sie alle. Darin hieß es u.a.:

> „Am 21. Dezember 1965 wurde ich nach mehrmonatiger Strafhaft vorzeitig aus der Strafanstalt Anrath entlassen. Dadurch wurde es mir vergönnt, das Weihnachtsfest und die Jahreswende im Kreise meiner Familie zu verleben.
> In den letzten Monaten, besonders in den Tagen um Weihnachten, haben viele Menschen mir und meiner Familie ihre Anteilnahme und Verbundenheit bekundet. Darüber sind meine Familie und ich zutiefst bewegt und ergriffen. Es ist mir unmöglich, allen diesen Menschen durch ein persönliches Schreiben zu danken. So muß ich diesen Weg wählen, um die Gefühle, die meine Frau, meine Kinder und mich bewegen, auszudrücken.
> Wir möchten danken, von ganzem Herzen danken. Dieser Dank gilt besonders jenen Bürgern meiner Heimatgemeinde Essen-Borbeck, die sich beim Justizminister des Landes Nordrhein-Westfalen auf dem Gnadenwege für meine vorzeitige Entlassung einsetzten, denen ich in erster Linie verdanke, daß ich gemeinsam mit meiner Frau und meinen beiden Kindern Weihnachten und die Jahreswende verleben durfte.
> Mein Dank gilt all den Menschen aus ganz Deutschland, die mir Grüße ins Gefängnis sandten, Worte des Trostes und der Verbundenheit für meine Frau und meine Kinder fanden und uns mit Liebesgaben unterstützten.
> Ich wäre glücklich, wenn es den vereinten Bemühungen der Menschen in der ganzen Welt gelingen würde, die Furcht vor einem Atomkrieg zu bannen, dem Wettrüsten ein Ende zu bereiten und das Tor zu einer friedlichen Zukunft der Menschheit weit zu öffnen."

Enttäuscht war ich in jenen Tagen von meiner „Gewerkschaft Handel, Banken und Versicherungen" (HBV). Gemäß ihrer Satzung konnten Mitglieder eine „Notfallunterstützung" beantragen. Meine Frau hatte das getan. Ihr Antrag war aber mit dem Hinweis abgelehnt worden, daß ihre Notlage „durch Verbüßung einer Strafhaft" entstanden wäre. Obwohl mich diese Entscheidung tief betroffen machte, kehrte ich der HBV nicht den Rücken. Darum gehörte ich im Jahre 1996 zu jenen, die für 50jährige Mitgliedschaft ausgezeichnet wurden.

In den folgenden Wochen und Monaten nach meiner Entlassung aus der Strafanstalt wartete ich ständig darauf, daß man mir die Kosten meines Verfahrens in Rechnung stellen würde. Aber ich wartete vergeblich. Am 26. August 1968 erhielt ich vom Leitenden Dortmunder Oberstaatsanwalt den folgenden Brief:

> „Am 3. Juli 1963 sind Sie durch Urteil der VIII. Großen Strafkammer des Landgerichts Dortmund wegen tateinheitlichen Verbrechens und Vergehens zu einer Gefängnisstrafe von 1 Jahr und 3 Monaten unter Anrechnung der erlittenen Freiheitsentziehung verurteilt worden. Durch Erlaß des Justizministers NRW ist Ihnen für einen Teil der Strafe Aussetzung der Vollstreckung mit Bewährungsfrist bis zum 31. Dezember 1968 gewährt worden. Die Strafe, zu der Sie verurteilt worden sind, fällt in ihrem Rest unter § 2 des Gesetzes über Straffreiheit vom 9. Juli 1968. Die am 1. Juli 1968 noch nicht vollstreckte Reststrafe ist gemäß § 3 dieses Gesetzes erlassen. Entsprechendes gilt für die bislang nicht zum Soll gestellten Verfahrenskosten."

Als ich Rechtsanwalt Posser von dem Schreiben unterrichtete, sagte er spontan: „Ich gratuliere zum Lottogewinn." Er bezog das auf die noch nicht gezahlten Gerichtskosten. Erst jetzt begriff ich, daß ich in dieser Beziehung großes Glück gehabt hatte.

In der Rolle des Dissidenten

Ende des Prager Frühlings und Gründung der DKP

Als ich Ende 1965 aus der Strafhaft entlassen wurde, erwartete mich auch Hans Lomberg. Er informierte mich darüber, daß die illegale KPD-Leitung im Stadtteil Borbeck an meiner Mitarbeit interessiert sei. Ich erklärte mich wieder einmal dazu bereit. Fortan besprachen wir die politischen Probleme und überlegten, wie man unsere Vorstellungen den Bürgern mitteilen könnte. Dazu dienten nicht selten von uns verfaßte illegale Flugblätter.

Eine große Rolle spielten seinerzeit die jährlichen Ostermärsche der Atomwaffengegner. Der Ostermarsch 1968 stand im Zeichen der Studentenbewegung, die harte Kritik an den gesellschaftlichen Verhältnissen in der Bundesrepublik übte und den Vietnamkrieg als Verbrechen anprangerte.

Am 2. Juni 1967 war in Berlin der Student Benno Ohnesorg bei einer Protestaktion gegen den Deutschlandbesuch des persischen Schahs von einem Polizisten erschossen worden. Die Konfrontation zwischen Studenten und Staatsmacht nahm danach immer mehr zu und erreichte 1968 ihren Höhepunkt. Besonders der Springer-Konzern wurde kritisiert, weil dessen Zeitungen die Studentenbewegung verteufelten.

Der Ostermarsch 1968 begann am Samstag, den 13. April in Duisburg und endete am Montag, den 15. April, in Dortmund. Etappenziel des ersten Tages war Essen. Zwei Tage zuvor, am Gründonnerstag, war Rudi Dutschke, Wortführer des Berliner „Sozialistischen Studentenbundes", bei einem Mordanschlag schwer verletzt worden. In Essen versammelte sich am Abend des Karfreitags eine große Menschenmenge vor dem Druckhaus in der Sachsenstraße. Hier wurde auch die Springer-Zeitung „Die Welt" gedruckt. Meine Frau und ich standen mitten unter den Demonstranten. Gemeinsam blockierten wir bis tief in die Nacht alle Toreinfahrten und die Straße, um die Auslieferung der Springer-Zeitung zu verhindern.

Als die Ostermarschierer am Karsamstag durch Essen zogen, trugen sie zahlreiche Transparente: „Der Friede ist der beste Luftschutz!" – „Keine Atomwaffen auf deutschem Boden!" – „Die Bombe löst keine Probleme!" – „Statt Atomwaffen Brot für die Welt!" – „Amis raus aus Vietnam!" – „Haut dem Springer auf die Finger!"

Vier Monate später, am 21. August 1968, rückten Truppen des Warschauer Paktes, unter ihnen auch Soldaten aus der DDR, in die Tschechoslowakische Sozialistische Republik (CSSR) ein und beendeten den „Prager Frühling". Der hatte begonnen, als Monate vorher der stalinistische Partei- und Regierungschef Novotny von Alexander Dubcek abgelöst worden war. Erste Reformen im Staats-, Wirtschafts- und Kulturleben folgten.

Hans Lomberg und ich zählten zu jenen Kommunisten, die in Dubcek einen neuen Hoffnungsträger sahen. Mit dem Einmarsch von Truppen des Warschauer Paktes mußten wir dann erleben, wie der „Prager Frühling" und die durch ihn auf den Weg gebrachte Aufbruchstimmung mit Waffengewalt beendet wurden. Wir konnten das nicht begreifen. Unbegreiflich für uns war besonders, daß man dem tschechoslowakischen Volk, angesichts bitterer Erfahrungen in der Zeit des Nationalsozialismus, erneut deutsche Soldaten zumutete. In jenen Tagen kam es zu lebhaften Diskussionen in der KPD-Stadtteilleitung Essen-Borbeck. Offen und überzeugt vertraten Hans und ich unseren Standpunkt. Andere Leitungsmitglieder hielten sich brav an den doktrinären Standpunkt des KPD-Parteivorstandes, der den Einmarsch von Truppen des Warschauer Paktes in die DDR begrüßte.

Mitten in unsere Diskussionen hinein platzte die „Erklärung zur Neukonstituierung einer Kommunistischen Partei", die ein Bundesausschuß am 22. September 1968 beschlossen hatte. Auf Grundlage dieser Erklärung kam es auch zur Gründung der DKP in Essen. Hans Lomberg und ich begrüßten die Gründung einer legalen Kommunistischen Partei auch deshalb, weil wir uns von ihr einen Neuanfang erhofften. Unsere Euphorie erhielt allerdings den ersten Dämpfer durch ein Flugblatt, das uns zugesteckt wurde. Es kündigte eine Versammlung zur Neugründung einer Kommunistischen Partei auf Stadtteilbasis im Schloß Borbeck an. Zu den namentlich genannten Einberufern gehörten auch Mitglieder der illegalen KPD-Stadtteilleitung Borbeck. Es waren allesamt jene, die unsere Auffassungen zu den Ereignissen in der CSSR nicht billigten. An der Versammlung konnten Hans und ich deshalb nicht teilnehmen, weil wir von dem katholischen Pfarrer Giesen zeitgleich zu einer ökumenischen Veranstaltung beider Kirchen in Essen-Gerschede zum Thema „Die Christenheit und der europäische Osten" eingeladen worden waren. Mich hatte man als Koreferenten verpflichtet.

Während wir nach Gerschede gingen, besuchten unsere Frauen die Versammlung im Schloß Borbeck und begründeten unser Fernbleiben. Das wurde nicht akzeptiert. Einige Versammlungsbesucher äußerten sogar lautstark ihr Mißfallen. Als wir das hörten, verschlug es uns die Sprache. Wollte man sich wieder von den Menschen um uns herum isolieren? War das Wort „Neukonstituierung" nur eine leere Floskel? „Es werden wohl nur einige Betonköpfe gewesen sein", meinte Hans schließlich.

Wenige Tage später erreichte uns ein Brief, in dem sich ein „Kreisausschuß der DKP Essen" vorstellte und „zu einer Gründungsversammlung" für den Kreis Essen einlud. Sie sollte am Freitag, den 4. Oktober 1968, um 19.30 Uhr, im Kolpinghaus am Porscheplatz stattfinden. Absender des Briefes war jener Walter L., der 1958 – wie ich im Verlaufe meines Verfahrens vor dem Landgericht Dortmund erfuhr – als Illegaler im Raume Bielefeld eine nicht gerade rühmliche Rolle gespielt hatte. Noch in der letzten Zusammenkunft der illegalen KPD-Leitung von Essen-Borbeck hatte er die Kritik von Hans und mir am Einmarsch der Truppen des Warschauer Pakts in die CSSR als „äußerst parteischädigend" bezeichnet. Dem „Kreisausschuß der DKP Essen" gehörten auch wieder einige aus der illegalen KPD-Stadtteilleitung Essen-Borbeck an. Sie wohnten in unserer Nachbarschaft – aber sie hatten uns ihre Zugehörigkeit zum Ausschuß verschwiegen.

Hans und ich nahmen an der Gründungsversammlung teil. Nach einem Referat von Manfred K. – er gehörte dem DKP-Bundesausschuß an – begann die Diskussion. Alle Diskussionsredner hatten ihren Beitrag schriftlich ausgearbeitet und trugen ihn vor. Ihre vielen Versprecher ließen mich vermuten, daß sie nicht selbst das aufgeschrieben hatten, was auf dem Blatt stand. Obgleich ich immer wieder meine Hand hob, um anzudeuten, daß auch ich das Wort wünschte, übersah mich die Versammlungsleitung. Als ich hartnäckig blieb, erteilte man mir schließlich als letztem Diskussionsredner das Wort.

Auch ich hatte mir meinen Diskussionsbeitrag aufgeschrieben. Er enthielt Gedanken, die mir schon in der Strafanstalt Anrath durch den Kopf gegangen waren. Rückblickend beurteilt enthielt er einen Hauch von „Perestroika". Einige Sätze daraus lauteten:

„Wir alle gemeinsam stehen heute Pate bei der Neukonstituierung einer kommunistischen Partei in der Ruhrmetropole. Grundlage ist die 'Erklärung zur Neukonstituierung einer kommunistischen Partei', die der Bundesausschuß am 22. September 1968 in Frankfurt beschlossen hat. Ich leugne nicht, daß es bei mir noch Fragen gibt, deren Beantwortung mich nicht befriedigen.
Keiner wird bestreiten können, daß die Lage in der CSSR sehr kompliziert war und auch noch ist. Das Geschehen in diesem Land des sozialistischen Lagers bewog fünf Staaten des Warschauer Pakts zum bewaffneten Eingreifen. Daß es so weit kommen mußte, ist eine tragische Sache und erfüllt mich schmerzlich. Die Frage: 'Wie ist so etwas möglich in einem Staat, in dem die Arbeiterklasse und ihre Partei seit mehr als 20 Jahren die Macht ausübt?', hat doch ihre volle Berechtigung und zwingt dazu, die Ursachen gründlich zu erforschen. Die bisherigen Antworten auf diese Frage befriedigen mich nicht. Im Zusammenhang mit den Ereignissen in der CSSR werden innerhalb der kommunistischen Weltbewegung Meinungsverschiedenheiten erkennbar, die gewiß nicht erst seit dem Einrücken der fünf Staaten des Warschauer Paktes bestehen. Sie fanden jetzt erneut und offen ihren sichtbaren Ausdruck. Zwar hat jeder von uns diese Meinungsverschiedenheiten seit langer Zeit gespürt, aber ihre Ursachen sind für uns unerklärbar. Die Fehler, die der Kommunistischen Partei in der CSSR unter ihrem ersten Sekretär des Zentralkomitees, Novotny, zu einer immer stärkeren Isolierung von den Volksmassen führten, wurden verschwiegen und erst nach dem 21. August genannt. Angesichts dessen darf es doch nicht verwunderlich sein, wenn einigen Genossen die jüngsten Ereignisse als kompliziert erscheinen.
Was wir heute mehr denn je brauchen, ist eine lebendige, kämpferische, offene und ehrliche Auseinandersetzung um die Probleme unserer Zeit. Das ist deshalb so dringend notwendig, weil die Fragen, vor denen wir angesichts der ständig fortschreitenden Technik und Automation in der Welt stehen, durchaus nicht einfach sind. Eine solche Diskussion, wird sie auf der Basis unserer Weltanschauung geführt, ist der Motor, den eine marxistische Partei braucht. Dabei darf man nicht jeden Genossen über die Schulter ansehen, wenn er nicht gleich zu allem 'Ja' und 'Amen' sagt. Wir sollten lernen, die Meinung des anderen zu respektieren, wenn wir das Gefühl haben, daß sie aus ehrlichem Herzen vorgetragen wird.
Die Fehler und Schwächen, die das tschechoslowakische Beispiel aufgedeckt hat, sollten für jede Partei ein Anlaß sein, immer und zu aller Zeit die eigene praktische Tätigkeit kritisch zu untersuchen. Das betrifft vor allen Dingen die Arbeit mit den Menschen, denn die ist gar nicht so leicht. Lenin soll einmal gesagt haben: 'Die beste Methode der Führung von Menschen ist die Methode der Überzeugung.' Für mich sind das richtige Worte. Wer nicht überzeugt, kann nicht führen. Mit Deklarationen und guten Resolutionen allein schafft man keine Klarheit. Überzeugen erfordert Geduld und viel Verständnis. Das gilt sowohl für die Arbeit mit den eigenen Genossen als auch für den Umgang mit anderen Menschen. Neben einem richtigen Parteiprogramm braucht man Menschen, die dieses Programm mit Leben erfüllen. Ohne sie ist eine Partei machtlos. Darum muß man heute und morgen, immer und zu aller Zeit, im Umgang mit den eigenen Genossen Geduld und Verständnis zeigen. Auf diese Weise schafft man eine Basis des Vertrauens.

Verteidigung der Demokratie in allen Bereichen des öffentlichen Lebens hierzulande – zugleich aber auch breiteste Entfaltung der Demokratie innerhalb der eigenen Partei. Das brauchen wir, das macht uns in den Augen der Menschen glaubwürdiger."

Als ich meine Ausführungen beendete, blieb es weitgehend still im Saal. Ernteten die vorangegangenen Diskussionsbeiträge Beifall, so klatschten jetzt nur wenige. Manfred K. ging in seinem Schlußwort mit keinem Wort auf das ein, was ich gesagt hatte.

Am Ende der Versammlung gab es an der Saaltür ein Gedränge. Obwohl ich fast alle Besucher aus der legalen KPD kannte, mieden mich viele. Einige alte Genossen schauten weg, suchten aber im Gedränge meine Hand und drückten sie. Ich deutete das als heimliches Zeichen dafür, daß sie meine Ansichten teilten. Zugleich begriff ich: Die meisten kuschten vor den Organisatoren der neuen Partei in Essen! Selbst jene, die meine Hand suchten und drückten, wollten nicht gesehen werden. So mancher von ihnen hatte zwischen 1933 und 1945 zum deutschen Widerstand gehört und sich nicht gebeugt. Obwohl mir klar wurde, daß ich fortan im Abseits stehen würde, trat ich der DKP bei.

Erst ausgenutzt und dann getreten

Im April 1969 mußten wir unsere Wohnung in Borbeck räumen. Dem wohl 200 Jahre alten Bedienstetenhaus der Fürstäbtissinnen drohe Einsturzgefahr, stand in der Ordnungsverfügung. Im Zweiten Weltkrieg hatten Bomben Häuser in der Nachbarschaft zusammenstürzen lassen. Obwohl auch unseres in seinen Grundfesten zitterte, stand es wie ein Fels in der Brandung. Die schweren eichenen Fachwerkbalken hielten die Wände zusammen und trotzten den Bomben. Damals prüfte keiner die Standsicherheit. Jetzt würde ein Bagger und nicht die Bombe das Todesurteil für das Haus vollstrecken, ging es mir durch den Kopf. Ein Bagger hatte auch schon die Baugrube für das Haus ausgehoben, in dem wir fortan leben würden.

Die Stadtverwaltung half uns bei der Suche nach einer neuen Bleibe. In Borbeck fand sich nichts. So landeten wir schließlich im ersten Stock eines Neubaus im Stadtteil Altenessen. Auch meine Schwiegereltern wohnten fortan darin. Da wir allesamt Mitglieder der DKP waren, zählten wir nun zur Altenessener Stadtteilgruppe. Damals ahnten meine Frau und ich noch nicht, daß unser Altenessener „Exil" mehr als zwei Jahrzehnte dauern sollte. Erst 1993 fanden wir wieder ein Zuhause in Borbeck.

Schon in Borbeck hatte ich mich intensiv mit der jungen Stadtgeschichte beschäftigt. Schwerpunkt war die NS-Zeit. Bereits Ende der fünfziger Jahre suchte ich die Nähe der „Vereinigung der Verfolgten des Naziregimes". Hans Lomberg gehörte ihr als Mitglied und Funktionär an. Da satzungsgemäß nur NS-Verfolgte Mitglied sein durften, war meine Mitgliedschaft ausgeschlossen. Dennoch gehörte ich der Essener VVN-Geschichtskommission und später auch der im Lande NRW an. Erst als die VVN sich für alle Antifaschisten öffnete, wurde ich reguläres Mitglied.

Anfang der siebziger Jahre suchten mich zwei Mitarbeiter der DKP-Bezirksleitung Ruhrgebiet auf und erbaten meine Hilfe bei der Vorbereitung und Durchführung einer Ausstellung über das Wirken der KPD im Ruhrgebiet. Das Ergebnis dieser Ausstellung war die Bildung eines Arbeitskreises Geschichte bei der DKP-Bezirksleitung. Ihm gehörten Studenten der Uni-

Ernst Schmidt mit seinem Schwiegervater vor dem alten Fachwerkhaus in Borbeck, 1968

versitäten Essen und Bochum an, unter ihnen die späteren Historiker Detlev Peukert und Michael Zimmermann. Beide wurden bald danach auch in die VVN-Landesgeschichtskommission berufen. Da sie kurz vor dem Staatsexamen standen, half ich ihnen mit Ratschlägen, Hinweisen und Archivalien. Detlev Peukerts Staatsexamen erschien später als Buch mit dem Titel „Ruhrarbeiter gegen den Faschismus". Auch die Examensarbeit von Michael Zimmermann zum Thema „Widerstand und Verfolgung in Oberhausen" wurde als Buch veröffentlicht.

Die Zusammenarbeit mit den jüngeren Genossen hat mir Freude gemacht. Sie war aber nicht von langer Dauer. Als die DDR-Behörden 1976 den sich zu Konzerten in der Bundesrepublik aufhaltenden Liedersänger Wolf Biermann ausbürgerten, kritisierten einige junge Mitglieder der Kommission diese Entscheidung der DDR. Sie wurden verteufelt und aus der DKP ausgeschlossen. Andere traten bald darauf selbst aus.

Mir verschaffte die Tätigkeit im Arbeitskreis Geschichte die Möglichkeit zu Archivstudien im Ostberliner „Institut für Marxismus-Leninismus". Das war deshalb hilfreich, weil sich dort Akten des Volksgerichtshofs und des Reichssicherheitshauptamtes der SS befanden; darunter viele, die mir Einzelheiten über die Zeit des Nationalsozialismus in Essen vermittelten.

In einer Akte fand ich sogar den Beweis dafür, daß ein mir gut bekannter und gerade erst verstorbener alter Genosse ein Gestapospitzel gewesen war. Den Akten zufolge hatte sich seine Witwe auch nicht gut verhalten. Ich war zutiefst erschüttert und hielt es für meine Pflicht, die

Parteiführung davon in Kenntnis zu setzen. Später wurde mir bekannt, daß die DKP-Parteispitze der Witwe zur Vollendung des 80. Lebensjahres persönlich gratulierte. Mein Schwiegervater, seit Anfang der 20er Jahre Mitglied der KPD, vollendete bald danach auch sein 80. Lebensjahr. Ihm gratulierte man nicht. Er hatte den falschen Schwiegersohn.

Erste Essener Ausstellung über die NS-Zeit

Die VVN Essen besaß zunächst ein kleines, noch nicht erfaßtes Archiv. Heinrich Rabbich, Leiter der Geschichtskommission, verwahrte es in seiner Wohnung. Als er später zu Verwandten in die DDR ging, bat man mich, fortan die Kommission zu leiten und das Archiv zu übernehmen. Zu dieser Zeit besaß ich schon ein eigenes Archiv. Alle Archivalien waren auf Karteikarten erfaßt und trugen Nummern. Da ich nicht beabsichtigte, fortan zwei Archive zu führen, schlug ich dem VVN-Kreisvorstand vor, das VVN-Archiv meinem einzugliedern. Dem wurde zugestimmt. Es füllte eine Aktentasche und eine Plastiktüte.

Als mein Verhältnis zur DKP immer kritischer wurde, behaupteten plötzlich VVN-Mitglieder, die der Partei angehörten, mein gesamtes Archiv gehöre der VVN. Andere verlangten die Rückgabe der Archivstücke Heinrich Rabbichs. Hätten sie sich durchsetzen können, so wären diese Archivalien gewiß längst verschwunden. Zwei spätere Begebenheiten bestätigen das.

Anfang der siebziger Jahre erfuhr ich, daß auf dem Südwestfriedhof das Grab des Jungkommunisten Hugo Demaré eingeebnet werden sollte. Er war Pfingsten 1923 von französischen Geheimpolizisten im Foyer des Essener Saalbaus erschossen worden. Der mit Pfennigbeträgen finanzierte Stein vor seinem Grab trug die Inschrift: „Hugo Demaré, gefallen im Kampf gegen Franzo-Militarismus Pfingsten 1923". Da die Belegungsdauer des Grabes endete und Angehörige des Erschossenen nicht mehr ermittelt werden konnten, sollte es eingeebnet werden. Für mich war der Grabstein deshalb wichtig, weil er ein Stück Stadtgeschichte dokumentierte. Die Friedhofsverwaltung gab mir die Genehmigung, ihn abzuholen. Im Hause der DKP-Bezirksleitung in der Essener Hoffnungstraße nahm die Geschichtskommission ihn in ihre Obhut. Als die sich später auflöste, schlug ich vor, den Stein dem Archiv der Stadt Essen zur Verfügung zu stellen. DKP-Kreisvorsitzender Werner T. lehnte das mit dem Hinweis ab, der Stein sei sicher gelagert. Man würde für ihn schon einen würdigen Platz finden, der es ermögliche, die Öffentlichkeit an die Ereignisse des Jahres 1923 zu erinnern. Als ihn das Ruhrlandmuseum später für die Dauerausstellung zur Industrialisierung des Ruhrgebiets ausgeliehen haben wollte, war der Grabstein nicht mehr auffindbar. Wahrscheinlich war er längst auf einer Müllkippe gelandet.

Der zweite Fall betrifft den Essener Hans Degel. Er war Kommunist, hatte vor 1933 als KPD-Abgeordneter dem Preußischen Landtag angehört und war Mitglied des Krupp-Betriebsrats. Am 15. April 1945 gehörte er zu jenen Häftlingen, die britische Truppen lebend aus dem Konzentrationslager Bergen-Belsen befreiten. Mit Hans verband mich eine enge Freundschaft. Einmal zeigte er mir seine „proletarische Literatur" und sagte, er wolle sie nach seinem Tode in meinem Archiv aufbewahrt wissen. Es war eine eine wertvolle Sammlung politischer Broschüren und Bücher, allesamt im Kaiserreich und in der Weimarer Republik erschienen. Als Hans Degel starb, sandte mir das Amtsgericht Essen die beglaubigte Abschrift seines Testaments mit der Verfügung, mir die „proletarische Literatur" auszuhändigen. Auf Nachfrage erfuhr ich, daß ein Essener Rechtsanwaltsbüro mit der Testamentsabwicklung befaßt wäre. Die Übergabe der mir vermachten „proletarischen Literatur" verzögerte sich immer wieder. Erst mehr als ein Jahr später teilte der Rechtsanwalt mir mit, er habe sie sich in seine Praxis bringen lassen. Es handele sich um zwei Kartons, die ich jederzeit abholen könne. Mir war sofort klar, daß da etwas nicht stimmen konnte, denn die mir von Hans Degel testamentarisch übereignete Literatur hätte unmöglich in nur zwei Kartons gepaßt.

Bestätigt wurde das, nachdem meine Frau und ich die verschnürten und nicht gerade leichten Kartons abgeholt und geöffnet hatten. Wir fanden darin außer einigen Jahrgängen der Zeitschrift „Der Spiegel" alte, unwichtige Zeitungen, ausrangierte Karteikarten, Kuverts und anderen Kram. Alles stammte aus dem Raum des Arbeitskreises Parteigeschichte beim DKP-Bezirksvorstand. Vielleicht wäre es besser gewesen, ich hätte dem Gericht die Mißachtung des Testaments von Hans Degel mitgeteilt. Aber ich beließ es schließlich bei einem Brief an den Rechtsanwalt, der allerdings nie beantwortet wurde. Erst als ich ihn Jahre später einmal darauf ansprach, schrieb er mir: „Wenn Du nicht das erhalten hast, was Hans Degel Dir zugedacht hatte, halte ich das für eine Sauerei, und ich verstehe nicht das Verhalten derjenigen, die es zu verantworten haben." Wo die „proletarische Literatur" von Hans Degel abgeblieben ist, bleibt bis heute ein Geheimnis.

Im Jahr 1969 erschien in der Schriftenreihe der Friedrich-Ebert-Stiftung das Buch „Widerstand und Verfolgung in Essen 1933-1945". Es beschrieb besonders den Arbeiterwiderstand. Außer den zeitgleich von dieser Stiftung herausgegebenen Untersuchungen zum gleichen Thema in Dortmund und Duisburg war in der Bundesrepublik vergleichbares bisher nicht erschienen. Autor der Veröffentlichung über Essen war der Sozialdemokrat Hans-Josef Steinberg, dem ich bei seinen Recherchen mit meinem Archiv helfen konnte. Für diese Hilfe bedankte er sich im Vorwort des Buches und übergab meinem Archiv zahlreiche Archivalien, die er bei seiner Arbeit genutzt hatte; andere dürfte ich in der Friedrich-Ebert-Stiftung einsehen und kopieren.

Im Januar 1973 konnten Hans Lomberg und ich mit diesen Archivalien, denen aus dem Archiv der VVN und meinem eigenen eine Ausstellung aus Anlaß der 40. Wiederkehr des Beginns der NS-Diktatur zusammenzustellen. Einer, der bei Konzipierung und Gestaltung half, war Theo Gaudig. Ich hatte ihn im Februar 1971 näher kennengelernt, als er mir anvertraute, was seine Familie in der Nazizeit durchmachen mußte. Er selbst war bei Kriegsende aus dem Konzentrationslager Buchenwald befreit worden. Seinen Vater hatte man noch wenige Tage vor dem Ende der NS-Diktatur ermordet. Zwischen Theo, Hans Lomberg und mir bestand fortan eine enge Freundschaft.

Die von uns für die VVN konzipierte und gestaltete Ausstellung war die erste dieser Art in der Stadt. Ausstellungsort war die Karl-Liebknecht-Buchhandlung, die sich damals in der Hoffnungstraße befand. Gleich am ersten Tag besuchte sie der Leiter des Stadtarchivs, Oberarchivdirektor Dr. Hermann Schröter. Er sprach uns nicht nur seine Anerkennung aus, sondern übergab uns ein Foto der brennenden Essener Synagoge am Morgen des 10. November 1938. Es war gerade erst in seinen Besitz gekommen. In unserer Ausstellung wurde es erstmals in Essen öffentlich gezeigt. Obwohl die Medien der Stadt die Ausstellung kaum beachteten, erzielte sie eine große Besucherzahl. An einem Tag kam auch der Bochumer Universitätsprofessor Bahne mit einer Gruppe Studenten, unter ihnen Detlev Peukert und Michael Zimmermann. Der Besuch regte sowohl den Professor als auch die Gruppe dazu an, eine ähnliche Ausstellung in der Bochumer Universität zu zeigen.

„Lichter in der Finsternis"

Im Frühjahr 1979 erschien der erste Band meines Buches „Lichter in der Finsternis – Widerstand und Verfolgung in Essen 1933-1945". Er enthielt 40 in sich abgeschlossene Beiträge. Die von Hans-Josef Steinberg zehn Jahre zuvor verfaßte Studie „Widerstand und Verfolgung in Essen 1933-1945" war ein wissenschaftliches Werk. Der Autor veröffentlichte vornehmlich Thesen, die er anhand von Beispielen untermauerte. Mein Buch ist populärwissenschaftlich abgefaßt. Ich schildere Erlebnisse und Schicksale von Menschen in den Jahren der NS-Diktatur: Sozialdemokraten, Kommunisten, Gewerkschaftler, Juden, Zeugen Jehovas, Angehörige der Volksopposition, Geistliche beider Konfessionen und andere. Hans Lomberg und Theo Gaudig sorgten für die Finanzierung, den Druck, die Werbung und den Verkauf des Buches. Dem Schicksal des Vaters von Hans hatte ich einen Beitrag gewidmet. Auch das Erleben von Theo hielt ich in dem Buch fest. Dabei halfen mir seine schriftlichen Aufzeichnungen. Als meine Frau sie bei ihm abholte, vertiefte sie sich bei der Heimfahrt so sehr darin, daß sie zwei Haltestellen zu weit fuhr.

Von der VVN-Kreisvereinigung Essen herausgegeben, sollte „Lichter in der Finsternis" in einer Auflage von 5.000 Exemplaren im Frankfurter Röderberg-Verlag, dem offiziellen VVN-Verlag, erscheinen. Neben einer ausführlichen Inhaltsangabe hatten Hans und Theo schon Monate zuvor Bestellkarten an zahlreiche Essener geschickt. Das Ergebnis war verblüffend. In ganz kurzer Zeit waren Vorbestellungen für mehr als die Hälfte der Auflage eingegangen. Das lag nicht zuletzt am Inhalt des Buches, das die ganze Bandbreite von Widerstand und Verfolgung umfaßte.

Aber es gab noch einen anderen Grund. Hans, Theo und ich wollten auf gar keinen Fall, daß „Lichter in der Finsternis" als ein Anti-Steinberg verstanden würde. Um das sichtbar zu machen, baten wir Steinberg selbst um ein Vorwort. Er schrieb zurück: „Um gleich zur Sache zu kommen, ich sehe es als eine Ehre an, daß Sie mir das Vorwort zu Ihrem Buch antragen, und ich bin gern bereit, es zu schreiben." Auch Essens Oberbürgermeister Horst Katzor signalisierte sofort seine Zustimmung, als wir ihn um ein Geleitwort baten.

„Lichter in der Finsternis" war noch nicht erschienen, da bestellte und bezahlte das Kulturamt der Stadt 500 Exemplare. Die Begründung: „Das Werk ist nach Auffassung der Kulturverwaltung in besonderem Maße geeignet, einen sehr wesentlichen Beitrag zur historischen, politischen und kulturellen Bildung der Jugend zu leisten. Wir werden – in Abstimmung mit dem Schulamt – die Bücher nach einem differenzierten Verteiler den in Frage kommenden Schulen zur Verfügung stellen."

Das alles zusammen erntete aber keineswegs den Beifall einiger Essener VVN-Funktionäre. Bereiteten schon einige Inhalte den Kritikern Kopfschmerzen, so wollten sie auf keinen Fall akzeptieren, daß der Sozialdemokrat Steinberg das Vorwort schreiben sollte. Ohne Unterstützung von Hans Lomberg und Theo Gaudig hätte ich mich gegen die Unverbesserlichen nicht durchsetzen können.

Dennoch waren längst nicht alle Hürden genommen. Das zeigte sich, als wir zu dritt zum Röderberg-Verlag nach Frankfurt fuhren, um letzte Absprachen für die Herausgabe zu vereinbaren. Der Verlagsleiter war hoch erfreut, daß die finanzielle Herausgabe des Buches inzwischen durch die Bestellungen und meinen Verzicht auf ein Autorenhonorar gesichert war. Aber als das Buchmanuskript zur Debatte stand, machte der Lektor Schwierigkeiten. Zu unserem Entsetzen argumentierte er so wie die Unverbesserlichen in der Essener VVN. Man könne doch das, was ich über Geistliche geschrieben hätte, nicht als Widerstand bezeichnen, meinte er. Auch das, was da über Zeugen Jehovas und jene im Buch stünde, die bedrängten Juden, Kriegsgefangenen oder Zwangsarbeitern halfen, wertete er nicht als Widerstand. Zum wirklichen Widerstand wären nur Kommunisten bereit gewesen. Als er sich nach langem Hin und Her nicht einsichtig zeigte, gab Hans Lomberg klipp und klar zu verstehen, daß wir unter diesen Umständen den Verlag wechseln würden. In diesem Augenblick schaltete sich der Verlagsleiter ein. Er entließ den Lektor aus unserer Runde und entschied, das Buch würde inhaltlich so erscheinen, wie wir es wollten. Ihm war die finanzielle Seite wichtiger als die dogmatische Kritik seines Lektors.

Pressekonferenz zur 2. Auflage von „Lichter in der Finsternis", Band 1. – v.l.: Theo Gaudig, Lilli Loh, Ernst Schmidt, Robert Heimann, Anna Teschner (Foto: Stadtbildstelle)

In einer von der VVN für den 2. März 1979 einberufenen Pressekonferenz im Gewerkschaftshaus am Porscheplatz Essen stellte ich die erste Auflage von „Lichter in der Finsternis" vor. So weit sie noch lebten, waren alle jene erschienen, deren Schicksale ich im Buch festgehalten hatte. Am Nachmittag des gleichen Tages begleiteten sie mich zu Oberbürgermeister Horst Katzor. Gemeinsam übergaben wir ihm ein Exemplar des Buches.

Von den vielen Zuschriften, die mich in den folgenden Wochen und Monaten erreichten, war und ist mir eine ganz besonders wichtig: Die von Rosalinde von Ossietzky-Palm. Ihr Vater Carl von Ossietzky war Herausgeber der pazifistischen Zeitschrift „Weltbühne" in den Jahren der Weimarer Republik, Träger des Friedensnobelpreises 1936 (dessen Annahme ihm die Nazis verweigerten) und wurde viele Jahre im KZ gequält. Seine Tochter schrieb mir am 8. Februar 1980 aus Stockholm:

> „Lieber Ernst Schmidt, vielen, vielen Dank für Ihr phantastisches, interessantes und auch spannendes Buch. Spannend, weil es mit Menschen, Schicksalen, Gedanken, Gefühlen, Erlebnissen während dieser furchtbaren Zeit zu tun hat und ein menschliches Dokument von großer Bedeutung geworden ist. Sie haben ein Monument aus Papier zusammengestellt. Ja, Ossietzkys Worte passen auf die Menschen in Ihrem Buch und auch auf Sie: 'Ob wir überleben, ist weder sicher noch die Hauptsache. Wie man aber später von uns denken wird, ist so wichtig wie, daß man an uns denken wird. Darin liegt unsere Zukunft.' Etwas feineres kann ich nicht sagen. Als ich Ihr Buch bekam, fing ich sofort zu lesen an. Es wärmt. Auch wichtig für mich, für alle."

Kurz vor dem Erscheinen des ersten Bandes von „Lichter in der Finsternis" war der Film „Holocaust" im Fernsehen gesendet worden. Was ähnliche Filme zuvor nicht fertig gebracht hatten, geschah jetzt. Dieser Film erreichte hohe Einschaltquoten und wurde leidenschaftlich diskutiert. So gesehen, kam mein Buch gerade zur richtigen Zeit. Innerhalb weniger Monate war die erste Auflage vergriffen. Schon Anfang 1980 erschien die zweite Auflage. Wieder waren es 5.000 Exemplare. Diesmal stellte ich es im CVJM-Haus Hindenburgstraße der Presse vor.

Die Essener Synagoge wird Mahn- und Gedenkstätte

Ausstellungsvorhaben „Essen während des III. Reiches"

Für den 8. Dezember 1978 erhielt ich vom städtischen Amt für Ratsangelegenheiten die Einladung zu einer Besprechung. Tagesordnung: „Ausstellungsvorhaben Essen während des III. Reiches". Außer mir nahmen Gustav Streich, Detlev Peukert, Oberarchivdirektor i.R. Hermann Schröter und Hans-Josef Steinberg teil. Letzterer war inzwischen Professor an der Universität Bremen und dort Leiter des Lehrstuhls Geschichte. Meine Einladung hatte Gustav Streich veranlaßt. Er war 1935 vom Volksgerichtshof wegen illegaler Tätigkeit für die SPD zu fünf Jahren Zuchthaus verurteilt worden und gehörte nach 1945 jahrzehntelang der Essener SPD-Ratsfraktion an. In „Lichter in der Finsternis" hatte ich sein Erleben in der NS-Zeit festgehalten.

Am 8. Dezember 1978 kamen wir einmütig überein, die ehemalige Synagoge als Ort der geplanten Ausstellung vorzuschlagen. Um die notwendige Konzeption sollte sich ein verkleinerter Arbeitskreis kümmern, zu dem man neben Gustav Streich und Detlev Peukert auch mich vorschlug.

Bis dahin hatte das offizielle Essen sich zwar immer wieder mit dem Gedenken an die Opfer des Krieges und des Nationalsozialismus beschäftigt, Entscheidungen aber vor sich hergeschoben. Obgleich über 2.500 Essener Juden von den Nationalsozialisten umgebracht worden waren, hatte man die inzwischen in das Eigentum der Stadt übergegangene Synagoge an der Steeler Straße als „Museum Industrieform" zweckentfremdet. Auch in Stellungnahmen der VVN stand die Verfolgung der Juden hintan. In der Regel sprach man immer nur von „Widerstand" und „Widerstandskämpfer". Auch in meinem persönlichen damaligen Verhalten ist das feststellbar. Immerhin heißt der Untertitel meines Buches „Lichter in der Finsternis" nicht „Verfolgung und Widerstand in Essen 1933-1945", sondern „Widerstand und Verfolgung in Essen 1933-1945". Die Bedeutung der Reihenfolge dieser Begriffe kann man nicht einfach als Wortklauberei abtun. Es steckt mehr dahinter, die innere Einstellung und persönliche Wertung nämlich.

Der Amerikaner Daniel Jonah Goldhagen behauptet im Vorwort seines umstrittenen Buches „Hitlers willige Vollstrecker", daß vor und während der NS-Zeit ein „bösartiger Antisemitismus" in Deutschland das Motiv geliefert habe, „die Juden zu verfolgen und diese, wenn es verlangt wurde, auch zu ermorden".

Es ist Tatsache, daß man meiner Generation in Schule und Hitlerjugend diesen „bösartigen Antisemitismus" einimpfte. Auch bei mir zeigte er Wirkung. Ob ich bereit gewesen wäre, einen Juden zu töten, hätte man es von mir verlangt, vermag ich beim besten Willen nicht zu sagen. Mit einer solchen Entscheidung bin ich nie konfrontiert worden. Wenn in den ersten Jahren nach 1945 die ermordeten Essener Juden auch bei mir nicht den Stellenwert einnahmen, den sie hätten einnehmen müssen, dann lag das ganz gewiß auch an jenem „bösartigen Antisemitismus", von dem ich nach der Zerschlagung der NS-Diktatur längst noch nicht „befreit" war.

In der Bundesrepublik zählte anfänglich zum Widerstand im Grunde genommen immer nur das gescheiterte Attentat auf Adolf Hitler am 20. Juli 1944. Der Arbeiterwiderstand wurde verschwiegen oder nur am Rande erwähnt. Diese Tatsache mag als Ursache dafür gelten, daß die

VVN, aber auch ich ihn überbetonten. Das mag unser Verhalten erklären, nicht aber entschuldigen. Andererseits sollte man aber positiv werten, daß sowohl die VVN als auch ich bemüht waren, die Vergangenheit nicht zu verdrängen, sondern sich mit ihr auseinanderzusetzen. Diese Arbeit wurde zunächst von Polizei und Stadtverwaltung immer wieder behindert, so auch an einem „Tag der Opfer des Faschismus" Anfang der 60er Jahre. Ich gehörte damals zu der VVN-Delegation, die am Sarkophag vor der Synagoge einen Kranz niederlegte, der kurz darauf von der Polizei entfernt wurde. Erst als die jüdische Gemeinde protestierte, legte man ihn zurück. Allerdings fehlte die Kranzschleife mit den Initialen der VVN. Sie war „von Amts wegen" abgenommen worden.

Als man auf der im Dezember 1978 vom Amt für Ratsangelegenheiten einberufenen Beratung über eine Ausstellung zu „Essen während des III. Reiches" die Synagoge als Ort dafür vorschlug, wurde die Stadtverwaltung auch von der Synode des Evangelischen Kirchenkreises Nord aufgefordert, über eine neue Nutzung der ehemaligen Synagoge nachzudenken. Man empfahl, dort eine würdige Mahnstätte für die Opfer des Nationalsozialismus einzurichten. Es war die erste Initiative, mit der sich eine kirchliche Institution für die Synagoge als Mahnstätte einsetzte.

Im Januar 1978 berieten Gustav Streich, Detlev Peukert und ich eine Ausstellungskonzeption. Als Titel wählten wir „Verfolgung und Widerstand". Was uns später veranlaßte, zu „Widerstand und Verfolgung" zurückzukehren, kann ich nicht erklären.

Ein Brand erleichtert das Umdenken

Am Nachmittag des 18. Januar 1979 rief mich Detlev Peukert auf meiner Arbeitsstelle bei der Firma Saeger an: „Du kannst die Synagoge als Ausstellungsort vergessen; sie brennt!" Ich war wie vor den Kopf geschlagen. Anderntags schrieb die „WAZ" unter der Überschrift: „Flammen in der alten Synagoge":

> „Ein Sachschaden von einigen hunderttausend Mark entstand am Donnerstag bei einem Brand in der alten Synagoge an der Ecke Steeler Straße/Schützenbahn. Brandexperten der Kriminalpolizei werden zwar erst heute genauere Ermittlungen aufnehmen, doch konnte Kripo-Oberrat Bals bereits am Donnerstagabend Brandstiftung mit ziemlicher Sicherheit ausschließen: 'Wir haben bisher nichts gefunden, das einen solchen Schluß zuläßt.' Nach Auskunft von Branddirektor Eulenburg ist ein Kurzschluß in der elektrischen Anlage schon eher als Ursache möglich. Fest steht jedenfalls, daß der größte Teil der Ausstellungsstücke des Hauses 'Industrieform' durch Feuer und Wasserschäden beim Löschen vernichtet wurde. Ein Teil des Deutschen Plakatmuseums, das hier ebenfalls untergebracht ist, blieb größtenteils unversehrt, ebenso wie das Stadtarchiv und das Forum Bildender Künstler. Stadtkämmerer Klaus Ewers zur WAZ: 'Die vernichteten Exponate sind durchweg zu ersetzen. Außerdem besteht ausreichender Versicherungsschutz.'"

So makaber es klingen mag, dieser Brand begünstigte die Entscheidung, das Haus fortan als Mahn- und Gedenkstätte zu nutzen. Gewiß spielte die zu erwartende Versicherungssumme

*Kranzniederlegung der VVN am Sarkophag der Essener Synagoge Anfang der 60er Jahre.
Die Kranzschleife wurde „von Amts wegen" abgenommen.*

auch eine Rolle. Später sagte einmal jemand verschmitzt zu Gustav Streich, Detlev Peukert und mir: „Gebt zu, ihr habt den Brand gelegt, damit die Synagoge endlich eine Gedenkstätte werden konnte."

SPD treibt Synagogen-Plan voran

Jetzt schien der Zeitpunkt gekommen zu sein, auch die mit absoluter Mehrheit im Rat der Stadt vertretene SPD-Fraktion für unsere Auffassungen zu gewinnen. Dafür bot sich ganz besonders Gustav Streich an, der von 1945 bis 1975 der SPD-Fraktion angehört hatte. In einem Brief an den Fraktionsvorsitzenden Robert Malone schrieb er:

> „Lieber Robert, wie Du weißt, ist ein Arbeitskreis dabei, eine Ausstellung vorzubereiten, die das NS-Regime mit seinen Untaten, den Widerstand dagegen, sowie den Wiederbeginn 1945 zeigen will. Über den Aufbau der Ausstellung füge ich hier eine Konzeption bei, die natürlich noch verbessert werden kann...
> Nachdem die Evangelische Kirche den Vorschlag unterbreitet hat, die Synagoge als Mahnmal auszugestalten, ist der Arbeitskreis der Auffassung, daß dieser Vorschlag verwirklicht werden sollte...
> Bitte überlegt die ganze Angelegenheit sehr ernsthaft und in Ruhe. Ich bin gerne bereit, mich mit dem Fraktionsvorstand darüber zu unterhalten..."

Am 1. März 1979 lud die SPD-Fraktionsspitze einige Personen zu einem Gespräch ein, unter ihnen David Schiffer (Vorsitzender der Jüdischen Kultusgemeinde), Stadtdechant Mathias Sommer (Kath. Stadthaus), Dr. Paul Foucar (Gesellschaft für christlich-jüdische Zusammenarbeit), Pfarrer Vogels (Haus der Evangelischen Kirche), Thomas Rother (WAZ), und Hans G. Kösters (NRZ). Gustav Streich erläuterte eingehend die Vorstellungen unseres Arbeitskreises.

Andertags, am 2. März 1979, berichteten die Essener Medien ausführlich über das Gespräch bei der SPD. Thomas Rother schrieb in der „WAZ" einen Kommentar. Darin hieß es u.a:

> „Daß sich Bürger Gedanken machen, die ehemalige Synagoge in eine Gedenkstätte der Opfer der nazistischen Gewalt umzuwandeln, sollte Anlaß sein, diesen Gedanken zu unterstützen. Es ist nachgerade peinlich, auch weiterhin geschmackvolle Duschen, Toilettenbecken und Öfen in dem Gebäude ausgestellt zu wissen, das früher als schönste Synagoge Westdeutschlands bezeichnet wurde. Es ist richtig, jetzt – wie es SPD-Fraktionsführer Malone formulierte – 'nicht lockerzulassen'. Es ist schon zu viel Zeit verstrichen."

1980: Städtische Mahn- und Gedenkstätte

Am 16. Mai 1979 sprach sich der Ältestenrat der Stadt für die Bildung eines Arbeitskreises aus, der konkrete Vorschläge zur künftigen inhaltlichen, funktionellen und architektonischen Gestaltung der Synagoge erarbeiten und beraten sollte. Er tagte erstmals am 15. Juli 1979. Zu dieser ersten Zusammenkunft war ich nicht eingeladen worden. Der Grund war offenbar meine Zugehörigkeit zur DKP. Nachdem vorhandene Berührungsängste durch Gustav Streich und Hans-Josef Steinberg abgebaut wurden, hatte man mich zur zweiten Sitzung am 25. Oktober 1979 eingeladen und in den Arbeitskreis integriert. Anfang 1979 entschied man, die ehemalige Synagoge fortan „Alte Synagoge" zu nennen und als historisch-politisches Dokumentationsforum in städtischer Regie zu nutzen.

1959 eröffnete die nur noch etwa 150 Mitglieder zählende Jüdische Kultusgemeinde Essen an der Sedanstraße (Ruhrallee) eine neugebaute kleine Synagoge mit Gemeindezentrum. Hier hatte seit 1931 bis zur Zerstörung in der Pogromnacht das jüdische Jugendheim gestanden, an dem eine Tafel an die im ersten Weltkrieg gefallenen Essener Juden erinnerte. 1933 lebten in der Stadt rund 4.500 jüdische Mitbürger.

Die „Alte Synagoge" am Steeler Tor, von Edmund Körner entworfen, war im September 1913 eingeweiht worden. Damals hieß sie offiziell die „Neue Synagoge". Heute ist sie als „Alte Synagoge" international ein Begriff – nicht nur für das bau- und kulturgeschichtlich bedeutsame Gebäude, sondern ebenso für die Gedenkstätte.

Der Hamburger Ausstellungsmacher Wolfgang Schneider wurde 1979 mit der Projektleitung und mit der Gestaltung des Hauses als Mahn- und Gedenkstätte beauftragt. Ihm zur Seite stellte man einen kleinen Arbeitskreis, dem Dr. Detlef Peukert, Gustav Streich und ich angehörten.

Am 16. März 1980 fand in der Alten Synagoge die Veranstaltung zur „Woche der Brüderlichkeit" statt. Wir zeigten dabei erste Fotos und in zwei Vitrinen einige Dokumente, die für die geplante Ausstellung vorgesehen waren.

Von uns gebeten, wandte sich Oberbürgermeister Horst Katzor an die Essener Bevölkerung und bat um „Erinnerungsstücke" aus der NS-Zeit. Im neuen Haus der Sparkasse Essen am III. Hagen stellten wir Gegenstände und Dokumente aus, die Essener Bürger gebracht hatten.

Inzwischen waren Hans Lomberg, Theo Gaudig und der Borbecker Student Michael Winter als Helfer zu uns gestoßen. Theo Gaudig kämpfte sich wochenlang durch Akten des Wiedergutmachungsamtes. Sie lagen bis unter die Decke gestapelt im Keller einer städtischen Dienststelle. Er fand wichtige Ausstellungsstücke. Hans Lomberg fuhr zum Oberlandesgericht Hamm. Es war während der NS-Zeit für Prozesse gegen Essener NS-Gegner zuständig gewesen. Auch hier befanden sich in manchen Akten Ausstellungsstücke. Michael Winter half dem Hamburger Ausstellungsmacher Wolfgang Schneider bei der Lösung technischer Probleme.

Da nur wenige Dokumente, Fotos und Gegenstände vorhanden waren, die Zeugnis ablegten von den Schicksalen Essener Juden, wandte man sich auch an die im Ausland lebenden Essener Juden. „Stadt Essen sucht jüdische Erinnerungsstücke für Museum" überschrieben die „Israel Nachrichten" einen Artikel, in dem gebeten wurde, sowohl Dokumente und Gegenstände des jüdischen Lebens als auch persönliche Erinnerungen zur Verfügung zu stellen.

Diese Initiative hatte zwar Erfolge, konnte aber den Mangel an Ausstellungsstücken zum jüdischen Leben in Essen bei weitem nicht beheben. Hinzu kam, daß die Zeit bis zur Eröffnung

*Eröffnung der Ausstellung „Widerstand und Verfolgung":
Detlev Peukert, Wolfgang Schneider, Gustav Streich, Rolf Schwebke,
Ernst Schmidt und Benno Reicher (von links) – (Foto: Stadtbildstelle)*

sehr kurz war und keine umfangreichen Forschungen zuließen. Wenn auch die Gewichtung nicht stimmte, so steht außer Zweifel, daß wir ehrlich bemüht waren, die historische Wahrheit in der Ausstellung zu dokumentieren.

Erwähnen muß man in diesem Zusammenhang auch den damaligen Kulturdezernenten Dr. Wilhelm Godde, den Kulturamtsleiter Rolf Schwebke, seinen Stellvertreter Jürgen Günther sowie die Kulturamtsmitarbeiter Sigrid Watermann und Stephan Tosenovian. Sie waren seitens der Verwaltung für die Realisierung des Ratsbeschlusses verantwortlich, die Alte Synagoge als Mahn- und Gedenkstätte einzurichten. Frei von jedem Bürokratismus standen sie uns hilfreich zur Seite. Ohne ihre tatkräftige Mitarbeit hätten wir die an uns gestellten Erwartungen nicht erfüllen können.

In diese Zeit fiel auch der „Schülerwettbewerb Deutsche Geschichte um den Preis des Bundespräsidenten" mit dem Thema „Alltag im Nationalsozialismus." Um denen zu helfen, die sich an diesem Wettbewerb beteiligten, beschlossen wir, ab dem 15. September 1980 alle 14 Tage eine Beratungsstunde abzuhalten. Als an den beiden ersten Terminen jeweils 100 Schüler erschienen, haben wir die Beratungen wöchentlich geleistet.

Höhepunkt unserer Arbeit war die offizielle Eröffnung der Ausstellung am 9. November 1980. Es war der Tag, an dem sich die Pogromnacht zum 42. Mal jährte. Im Eingangsbereich

*Rundgang durch die Ausstellung „Widerstand und Verfolgung"
im November 1980 – (Foto: Rupenus)*

hatten Schüler des Gymnasiums Borbeck eine kleine und zeitlich begrenzte Dokumentation über ihre Schule in der NS-Zeit aufgebaut. Rund 800 Essener hörten am Morgen des 9. November die Worten von Oberbürgermeister Horst Katzor, Werner Nachmann, dem Vorsitzenden des Zentralrats der Juden, und von Gustav Streich, dem Sprecher der Arbeitsgemeinschaft Verfolgter Sozialdemokraten. In den Tagen danach fanden sieben Sonderveranstaltungen statt.

Sowohl die Ausstellung als auch die Sonderveranstaltungen wurden von den Essenern angenommen. In einer Zeitungsmeldung vom 22. November 1980 war unter der Überschrift „Ansturm" zu lesen, die Ausstellung „Widerstand und Verfolgung in Essen 1933-1945" entwickele sich zu einem beispiellosen Publikumserfolg. Am 17. Dezember 1980 berichtete eine andere Zeitung, daß die Ausstellung in dem einen Monat nach ihrer Eröffnung mit über 20.000 Besuchern eine Zahl erreicht habe, die andere Ausstellungen erst nach einem Jahr hätten.

Höhepunkt der Sonderveranstaltungen war die Szenen- und Textfolge „Sie sagten Nein – Essener Frauen und Männer im Kampf gegen das Hakenkreuz". Geschrieben und aufgeführt hatten sie Mitglieder einer Spielgruppe der Volkshochschule unter Leitung von Dr. Ilka Boll, Chefdramaturgin am Essener Theater.

Unvergessene Erlebnisse – wichtige Entscheidungen

Ein ungewöhnliches Promotionsverfahren

Am 11. November 1980 beantragte ich die Zulassung zur Promotion an der Universität Bremen. Das Thema: „Studien zur Lokal- und Regionalgeschichte im Ruhrgebiet unter besonderer Berücksichtigung der Arbeiterbewegung". Neben zahlreichen Veröffentlichungen, darunter der erste Band des Buches „Lichter in der Finsternis", gehörte auch meine Archivarbeit dazu. Hans-Josef Steinberg, inzwischen ja Professor an der Bremer Uni, hatte mich zu dem Promotionsantrag ermuntert. Meinen Einwand, ich sei Volksschüler und kein Akademiker, ließ er nicht gelten: Die Bremer Promotionsordnung ermöglicht auch einem Nichtakademiker die Promotion.

Am 9. Dezember 1981 ließ der Bremer „Promotionsausschuß Dr. phil." meine Dissertation zu. Er berief die Professoren Steinberg (Universität Bremen) und Niethammer (Universität Essen – Gesamthochschule) zu Gutachtern und teilte mir mit, man würde die gemäß der Promotionsordnung notwendige Ausnahmegenehmigung für mich sofort beantragen, sollten die Gutachten positiv ausfallen. Im April 1982 lagen beide vor. Daß sie so gut ausfallen würden, hatte ich nicht zu hoffen gewagt.

Prof. Steinberg empfahl „mit Nachdruck" die Annahme meiner „kumulativen" (aus mehreren Veröffentlichungen zusammengefaßten) Dissertation. Prof. Niethammer machte mich verlegen. Ich sei, so schrieb er in sein Gutachten, „der wohl bekannteste Historiker in Essen"; zugleich aber auch „der wohl bekannteste und meistgeachtete Kommunist" in der Stadt. Ebenso wie Hans-Josef Steinberg empfahl er, meine Arbeiten als Dissertation anzunehmen.

Als die erforderliche Ausnahmegenehmigung erteilt worden war, folgte am 22. Juni 1982 das „öffentliche Colloquium" in Bremen. Zum Prüfungsausschuß gehörten die Professoren Steinberg, Niethammer und Albers, sowie Dr. Müller, Leiter des Bremer Staatsarchivs, als promovierter Sachverständiger.

Das Colloquium endete nach 1 1/2 Stunden. Die dann folgende Beratung des Prüfungsausschusses zog sich recht lange hin. Man habe es sich nicht leicht gemacht, sagte später der Sprecher des Ausschusses. Da ich im Fachbereich Geschichte als erster ohne akademische Vorbildung den Grad eines Dr. phil. anstrebe, müsse man die Entscheidung sowohl vor der Universität als auch vor der Bremer Öffentlichkeit glaubhaft vertreten können. Dazu gehöre auch die richtige Benotung meiner Dissertation. Der Ausschuß habe sie nach eingehender Beratung mit „magna cum laude" bewertet. Was „magna cum laude" bedeutet, erfuhr ich erst von einem Freund. Er schenkte mir Zigarillos der Marke „summa cum laude" und sagte dazu: „Das ist meine Note für dich." Als ich ihn bat, mir beide Bedeutungen zu erklären, erfuhr ich, daß die Bezeichnungen „summa cum laude" mit höchstem Lob und „magna cum laude" mit großem Lob bedeuten. Der Prüfungsausschuß hatte mir also großes Lob gezollt. Zugegeben, als ich das erfuhr, war ich stolz. Am 25. August 1982 beschloß dann der Bremer Promotionsausschuß: „Der Promotionsausschuß 'Dr. phil.' schließt sich dem Votum des Prüfungsausschusses vom 22. Juni 1982 an und promoviert Herrn Schmidt mit dem Prädikat: magna cum laude. – einstimmig –"

Die Promotionsurkunde trägt das Datum vom 6. September 1982. Als sie bei mir eintraf, war ich mit meiner Frau gerade in Urlaub. Meine Schwiegermutter hatte den Brief in Empfang genommen. In ihrer Freude rief sie in unserem Urlaubsquartier an und verlangte „Herrn Dr. Schmidt" zu sprechen. Die Wirtin kam angelaufen und fragte mich: „Da ruft eine Frau aus Essen an und wünscht einen Herrn Dr. Schmidt zu sprechen, sind Sie das etwa?" Ich war es. Unsere Oma war die erste, die mich mit dem „Dr." anredete. An den Titel konnte ich mich lange nicht gewöhnen. Hatte früher so mancher meine Ausführungen etwa mit den Worten kommentiert: „Nicht schlecht, was er sagt, aber..." So hieß es jetzt plötzlich: „Das hat der Dr. Schmidt gesagt." Verrückte Welt, aber so ist sie nun einmal: Ein Titel imponiert manchem Deutschen immer noch mehr als die Leistung.

Diffamierungen

Meine Mitarbeit bei der Einrichtung der Alten Synagoge zur Mahn- und Gedenkstätte stieß bei der Essener DKP zunehmend auf Kritik. Man sah jetzt in mir nicht mehr nur den Dissidenten, man behandelte mich auch als solchen. Als mein Schwiegervater im April 1980 starb, wurde das besonders deutlich. Willi Duske, Bergmann und Betriebsrat auf der Zeche Levin, hatte 60 Jahre lang der sozialistischen Arbeiterbewegung und zuletzt der DKP angehört. Schon bei der Vollendung seines 80. Lebensjahres von der örtlichen DKP-Führung geschnitten, nahm man jetzt auch seinen Tod nicht zur Kenntnis. Es bestätigte sich erneut: Willi Duske hatte den falschen Schwiegersohn.

Die fortgesetzten Erniedrigungen bis hin zur Diskriminierung meiner Angehörigen ließen mich den Entschluß fassen, aus der DKP auszutreten. Meine Frau und meine Schwiegermutter schlossen sich an. Wenn wir diese Entscheidung zunächst noch ruhen ließen, dann ist das Kurt Bachmann zu verdanken, der bei Gründung der DKP 1968 Parteivorsitzender wurde. Bei meiner illegalen Tätigkeit für die KPD Anfang der 50er Jahre in München hatte ich ihn ja näher kennengelernt. Der Jude und Auschwitz-Überlebende war mir ein treuer und fürsorglicher Freund gewesen. Aufgeschreckt durch unsere Absicht, kam er sofort zu uns, um nachzufragen. Dann zeigte er sich empört darüber, wie man mit uns umging. Die Annahme, es würde sich nach dieser Unterredung einiges ändern, erwies sich jedoch als trügerisch.

Zunehmend wurden jetzt auch Hans Lomberg, Theo Gaudig und ich von DKP-Mitgliedern kritisiert, die der VVN angehörten. Sie hatten schon in der Vergangenheit mit dazu beigetragen, daß sich die VVN in hoffnungsloser Isolierung befand. Man warf uns vor, den KPD-Widerstand zwischen 1933 und 1945 unterschlagen zu haben.

Einer der Kritiker war jener, der mir bei Durchsicht seiner erhalten gebliebenen Gestapo-Personalakte im Düsseldorfer Hauptstaatsarchiv in einem ganz anderen Licht erschien als vorher. Anfang der NS-Zeit zu Zuchthaus und dem Verlust der Wehrwürdigkeit verurteilt, war er nach dem Ausbruch des Zweiten Weltkriegs am 1. September 1939 bemüht, wieder wehrwürdig zu werden; selbst Hitlers Stellvertreter Rudolf Heß bat er darum. In einem seiner Gesuche kommt er nach Erwähnung des Grundes seiner Verurteilung zu der Feststellung: „Heute bin ich mir dieser Tat voll bewußt und glaube, nicht besser den Beweis für meine innere Umstellung bringen zu können, als daß ich mich als Soldat voll zum Einsatz bringe."

Im Jahre 1981 war er es, der die DDR-Zeitschrift „Der antifaschistische Widerstandskämpfer" veranlaßte, die Ausstellung in der Alten Synagoge scharf zu kritisieren. Das geschah in Nr. 4/1981 dieser Zeitschrift. Die vernichtende Kritik stammte aus der Feder des in der DDR lebenden ehemaligen Esseners Willy P. Ausgehend von einer Ausstellung zum gleichen Thema in Dortmund behauptete er in seiner verlogenen Kritik: „Nur 30 Kilometer weiter, in Essen, ist in der ehemaligen Synagoge ebenfalls eine Ausstellung zu sehen. In einem ausliegenden Katalog wird zwar gesagt: 'In Essen wird versucht, die Vergangenheit aufzuarbeiten', und es wird gefragt: 'Wie konnte es dazu kommen? Hat niemand Widerstand geleistet? Wußte niemand, wohin der Weg führte?' Auf alle diese Fragen bleibt die Ausstellung eine Antwort schuldig."

Wie leichtfertig P. mit der Wahrheit umging, zeigt die Tatsache, daß es zu dem Zeitpunkt, als der Artikel erschien, noch gar keinen Katalog zur Ausstellung gab. Lediglich ein 16 Seiten umfassendes Informationsblatt lag vor. Das benutze P. und veröffentlichte daraus das von ihm völlig aus dem Zusammenhang gerissene Zitat. Tatsächlich steht dort geschrieben:

> „Wie konnte es dazu kommen? Hat niemand Widerstand geleistet? Wußte niemand, wohin der Weg führte, als beispielsweise Hitlers Innenminister Hermann Göring 1933, am Tag vor den letzten halbwegs freien Reichstagswahlen, an der Gruga zynisch kundtat, da und dort werde zwar jemand mißhandelt, aber was mache das schon, denn wo gehobelt werde, da fielen eben Späne? Fragen über Fragen. 35 Jahre nach Kriegsende versucht eine Stadt, die Fragen zu ihrer jüngsten und schrecklichsten Vergangenheit zu beantworten."

Wie man in der Ausstellung versuchte, Fragen zur jüngsten Vergangenheit zu beantworten, hätte er auch in dem Informationsblatt nachlesen können, denn es heißt dort:

> „Mit 68 großformatigen Bildtafeln und mit über 500 Dokumenten sowie mit vielen Gegenständen und Materialien versucht die Ausstellung sichtbar zu machen, wie *die Krisen der Republik* den Weg ins 'Dritte Reich' öffneten. Es wird versucht, am Essener Beispiel zu zeigen, *wie die Nazis an die Macht kamen. Der Widerstand* von 1933 bis 1939 und der von 1939 bis 1945 kommt zu Wort. *Die Verfolgung und Vernichtung* der Juden, der Volksopposition, der alten Parteien, der Widerstandskämpfer, der Kriegsgefangenen und Fremdarbeiter werden dokumentiert. Und schließlich werden *die Befreiung 1945* und der Aufbau angesprochen. Am Ende eines Rundganges durch die Ausstellung stehen stellvertretend neun *Lebensläufe Essener Antifaschisten* ganz unterschiedlicher, weltanschaulicher Herkunft."

Daß P. es mit der Wahrheit nicht genau nahm, zeigt auch dieses Zitat aus seinem Artikel:

> „Der Arbeiterwiderstand in den Betrieben fehlt. Die Hintermänner des Faschismus werden nicht gezeigt. Auch von Krupp kein Wort. Der tapfere Kampf der jungen Antifaschisten, von dem Erich Honecker in seinen Erinnerungen berichtet, bleibt auf die Edelweißpiraten beschränkt. Selbst ausliegende Flugblätter des KJVD werden nicht als solche gekennzeichnet. Die KPD und ihr opferreicher Kampf werden nur symbolhaft durch das Bildnis eines KPD-Genossen dargestellt. Die Partei ist lediglich durch ein Flugblatt der 'KPD-Opposition' vertreten.

Zu loben ist die Bereitschaft der Bürger, der Ausstellung Exponate zur Verfügung zu stellen. Was jedoch ein eingesetztes Gremium daraus gemacht hat, ist der Versuch, den Widerstand der Kommunisten zu leugnen. Essen war die Zentrale des Widerstandskampfes, wie Erich Honecker ausführlich berichtete. Doch davon ist in Essen nichts zu sehen."

Abschließend verleumdete P. die Ausstellungsmacher Wolfgang Schneider, Gustav Streich, Detlev Peukert, Hans Lomberg, Theo Gaudig und mich mit den Worten: „Sie vergewaltigen die Geschichte. So muß man leider die Essener Ausstellung einschätzen. Schade, die Jugend hätte es anders verdient." – Theo Gaudig kannte P. Darum empörte er sich ganz besonders über dessen bösartige Kritik und schrieb ihm am 12. Mai 1981:

„Du schreibst: 'Der Arbeiterwiderstand in den Betrieben fehlt.' Trotzdem Du das Flugblatt der RGO an die Krupparbeiter gelesen hast. Du schreibst: 'Die Hintermänner des Faschismus werden nicht gezeigt. Auch von Krupp kein Wort.' Trotzdem Du den Video-Film gesehen und gehört hast, der minutenlang Hitler mit Krupp auf Villa Hügel zeigt und das gute Einvernehmen bis zum Überdruß demonstriert. Du hast die Dias gesehen, die die Tätigkeit Krupps als Vorsitzenden im Kuratorium 'Hitlerspende der deutschen Wirtschaft' nachweisen. Du sahst auch das Dia, welches den Brief wiedergibt, den deutsche Bankiers und Industrielle 1932 an Hindenburg schrieben und ihn baten, die Macht an den Vertreter 'der größten nationalen Gruppe' zu übergeben. Aber Du behauptest, von Krupp und den Hintermännern kein Wort!

Du konstruierst weiter: 'Der tapfere Kampf der jungen Antifaschisten, von dem Erich Honecker in seinen Erinnerungen berichtet, bleibt auf die Edelweißpiraten beschränkt.' Du mußt vergessen haben, daß 'Die junge Garde' das Zentralorgan des KJVD war. Es ist in mehreren Originalexemplaren in der Ausstellung zu finden. Von sonstigen Veröffentlichungen und dem Linolschnitt gar nicht zu reden. Warum bemühst Du überhaupt Erich Honecker in einer Sache, die wir beide einfach mit einem Gang durch die Ausstellung erledigen könnten?

Noch ein Satz von Dir: 'Die KPD und ihr opferreicher Kampf werden nur symbolhaft durch das Bildnis eines KPD-Genossen dargestellt.' Die zahlreichen Originale der 'Roten Fahne', der 'Jungen Garde', der 'Roten Hilfe' (Zeitung wie auch Mitgliedsbuch) leugnest Du einfach. Du willst die Dimitroff-Rede (zweifach ausgestellt) nicht sehen. Die zwei 'Ruhr-Echos' mit Kommentaren zum Nazimord an Heinz Mertens existieren für Dich nicht. Die in Originalgröße wiedergegebenen Publikationen der Knöchel-Seng-Gruppe ('Der Friedenskämpfer', 'Ruhrecho' und andere) fegst Du einfach vom Tisch, es ist wohl nicht der Rede wert. Die Dokumente und Reproduktionen, die den Genossen Willi Agatz betreffen, sind für Dich auch nicht da! So einfach ist das, wenn man etwas runtermachen will.

Da ich diesen Brief nicht nur für Dich schreibe, sondern ihn auch anderen zeigen möchte, lege ich acht Blätter mit Fotos bei, die ich in der Ausstellung machte. Nicht um Dich zu überzeugen, nein, das ist unmöglich. Ich möchte möglichst vielen Lesern zeigen, wie leichtfertig Du mit der Wahrheit umgehst und wie falsch Du sie informierst...

Zum Schluß frage ich mich, was wolltest Du mit dem Artikel erreichen? Wolltest Du politischen Gegnern ihre falsche Einstellung klar machen? Das geht nicht mit Lügen und

Verschweigen von Tatsachen, die die Ausstellung leicht beweist. Wolltest Du jemanden persönlich eins auswischen? Das ist hinfällig, denn ein Gang durch die Ausstellung zeigt, daß nicht wahr ist, was Du schreibst. Es bleibt mir nur das Schlimmste anzunehmen: Statt Deine Leser zu informieren, wie es Deine Pflicht wäre, desinformierst Du sie! Das solltest Du denen überlassen, die dafür bezahlt werden.

Lieber Willy, es tut mir leid, daß ich so massiv werden mußte, aber auf einen groben Klotz gehört ein grober Keil! Es tut mir besonders leid, daß ich zu einem Freund meiner Jugendjahre so grob sein mußte. In Zukunft werde ich natürlich Veröffentlichungen, die von W. P. gezeichnet sind, mit größtem Mißtrauen lesen, denn ich kenne niemanden in unseren Reihen, der so leichtfertig mit der Wahrheit umgeht."

Kopien von Brief und Fotos sandte Theo Gaudig an den Kreis- und Landesvorstand der VVN, an das VVN-Präsidium, an das Komitee antifaschistischer Widerstandskämpfer in der DDR und an die Redaktion der Zeitschrift „Der antifaschistische Widerstandskämpfer". Weder Willy P. noch die anderen Adressaten antworteten.

Kurz danach kam aus der DDR ein gewisser Hans St. nach Essen und auch in die Synagoge. Er war Mitarbeiter des ehemaligen SED-Politbüromitglieds Albert Norden, der während der Weimarer Republik auch einmal Chefredakteur der KPD-Ruhrgebietszeitung „Ruhr-Echo" gewesen war. St. suchte nach Artikeln, die Norden geschrieben hatte. Darum fragte er uns, in welchen Ruhrgebiets-Archiven wohl Ausgaben der Zeitung zu finden seien. Bei dieser Gelegenheit gingen Theo, Hans und ich mit ihm durch die von P. kritisierte Ausstellung. Als wir ihm anschließend dessen Artikel und Theos Brief an ihn zeigten, war er erschrocken und versprach, sich in Berlin für eine Korrektur einzusetzen. Daraus wurde jedoch nichts, denn im August 1981 schrieb er: „Mit meinen Vorschlägen zur Korrektur des falschen Berichtes fand ich wenig Gegenliebe. Man wollte sich überlegen, wie man die Dinge geradebiegen kann. Wie – weiß ich nicht."

Einige Monate später besuchte Ewald Moldt, damals ständiger Vertreter der DDR in der Bundesrepublik, mit Gattin und Gefolge die Stadt Essen. Oberbürgermeister Katzor kam mit den Besuchern in die „Alte Synagoge" und bat mich um eine Führung. Im Anschluß daran fanden Moldt und seine Begleitung lobende Worte über das, was sie gesehen hatten. Es gelang mir, ihm einen Brief zu übergeben, dem die Kopie des verlogenen Artikels von P. beilag. Meine Frage, wie er diesen Artikel nach dem Rundgang durch die Ausstellung bewerte, blieb unbeantwortet.

Austritt aus DKP und VVN

Am 27. März 1982 fand die Jahreshauptversammlung der Essener VVN statt. Hans Lomberg, Theo Gaudig und ich hatten einen Bericht über unsere Tätigkeit in der Mahn- und Gedenkstätte „Alte Synagoge" ausgearbeitet. Zunächst verlas ich ihn, dann den verleumderischen Artikel von W.P. und auch Theos Brief dazu. Unser Bericht schloß mit den Worten:

> „Es erscheint uns notwendig, darauf hinzuweisen, daß die VVN das Privileg für Antifaschismus nicht allein gepachtet hat. Zum deutschen Widerstand gehören nicht nur Kommunisten, dazu gehören auch Sozialdemokraten, Christen, aufrechte Demokraten und jene einfachen Menschen, die sich in Worten und mit Taten in den Jahren 1933 bis 1945 wehrten.

*Henriette und Willi Duske, die Schwiegereltern von Ernst Schmidt
(Foto: Kingler-Busshoff)*

Wer sich vor die Synagoge stellt und alles das kritisiert, was in ihr geschieht, mag das weiterhin tun. Wir jedenfalls gehen hinein und werden unsere Tätigkeit in der Synagoge so wie bisher fortsetzen."

Der Bericht schlug wie eine Bombe ein. So etwas hatte es bisher noch nicht gegeben. Zwei unserer Kritiker wetterten jetzt gegen uns. Der in der Ausstellung dokumentierte Widerstand entspräche den Vorstellungen der Friedrich-Ebert-Stiftung, meinte einer. Ein anderer behauptete, der Widerstand sei das alleinige Privileg der Kommunisten. Das aber würde in der Synagoge verschwiegen. Unterstützung fanden beide von dem anwesenden VVN-Landessekretär. Als später ein neuer Vorstand gewählt wurde, erklärten Hans Lomberg, Theo Gaudig und ich, daß wir unter den gegebenen Umständen für diesen Vorstand nicht mehr zur Verfügung stünden.

Unter Bezugnahme auf die VVN-Jahreshauptversammlung wurden vom DKP-Bezirksvorstand für den 15. April 1982 alle Essener Parteimitglieder eingeladen, die, wie es in der Einladung hieß, „im Bereich des antifaschistischen Kampfes tätig sind". Da Theo nicht der DKP angehörte, hatten nur Hans und ich eine Einladung erhalten. Die einleitenden Bemerkungen des Bezirkssekretärs Peter K. begannen mit der Feststellung, es sei Auftrag aller Parteimitglieder, überall die Politik der DKP zu vertreten. Das träfe auch zu auf die Tätigkeit in der „Alten Synagoge".

Jene zwei Wortführer, die Hans und mich schon bei der VVN kritisiert hatten, fielen jetzt erneut über uns her. Was sie von sich gaben, war falsch und grob beleidigend. Man habe in Sachen Synagoge mit uns keinen Konsens auf der Grundlage der Parteipolitik gefunden, sagte der eine. Unsere eigene Eitelkeit sei uns wichtiger als die Partei. Der andere schlug in die gleiche Kerbe. Er behauptete, uns fehle die politische Substanz und er forderte „Selbstkritik".

Hans und ich begriffen sofort, daß man uns fertigmachen wollte. Darum beschlossen wir zu schweigen. Den Akteuren der Zusammenkunft paßte das ganz und gar nicht. Immer wieder versuchten sie zu provozieren. Das Schlußwort des Bezirkssekretärs war dann der Gipfel. Er beendete es mit den peinlichen Worten: „Das Spektrum der Friedensbewegung muß rein in den Schuppen." Damit meinte er die Synagoge. Jetzt war mir endgültig klar geworden, daß ich in dieser Partei nichts mehr zu suchen hatte.

Man hat mich oft gefragt, warum ich so lange mit dem Austritt zögerte. Eine glaubwürdige Antwort darauf zu geben, fällt mir schwer. Fast bin ich geneigt zu sagen: „Ich weiß es selbst nicht." Mir scheint, daß mein Verhalten in dieser Frage so etwas wie Nibelungentreue offenbart. Man blieb wider besseren Wissens dabei.

Weil mir in jenen Tagen auch klar wurde, daß die Essener VVN völlig unter Einfluß der hiesigen DKP geraten war, verließ ich auch sie. Hans Lomberg und Theo Gaudig billigten zwar nicht meine Entschlüsse, respektierten sie aber. Unserer Freundschaft taten sie keinen Abbruch. Gemeinsam arbeiteten wir weiter. Wenn auch fortan DKP- und VVN-Funktionäre sich mir gegenüber oftmals schäbig zeigten, so gab es doch unter den Mitgliedern viele, die mich weiterhin akzeptierten.

Freier Mitarbeiter im Ruhrlandmuseum

Am 29. November 1984 wurde im Ruhrlandmuseum die Dauerausstellung „Vom Ruhrland zum Ruhrgebiet" eröffnet. Zu den Vorbereitungen hatte Dr. Heinz Reif, damals Leiter des Museums, auch mich hinzugezogen. Mit Freude denke ich an diese Zeit zurück. Mein Auftrag war es, Ausstellungsstücke für den Sportbereich zusammenzutragen. Dabei hatte ich einige köstliche Erlebnisse, die ich nicht verschweigen möchte.

In der Ausstellung wollten wir ein aus quadratischen Holzbalken bestehendes Fußballtor mit Maschendraht als Ballfang aufstellen. Die Suche nach einem Original gestaltete sich mühsam. Daß ich es fand, verdanke ich dem Fußballverein „BV Altenessen". Auf einem Nebenplatz der Sportanlage an der Katernberger Meerbruchstraße stünde es, sagte man mir. Es war ein herrlicher Sommerabend, als ich nach Katernberg ging. Die Kollegen vom Museum hatten mir eine Sofortbildkamera mitgegeben, um das Tor zu fotografieren. Auf dem Hauptplatz wurde gerade trainiert. Auf einer Bank am Spielfeldrand saßen einige Zuschauer. Es waren wohl Vereinsfunktionäre. Nachdem ich das Holztor mit Maschendraht fotografiert hatte und wieder an der Bank vorbei kam, sprach mich einer neugierig an: „Warum haben Sie das Tor fotografiert?" „Wir benötigen im Ruhrlandmuseum so ein altes Tor für eine Ausstellung", antwortete ich ihm. Erregt sprang er auf und protestierte lauthals: „Sie können uns doch nicht einfach ein Tor wegnehmen!" Als ich beruhigend antwortete: „Wenn wir es nehmen, bekommt ihr ein neues", erwiderte er: „Wie stellt ihr euch das vor? Ein altes und ein neues Tor auf einem Platz? Das darf doch wohl nicht wahr sein!" „Gewiß nicht", sagte ich und fügte hinzu: „Wenn wir das eine Tor nehmen, bekommt ihr natürlich zwei neue." Jetzt wurden alle hellwach und jener, der so lautstark protestiert hatte, rief mir zu: „Wenn das so ist, dann nehmt euch beide, aber schnell!" Wir nahmen das eine Tor und es wurden dafür zwei neue aufgestellt.

„Sucht ihr alte Klamotten?", fragte mich plötzlich einer der Vereinsfunktionäre, als ich gerade gehen wollte. Auf mein „Ja" hin lud er mich mit den Worten ein: „Dann kommt mal in unser Vereinslokal, da haben wir welche." Der Besuch lohnte sich. Einem Kollegen und mir zeigte man herrliche Großfotos von Turnern, die Menschenpyramiden bildeten. Allesamt stammten sie aus der Zeit vor dem Ersten Weltkrieg. Wir fanden dort auch alte Gasthaustische und Stühle. Darunter ein Skattisch, bei dem die Getränke unter der Tischplatte abgestellt werden. In der Ausstellung zeigten wir die Fotos im Sportbereich, Tische und Stühle in der nachgebauten alten Kneipe.

Damals waren wir auch bemüht, Tonbandgespräche mit einstmals bedeutenden Sportlern zu führen. Sie sollten von Besuchern der Ausstellung abgehört werden können. Zwei Gespräche hatte ich zu führen, mit Ernst Poertgen und mit Fritz Marquardt.

Ernst Poertgen, Sohn einer Bergarbeiterfamilie, hatte als Schüler beim „BV Altenessen" mit dem Fußballspielen begonnen. Von hier aus war er später über den „ETB Schwarz-Weiß Essen" und den „1. FC Nürnberg" zum „FC Schalke 04" gekommen. In den dreißiger Jahren gehörte er dort der Meistermannschaft an, wurde mit ihr zweimal Deutscher Fußballmeister und einmal Pokalsieger. Auf seine Schalker Zeit angesprochen, erfuhr ich, daß jeder Spieler nach dem Gewinn der Meisterschaft 30 Mark Prämie bekam. Als man im gleichen Jahr auch noch den Pokal holte, hätte man die Prämie auf 50 Mark erhöht. Vorteilhaft sei für alle der sichere Arbeitsplatz gewesen, sagte er mir. Der wäre von Firmen garantiert worden, deren Inhaber zum Verein gehörten oder hinter ihm standen. Da es damals noch kein Flutlicht gab, sei dreimal wöchentlich am frühen Nachmittag trainiert worden. Zu diesem Zweck hätte man bereits mittags die Arbeitsstelle verlassen dürfen.

Auch Fritz Marquardt war einmal Fußballer beim „BV Altenessen". Er schilderte mir ein Ereignis, das am 20. Januar 1926 die Herzen der Fußballbegeisterten im Essener Norden höher schlagen ließ. Auf dem Platz an der Radrennbahn standen sich der „BV Altenessen" und der „ETB Schwarz-Weiß Essen" im entscheidenden Spiel um die Ruhrgebietsmeisterschaft gegenüber. „BVA" war damals gleichbedeutend für Bergleute, Hüttenarbeiter und Schmelzer, für Zechen und Rauch, für Arbeit und Arbeiter. Bei „ETB Schwarz-Weiß Essen" dachte man an Häuser im Grünen, an reiche Bürger, an feine Kleidung, an Gymnasiasten und Studenten. Die 25.000 Zuschauer erlebten an jenem Tag, wie die „Proleten" aus dem Norden die „Lackschuhe" aus dem Süden mit 3:2 besiegten. „Es war ein Kampf auf Leben und Tod", schrieb die „Essener Volks-Zeitung" und wußte zu berichten: „Die Begeisterung der Anhänger der blau-schwarzen Farben wollte kein Ende nehmen. Auf den Schultern wurde die Mannschaft des 'BV Altenessen' aus der Kampfarena getragen." Fritz Marquardt – seine Sportkameraden nannten ihn Mucki – gehörte dazu. Seine Augen glänzten, als er mir erzählte, wie er den Tag erlebt hatte:

„Kurz vor dem Spiel kam ein Viehhändler vom Essener Schlachthof ins Vereinslokal und bot eine Wette an. Er wollte uns ein Kalb schenken, würden wir Schwarz-Weiß schlagen.", erzählte mir Fritz Marquard. Zunächst habe man ihn kurzerhand abgewiesen, denn was sollte man dagegenhalten? Erst als der Viehhändler für den Fall einer Niederlage nur ein Glas Bier forderte, sei man auf die Wette eingegangen. „Stell dir datt ma voor: En Kalv gegen en Bier", kommentierte Mucki. Nach dem Sieg sei der Altenessener Gesangverein ins Stadion gekommen und hätte der Mannschaft mit dem Lied gratuliert: „Das ist der Tag des Herrn." Mucki dazu: „Wir haam alle gehüült." Am anderen Tag wäre man dann frühmorgens zum Schlachthof gegangen, um die Wette einzulösen. Mit dem Kalb – es trug eine schwarz-blaue Schärpe um den Hals – hätte man sich nach Altenessen auf den Weg gemacht und dabei allen Kneipen unterwegs einen Kurzbesuch abgestattet. Endlich im Vereinslokal angekommen, sei das Kalb plötzlich umgefallen und wie tot liegengeblieben. Als Mucki damals bestürzt ausrief: „Datt habter jetz davon, jetz isset Kalv kapott!", erhielt er die Antwort: „Mucki, datt iss nich kapott, datt is besoppen. Et hat in allen Kneipen ooch een Bier gekriegt."

Eintritt in die SPD und in die Arbeiterwohlfahrt

Nach meiner Entlassung aus dem Gefängnis war mir zunehmend klar geworden, daß die Demokratie zwar die schwierigste, dennoch aber die beste Staatsform ist. Unsere Demokratie in der Bundesrepublik basiert auf dem „Grundgesetz". Dazu hatte ich mich schon im Dortmunder Prozeß bekannt, wenngleich mir schien, daß die Richter es nicht so auslegten, wie man es hätte auslegen müssen. Die Demokratie hierzulande ist eine Parteiendemokratie. Will man sie verteidigen, so muß man wählen und sich für eine Partei entscheiden, die sich zum Grundgesetz bekennt. Das sagte schon Altbundespräsident Gustav Heinemann und meinte, es käme nicht darauf an, eine Partei nur dann zu wählen, wenn man mit ihr zu 100 Prozent einverstanden sei. 51 Prozent reichten aus. In diesem Fall könne man auch Mitglied werden.

Dreieinhalb Jahrzehnte war ich Mitglied einer politischen Partei gewesen. Ich war ausgetreten, weil sie mich so bitter enttäuscht hatte. In jenen Tagen beschäftigten mich immer wieder die Worte Heinemanns. Mich bei Wahlen für eine Partei zu entscheiden, war mir nicht schwer gefallen. Unter den gegebenen Umständen kam für mich nur die SPD in Frage. Um mit Gustav Heinemann zu sprechen, war ich 51 Prozent mit ihr einverstanden. Sollte das der Fall sein, so Heinemann, könne man aber auch Mitglied werden.

Die SPD ist die Partei von Gustav Streich, sagte ich mir. Sollte ich ihr beitreten, dann wollte ich nur von ihm den Aufnahmeschein bekommen. Am 11. November 1986 sollte Gustav sein 80. Lebensjahr vollenden. Einige Tage zuvor bat ich ihn, mir bei der Lösung eines Problems zu helfen. Es ginge um ein Geburtstagsgeschenk für ihn. Wolle ich es ihm schenken, so müsse er mir zuvor auch etwas schenken. Er sah mich verständnislos an und fragte, wie er meine Worte deuten müsse. Meine Antwort: „Falls du nichts dagegen hast, würde ich dir zum Geburtstag gern meinen Aufnahmeschein für die SPD schenken. Den müßtest du mir allerdings zuvor schenken." Gustav sah mich für einige Augenblicke schweigend an. Ich sah, daß seine Augen feucht wurden. Dann ging er ins Nebenzimmer, kam mit einem Aufnahmeschein zurück, gab ihn mir und sagte immer wieder: „Ich habe dich nicht dazu gezwungen! Ich habe dich nicht dazu gezwungen! Ich habe dich nicht dazu gezwungen!" Natürlich wollte ich wissen, was denn das dreimalige „Ich habe dich nicht dazu gezwungen" bedeute. Er antwortete: „Viele Genossen haben mich aufgefordert, dich in die Partei zu holen. Aber ich sagte ihnen immer: ›Nein, das

Ernst Schmidt und Alfons Wafner bei Archivstudien 1987

mache ich nicht. Der muß selber zu uns kommen.' Als ich ihm den ausgefüllten Aufnahmeschein zurückreichte, drückte er fest meine Hand. Wir sprachen an jenem Tag noch lange miteinander. Unsere Gedanken gingen zurück in das Jahr 1946. Es war im Dezember gewesen, als wir uns im Stadtteil Borbeck, wo er viele Jahrzehnte wohnte, erstmals begegneten. Ich wollte ihn von der Notwendigkeit einer einheitlichen Arbeiterpartei überzeugen. Das gelang mir zwar nicht, aber in dem Gespräch waren wir uns menschlich näher gekommen. Wann immer wir uns danach trafen, redeten wir uns mit dem vertraulichen „Du" an. Verschiedene Auffassungen in politischen Fragen minderten nicht die Achtung des einen vor dem anderen. Auch Hans Lomberg und Theo Gaudig respektierten meinen Entschluß, Mitglied der SPD zu werden.

Schon im Oktober 1984 hatte ich Gustav Streich um Aufnahme in die Arbeiterwohlfahrt (AWo) gebeten. Über viele Jahre war er deren Vorsitzender gewesen. Es folgten zahlreiche historische Vorträge in den AWo-Seniorenclubs. Daneben engagierte ich mich in der AWo-Kulturarbeit. Dabei lernte ich in Alfons Wafner einen jungen Mann kennen, der mir ein liebenswerter Freund wurde. In Zusammenarbeit mit dem Essener Theaterring und dem Schauspiel Essen moderierten wir gemeinsam die „AWo-Theaterrampe". Sie beschäftigte sich immer mit aktuellen Vorstellungen im Grillo-Theater. Bald schon schlossen wir uns dem Theaterring an, deren Mitglieder uns später in den Vorstand wählten.

1987: Erich Honecker in Essen

Am 9. September 1987 kam Erich Honecker nach Essen. Der in der Bundesrepublik zu Besuch weilende DDR-Staatsratsvorsitzende wurde in der Villa Hügel von Berthold Beitz empfangen. Schon am 30. Juli 1987 nahm der Essener SPD-Unterbezirk in einer Presseerklärung zu dem bevorstehenden Besuch Stellung, an deren Ausarbeitung Gustav Streich und ich beteiligt waren. In der „WAZ" vom 1. August 1987 schrieb Thomas Rother dazu:

> „Wenn Erich Honecker, der Staatsratsvorsitzende der Deutschen Demokratischen Republik, während seines Besuches in der Bundesrepublik Deutschland am 9. September von Krupp-Chef Berthold Beitz auf Villa Hügel empfangen wird, ist er zum zweiten Male in Essen. Vor 54 Jahre war der KJVD-Funktionär 'Herbert' schon einmal im Ruhrgebiet und in Essen. Als Mitglied des Kommunistischen Jugendverbandes Deutschland baute er eine Widerstandsgruppe gegen die Nationalsozialisten auf, von der 45 Mitglieder im Oktober 1935 verurteilt wurden. Drei von ihnen haben die faschistische Diktatur nicht überlebt. Das Wirken Honeckers und seiner Gruppe 1933/34 in Essen ist ein Beispiel für den Widerstand engagierter Arbeiter im Ruhrgebiet gegen den Terror der Nazis.
> Beim Aufbau des Dokumentationszentrums 'Widerstand und Verfolgung 1933-1945' in der Alten Synagoge stießen der Wissenschaftler Dr. Detlev Peukert und die SPD-Mitglieder Gustav Streich und Dr. Ernst Schmidt auf die Unterlagen des Prozesses gegen diese kommunistische Widerstandsgruppe, der im Oktober 1935 vor dem III. Strafsenat des Oberlandesgerichts Hamm in Essen stattfand. Die Essener SPD macht in Vorbereitung des Honecker-Besuches diese Unterlagen jetzt der Öffentlichkeit zugänglich.
> Während die offizielle Biographie des DDR-Staatsratsvorsitzenden Erich Honecker den Essener Albert W. als Honeckers Mitstreiter erwähnt, saßen aus Honeckers Gruppe je-

doch 45 junge Kommunisten auf der Anklagebank... Nur zwei Angeklagte wurden freigesprochen. Für die anderen Angeklagten gab es 87 Jahre und drei Monate Zuchthaus sowie neun Monate Gefängnis. 12, 8, 7, 6 Jahre 'Z' – das war damals bei den Nazis keine Seltenheit. Vier Angeklagten wurden die bürgerlichen Ehrenrechte abgesprochen...
Die drei Essener Wilhelm Dudda (24), Paul Hemmersbach (30) und Nikolaus Franz (23) überlebten die Nazizeit nicht. Dudda und Hemmersbach wurden in das berüchtigte Strafbataillon 999 gesteckt und kamen im Winter 1944 ums Leben.
'Besonders tragisch ist das Schicksal von Nikolaus Franz', heißt es in dem Dokumentationspapier der SPD. Nach zwei Jahren Zuchthaus wurde der junge Schlosser 'in Schutzhaft genommen': Einweisung in das Konzentrationslager Buchenwald. Der SS-Lagerkommandant lehnte 1938 die Entlassung von Franz ab mit der Begründung, er habe sich 'noch nicht umgestellt' und werde sich 'seinen kommunistischen Gesinnungsgenossen wieder anschließen'.
Am 17. Juni 1940 telegraphierte der SS-Lagerkommandant an die Essener Gestapo (Geheime Staatspolizei), Nikolaus Franz sei nach einer Blinddarmoperation an Herzversagen gestorben. Diese Todesursache wurde in den meisten Todesfällen angegeben. Die Wahrheit war: Die Menschen waren erschlagen, erschossen, erhängt worden oder waren an den Folgen von bestialischen Folterungen gestorben. Die Urne mit der Asche dieses Widerstandskämpfers aus der Gruppe von Erich Honecker ist in der 'KZ-Ehrenanlage Südwestfriedhof' beigesetzt.
Drei Blätter der Gedenkbücher in der Alten Synagoge tragen die Namen dieser drei Mitglieder aus Honeckers Widerstandsgruppe. Bisher sind sie unbeschrieben..."

Dieser Artikel veranlaßte ein Team des DDR-Fernsehens, am Sonntag, dem 16. August 1987, an meiner Führung durch die Ausstellung in der Alten Synagoge teilzunehmen. In der DDR-Tagesschau „Aktuelle Kamera" wurden die Aufnahmen bereits am Abend des gleichen Tages ausgestrahlt.
Im SED-Zentralorgan „Neues Deutschland" stand danach auf der Titelseite unter der Überschrift „Essen zeigt Ausstellung über Antifaschisten – Wirken von Erich Honecker im Ruhrgebiet gewürdigt":

„Zeugnisse aus dem antifaschistischen Widerstandskampf im Ruhrgebiet werden gegenwärtig in einer Ausstellung des historisch-politischen Dokumentationsforums von Essen gezeigt... Zu den Exponaten gehören auch Flugblätter der Widerstandsgruppe 'Junge Garde', zu denen Erich Honecker damals Kontakt hatte. 'Hitler, das ist der Krieg, hatte Ernst Thälmann gewarnt', erinnerte Ausstellungsdirektor Dr. Schmidt gegenüber Besuchern."

Die mir in den Mund gelegten Worte hatte ich überhaupt nicht gebraucht. Sie wurden mir einfach unterschoben. Das „Neue Deutschland" mußte sich später dafür ebenso entschuldigen, wie für die falsche Behauptung, ich sei „Ausstellungsdirektor".
Am 22. August 1987 veröffentlichte „Neues Deutschland" dann sogar den vollen Wortlaut des bereits erwähnten „WAZ"-Artikels von Thomas Rother. Das sollte Folgen haben, denn die in Westberlin erscheinende „Berliner Morgenpost" schrieb am 23. August 1987 dazu unter der

Überschrift: „'Neues Deutschland' korrigiert amtliche Biographie. – So flogen 1934 Honeckers 45 Kumpels in Essen auf":

> „Das Zentralorgan der SED, das 'Neue Deutschland' hat gestern einen ungewöhnlichen Beitrag zum bevorstehenden Honecker-Besuch in der Bundesrepublik geliefert, hinter dem man eine ausgeklügelte Ost-Berliner Glasnost-Variante vermuten darf. Das Blatt druckt nämlich wortwörtlich einen Beitrag der 'Westdeutschen Allgemeinen Zeitung' ab, in dem die offizielle Biographie Honeckers ausgerechnet auf der Basis einer SPD-Dokumentation korrigiert wird."

Nachdem die Zeitung darauf hinwies, daß in der Biographie des Staatsratsvorsitzenden nur von einem Albert W. die Rede sei, die Namen von über 40 anderen und die Schicksale von dreien von ihnen unerwähnt blieben, kam sie zu der Feststellung: „So dürfen denn nun Getreue und Anhänger darüber rätseln, warum er den Prozeß gegen die 'Gruppe Honecker' nie erwähnt hat und warum das 'Neue Deutschland' ausgerechnet jetzt darüber berichtet."

Am Freitag, dem 4. September 1987, nahm auch „Die Zeit" zum Honecker-Besuch Stellung. „Zeit"-Korrespondentin Marlies Menge war zuvor nach Essen gekommen, sprach mit mir über den Artikel in der „WAZ" und wollte wissen, wie ich zum Honecker-Besuch stünde. Unter der Überschrift „Zu Krupps, nicht zu Krauses" schrieb sie:

> „Ernst Schmidt ist enttäuscht, daß Erich Honecker in Essen anderes auf dem Programm hat als das Erinnern an alte Tage und – damals – junge Genossen. 'Für mich war Essen nicht die Stadt der Krupps, sondern der kämpfenden Arbeiterklasse', schrieb er in seiner Biographie. Das ist nun lange her. Nächste Woche fährt er nicht in die Laube eines Kommunisten, sondern in die Villa Hügel, die Krupp-Villa; dort trifft er sich nicht mit Arbeitern, sondern mit deren Chefs. Sicher – das hat gute Gründe. Schließlich kommt Honecker nicht als ehemaliger illegaler kommunistischer Jugendfunktionär, sondern als offiziell geladener Staatschef. Er trifft in der Villa Hügel nicht die Krupps, gegen die er damals auch gekämpft hat, sondern vor allem Berthold Beitz, mit dem ihn fast so etwas wie eine Freundschaft verbindet. Trotzdem – Ernst Schmidts Enttäuschung ist verständlich."

Am 5. September 1987 stellte Thomas Rother in der „WAZ" jenen Essener Albert W. vor, der in der Honecker-Biographie namentliche Erwähnung fand. In den 50er Jahren sei es dieser Mann aus Haarzopf gewesen, der dem Ost-West-Handel sozusagen zur Seriosität verholfen habe, meinte Rother. Offensichtlich wäre das der Grund dafür, daß man ihn in der Honecker-Biographie als einzigen aus der illegalen Essener KJVD-Gruppe namentlich erwähnt habe.

Mir bescherte der Zeitungswirbel um den Honecker-Besuch einige turbulente Tage. Mehrere deutsche und ausländische Fernseh- und Rundfunkstationen holten mich in der Synagoge vor ihre Kameras und Mikrophone, darunter auch der Deutschlandfunk. Er sendete das Gespräch andern tags zur besten Sendezeit.

Wochen später zeigte mir Essens damaliger Vorsitzender der jüdischen Gemeinde einen Brief, den er von Erich Honecker erhalten hatte. In ihm entschuldigte sich der „Staatsratsvorsitzende" dafür, daß er bei seinem Aufenthalt in Essen nicht die Alte Synagoge besuchte hätte. Er wußte nicht, daß dieses Haus keine jüdische, sondern längst eine städtische Einrichtung war.

Produktive Teamarbeit

In den Jahren nach Einrichtung der „Alten Synagoge" als Mahn- und Gedenkstätte arbeiteten Gustav Streich, Hans Lomberg, Theo Gaudig, Detlev Peukert und ich sehr eng zusammen.

Dazu gehörte auch unsere gemeinsame Initiative zur Aufstellung von rund dreißig Hinweis- und Gedenktafeln in der Stadt. Begonnen hatte die Aktion bereits 1985. Damals baten Gustav Streich und ich die SPD-Ratsfraktion, sich für solche Tafeln einzusetzen. Gemeinsam mit den

Ernst Schmidt vor einer Gedenktafel mit dem Ensemble des Schauspiels Essen 1989 – hinten ganz rechts Schauspieldirektor Hansgünther Heyme

Ratsmitglieder Anneliese Dether und Rolf Drewel machten wir erste Vorschläge für die Standorte. Unserer Empfehlung folgend, stellte die Fraktion den notwendigen Antrag. Mit Gustav gehörte ich danach zu der vom Oberstadtdirektor berufenen kleinen Arbeitsgruppe, die Tafeltexte formulierte und Standorte auswählte.

Im Essen Klartext Verlag veröffentlichte ich 1991 in meinem Buch „Essen erinnert" alle Texte und Standorte, versehen mit ausführlichen Informationen. Gustav, Hans und Theo hatten daran großen Anteil. Darum schrieb ich ins Vorwort: „Theo Gaudig steht für zahlreiche Fotos, Hans Lomberg zeichnet für die graphische Gestaltung und Gustav Streich gab wertvolle Hinweise. Die Einrichtung der 'Alten Synagoge' zur ständigen Mahn- und Gedenkstätte der Stadt im Jahr 1980 führte uns vier zusammen. Mit der vorliegenden Schrift setzen wir unsere enge fruchtbare Zusammenarbeit fort."

Schon im Dezember 1988 war im Klartext Verlag mein Buch „Lichter in der Finsternis" Band 2 und die dritte Auflage von „Lichter in der Finsternis" Band 1 erschienen. Im September 1994 gab der gleiche Verlag meine „Lichter in der Finsternis" Band 3 heraus. Darin geht es zunächst um die Essener Opfer der Stalin-Ära. Gemeint sind jene Arbeiter, die zwischen 1930 und 1933 in die Sowjetunion gingen und bald danach die stalinschen Verfolgungen der dreißiger Jahre erlebten. Erwähnt mit ihren Schicksalen sind aber auch jene Kommunisten, die nach Errichtung der NS-Diktatur in die Sowjetunion emigrierten und später dort umgebracht wurden. In Band 3 beschäftige ich mich aber auch mit den oppositionellen Linken in der „Sozialdemokratischen Arbeiter Partei (SAP)", in der „Kommunistischen Parteiopposition (KPO)" und im „Roten Kämpferkreis". Schließlich stelle ich erstmals Essener vor, die von Gerichten der Wehrmacht wegen „Fahnenflucht", „Feindbegünstigung" oder „Wehrkraftzersetzung" zum Tode verurteilt worden waren oder in „Strafbataillonen" umkamen.

An allen meinen Veröffentlichungen haben Theo Gaudig, Hans Lomberg und Gustav Streich großen Anteil. Sie halfen mir mit Ratschlägen und praktischer Hilfe. Hans und Gustav leben nicht mehr. Für mich war es eine große Ehre, daß ich bei der Beisetzung meiner beiden Freunde die Trauerreden halten durfte.

Ernst Schmidt mit Oberbürgermeisterin Annette Jäger und Theo Gaudig bei der Vorstellung des Buches „Essen erinnert", 1991 – (Foto: Stadtbildstelle)

Ein notwendiges Dankeschön

Bevor ich meinen Lebensbericht beende, möchte ich einige der Menschen vorstellen, denen ich ganz besonders zu Dank verpflichtet bin. In ihre Namen schließe ich zugleich alle anderen ein, die mich ebenfalls hilfreich begleiteten.

Hermann Schröter und Alfred Peter

Zu Beginn meiner historischen Forschungen ging ich an arbeitsfreien Samstagen ins Stadtarchiv. Als es plötzlich nur noch von montags bis einschließlich freitags geöffnet war, ergab sich für mich ein großes Problem. Dr. Schröter – der inzwischen verstorbene Oberarchivdirektor – half mir, es zu lösen. Da die Stadtbücherei an Sonnabenden bis mittags geöffnet hatte, ließ er, nach Rücksprache mit Bibliothekar Alfred Peter, die von mir gewünschten Aktenbestände aus seinem Archiv freitags in die Stadtbücherei bringen. Alfred Peter händigte sie mir hier anderntags aus. Er hatte einer solchen Regelung sofort zugestimmt. Auch die von ihm verwalteten und von mir erbetenen alten Zeitungsbände bekam ich von Alfred Peter ohne jegliche Schwierigkeiten zur Einsichtnahme vorgelegt. Nichts war ihm zu viel. Er hatte immer ein offenes Ohr für meine Wünsche.

Im Stadtarchiv befand sich neben zahlreichen Mikrofilmen von Jahresausgaben der „Essener Volks-Zeitung" auch das dazugehörende Lesegerät. Hermann Schröter ließ es in meiner Wohnung installieren. Meiner Frau gefiel das anfänglich deshalb nicht, weil beim Einschalten des Gerätes gewöhnlich die für den Kühlschrank zuständige Sicherung herausschlug. Als dann der Stadtarchivar eine andere Sicherung einbauen ließ, gab es keine Schwierigkeiten mehr.

Schröter zeichnete auch für den Inhalt der Zeitschrift „Das Münster am Hellweg" verantwortlich. Er veröffentlichte darin im August und September 1972 meine Artikel: „Erster Massenstreik der Bergleute, Essen im Jahre 1872" und „Die Vertreibung der Jesuitenpatres – erster Höhepunkt des Kulturkampfes in Essen". Beide wurden später Bestandteile meiner kumulativen Dissertation.

Eines Tages machte er mich auf den Essener Geometer Franz Schwenniger aufmerksam, der in den Revolutionsjahren 1848/49/50 eine bedeutende Rolle in der jungen deutschen Arbeiterbewegung gespielt hatte. Als Mitglied des „Zentralkomitees der deutschen Arbeiter" war er vornehmlich in Sachsen tätig gewesen. Akten, die das belegen, befanden sich im Hauptstaatsarchiv Dresden. Schröter kannte den Leiter des Archivs aus seiner Studienzeit. Über ihn vermittelte er mir ein viertägiges, sehr erfolgreiches Archivstudium in Dresden.

1974 erschienen im „Münster am Hellweg" die Ergebnisse meiner Forschungen unter der Überschrift: „Franz Schwenniger – 1822-1867. Leben und Wirken eines Revolutionärs der frühen deutschen Arbeiterbewegung." Darin wies ich nach, daß Schwenniger dem von Karl Marx und Friedrich Engels stark beeinflußten „Bund der Kommunisten" angehörte. Auch diese Arbeit wurde Bestandteil meiner Dissertation. Professor Niethammer stufte sie in seinem Gutachten sogar als Magisterarbeit ein. Auf die durchweg positiven Kritiken der Arbeit eingehend schrieb Hermann Schröter mir am 4. Juni 1975:

„Mit Ihnen freue ich mich über die recht positive Besprechung Ihrer Arbeit, die ich mit großem Interesse gelesen habe. Ich habe es ja miterlebt, mit welchem Fleiß Sie die Quellen studiert haben und darf sagen, daß Sie die Anerkennung sich redlich verdient haben. Sie haben ja jahrelang Ihre gesamte Freizeit Ihrem 'Hobby' geopfert. Seien Sie nicht zu traurig, daß die Öffentlichkeit nicht mehr Anteil daran nimmt. Den größten und schönsten Lohn empfindet man selbst bei dem Gedanken, mit Erfolg an einem wissenschaftlichen Problem tätig gewesen zu sein. Das gibt eine echte innere Befriedigung."

Im Jahre 1974 vollendete Hermann Schröter sein 65. Lebensjahr und trat in den Ruhestand. Am 6. September 1974 bedankte er sich für meine Glückwünsche mit den Worten:

„Über die Glückwünsche zu meinem 65. Geburtstag habe ich mich sehr gefreut und danke Ihnen herzlich. Sie kennen mich so gut, daß Sie wissen, wie schwer mir der Abschied vom Amt gefallen ist. Alles, was ich mir vorgenommen, habe ich nicht durchführen können. So hätte ich Sie gern fest an das Archiv angebunden; ich glaube, daß das für das Archiv ein Gewinn gewesen wäre. Das ist mir leider nicht gelungen. Das ist weder Ihre noch meine Schuld, wie Sie wissen. Trotzdem hoffe ich, daß das Feuer, das Sie für historische Fragen ergriffen hat, weiter brennt."

Wie wertvoll der manchmal schroff und streng erscheinende Mann für die Stadt Essen war, macht ein Vergleich mit seinem Nachfolger deutlich. Aus meiner Sicht gesehen war von 1974 bis 1995 dieser Nachfolger für das Stadtarchiv und die Essener Geschichtsforschung eine Belastung. Besonders die „Hobby-Historiker" hatten unter ihm zu leiden. Statt ihnen zu helfen, behinderte er ihre Arbeit stets und ständig. Erst mit Dr. Klaus Wisotzki erwachte das Stadtarchiv aus einem mehr als zwanzigjährigen Dornröschenschlaf.

Erich Loch

Kurze Zeit nachdem ich Hermann Schröter und Alfred Peter kennengelernt hatte, machte mir der Essener Erich Loch ein unschätzbares Geschenk. Als der ehemalige KZ-Häftling sah, daß meine berufliche Arbeit Archivstudien erschwerte, schenkte er mir die gerade erst auf den deutschen Markt gekommene japanische Canon-Kamera FT Ql. Dazu die Makro-Optik, den Winkelsucher, ein Stativ, zwei Klemmleuchten und eine Tragetasche. Jetzt brauchte ich nicht mehr so viel abzuschreiben. Ging ich samstags in die Stadtbücherei, fotografierte ich dort die mich interessierenden Archivalien. Mit Hilfe einer Lupe konnte ich die Negative später dann lesen. Die Kamera-Ausrüstung war auch immer dabei, wenn ich Essener NS-Verfolgte in ihren Wohnungen besuchte. So mancher hatte sich bisher geweigert, die in seinem Besitz befindlichen Dokumente oder Fotos aus der Hand zu geben. Jetzt konnte ich sie an Ort und Stelle reproduzieren.

Ohne die mir von Erich Loch geschenkte Fotoausrüstung wären meine Forschungen schwieriger und zeitraubender gewesen, wäre das Archiv Ernst Schmidt heute um vieles ärmer.

Im Archiv im Ruhrlandmuseum, 1991

Walter Wimmer

Wenn ich einem Menschen zeitlebens zu Dank verpflichtet bin, dann ist es Walter Wimmer, Redakteur und Mitverleger der „Borbecker Nachrichten". Er war es, der 1964 das Gnadengesuch Borbecker Bürger für mich auf den Weg brachte. Seine tatkräftige Hilfsbereitschaft, sein freundlich-rücksichtsvolles Wesen und seine journalistischen Fähigkeiten habe ich in den Jahren danach immer wieder gespürt und schätzengelernt. Er begleitete meine historischen Forschungen nicht nur mit wertvollen Ratschlägen, sondern veröffentlichte auch viele in seiner Zeitung.

Erstmals geschah das am 25. November 1966. Damals erschien in den „Borbecker Nachrichten" die erste von vier Folgen meines heimatgeschichtlichen Beitrags „Damals in der Feldstraße".

Als unter dem Motto „Borbeck 1.100 Jahre jung" dieser Essener Stadtteil 1969 sein Jubiläum feierte, sagte ich einmal mit Ironie in der Stimme zu Walter Wimmer, jetzt würde man wohl wieder ausgiebig über die Essener Fürstäbtissinnen und ihren Sommersitz im Schloß Borbeck reden und schreiben, die junge Geschichte aber unerwähnt lassen. Ohne näher auf diesen

Vorwurf einzugehen, forderte er mich auf, selbst darüber zu schreiben. Von ihm in die Pflicht genommen, gab ich ihm wenige Tage später mein Manuskript. Unter der Überschrift „Vierzig bewegte Jahre" waren darin auf zehn Seiten einige wichtige Ereignisse zwischen 1929 und 1969 beschrieben worden. Das Manuskript reichte ich Walter Wimmer mit den Worten: „Es sind nur zehn Seiten. Es hätten hundert werden können." Ohne auch nur einen Blick auf meine Arbeit zu werfen, reichte Walter Wimmer mir die zehn Seiten mit den Worten zurück: „Schreiben Sie hundert Seiten." Ich schrieb sie. In 17 Folgen erschien meine Arbeit vom 19. September 1969 bis zum 9. Januar 1970 in den „Borbecker Nachrichten". Dieser ersten größeren Arbeit folgten zahlreiche andere. Viele sind Bestandteile meiner Dissertation geworden.

Den größten Raum nahmen darin die Ereignisse zwischen 1933 und 1945 ein. Ich beschrieb den politischen und religiösen Widerstand gegen das NS-Regime, schilderte Schicksale Borbecker Juden, berichtete von den furchtbaren Bombennächten, vom Leidensweg der Kriegsgefangenen und Zwangsarbeiter, vom Ende des Krieges und den ersten Wochen und Monaten danach.

Peter Happel – Thomas Rother – Jürgen Lodemann

Auch Peter Happel, bis Anfang 1998 Leiter der Stadtbildstelle Essen, hat meine historischen Forschungen unterstützt. Schon bei der Einrichtung der „Alten Synagoge" als Mahn- und Gedenkstätte überraschte er mit Fotos aus der Zeit des Nationalsozialismus, die er aus dem umfangreichen Bestand der Bildstelle für uns herausgesucht hatte. Seine wertvolle Hilfe erlebte ich danach immer wieder. Mit ihm gestaltete ich 1985 eine Fotoausstellung im Rathausfoyer. Sie zeigte die Folgen des Luftkrieges gegen die Stadt und ihre Bewohner im Zweiten Weltkrieg.

Peter Happel ist mir ein treuer Freund geblieben. Wann immer er helfen konnte, war er dazu bereit. Ohne ihn wäre manche meiner Arbeiten spärlicher ausgefallen.

Ende der siebziger Jahre lernte ich den WAZ-Journalisten Thomas Rother kennen. Er gehörte der Lokalredaktion Essen an und beschäftigte sich besonders mit der jungen Stadtgeschichte. Näherte sich ein geschichtlicher Jahrestag, stand Thomas Rother bei mir auf der Matte, erkundigte sich nach Einzelheiten, fragte nach Unterlagen und suchte Bilder in meinem Archiv.

Über Thomas Rother lernte ich 1983 Jürgen Lodemann kennen. Der gebürtige Essener arbeitete als Fernsehjournalist beim Südwestfunk und drehte gerade einen Film über Essens „Hauptstraße", die Kettwiger. Vor laufender Kamera erzählte ich ihm, was ich zur „Hauptstraße" sagen konnte. Warum das in dem später ausgestrahlten Fernsehbeitrag nicht erwähnt wurde, erfuhr ich erst, als kurz danach Lodemanns Roman „Essen Viehofer Platz" erschien. Vieles von dem, was ich ihm zur „Hauptstraße" erzählt hatte, fand darin Erwähnung. Als „Dr. Kirchberg von der Bettenabteilung der Firma Singer" machte er mich in dem Buch sogar zur Romanfigur.

Ende 1986 produzierte Jürgen Lodemann im Auftrag des Südwestfunks den Film „Borbecker Jungens oder warum Ernst Schmidt andere Geschichten erzählt". Der 45minütige Streifen stellt mich mit vielen Forschungen zur jungen Geschichte Essens vor. Der Südwestfunk strahlte ihn 1987 im Dritten Fernsehprogramm aus. Es folgten sowohl die dritten Programme des Westdeutschen als auch des Hessischen Rundfunks.

*AWo-Theaterrampe 1987 – v.l.: Alfons Wafner, Friedel Hanster (Theaterring)
und Schauspieldirektor Hansgünther Heyme – (Foto: AWo-Essen)*

*Oberbürgermeister Horst Katzor, Ewald Moldt, ständiger Vertreter der DDR, mit Gattin
und Ernst Schmidt Anfang der 80er Jahre in der Synagoge (v.l.) – (Foto: Stadtbildstelle)*

*Am 70. Geburtstag zusammen mit Peter Reuschenbach (Mitte)
und Professor Hans Josef Steinberg*

*„Plausch am Donnerstag" in der AWo-Begegnungsstätte Bergeborbeck
am 15. September 1994 mit Heinz-Horst Deichmann – (Foto: Wolfgang Filz)*

*Verleihung des Landesverdienstordens am 7. November 1996
durch Ministerpräsident Johannes Rau im Schloß Nordkirchen*

*Die Essener Ordensträger Ernst Schmidt und Manfred Kroll nach der Verleihung
zusammen mit Oberbürgermeisterin Annette Jäger, Edna Brocke
und Walter Wimmer (v.l.) – (Foto: Stadtbildstelle)*

*Empfang bei der Arbeiterwohlfahrt anläßlich der Ordensverleihung:
Fritz Kinnigkeit, Berta Möller-Dostali, Inge Schmidt, Horst Radtke, Ernst Schmidt,
Theo Gaudig, Erna Loos und Ingrid Becker-Inglau (v.l.) – (Foto: Stadtbildstelle)*

Nachbemerkungen

Seit jenem 9. November 1980, da der Alten Synagoge die Funktion einer zentralen Mahn- und Gedenkstätte der Stadt und eines historisch-politischen Dokumentationszentrums übertragen wurde, habe ich dieses Haus ständig begleitet. Es prägte mich, es war ein Stück von mir. Viele tausend Menschen durfte ich durch die Dauerausstellungen führen. Vorwiegend waren es Schülerinnen und Schüler. Sie kamen mit ihren Lehrerinnen und Lehrern, um Geschichtsunterricht vor Ort zu erleben.

Meinem ersten Vortrag in der Alten Synagoge im November 1980 über Essener Schicksale in der NS-Zeit folgten zahlreiche andere. Sie ermöglichten es mir, immer wieder neue Ergebnisse meiner Forschungen vorzustellen. Vom Lehrpersonal eingeladen, ging ich in die Schulen und stand hier als Zeitzeuge zur Verfügung. Vereine, Organisationen, Kirchengemeinden, Parteien und ganz besonders die Arbeiterwohlfahrt baten mich, in ihren Veranstaltungen aus meinen Büchern zu lesen oder in Vorträgen die junge Geschichte unserer Stadt vorzustellen. Bei zahlreichen Stadtrundfahrten begleitete ich interessierte Jugendliche und Erwachsene zu historischen Orten in Essen. Auch das Ruhrlandmuseum wurde mir so etwas wie ein zweites Zuhause.

Inzwischen hat meine Arbeit Anerkennung gefunden. Am 20. Juni 1984 verlieh die Stadt Essen Gustav Streich, Detlev Peukert und mir „für beispielhafte Leistungen bei der Erforschung und Vermittlung von Zeit- und Stadt(teil)geschichte" den Kulturpreis der Stadt Essen. Am 24. Mai 1985 bekam ich vom Landschaftsverband Rheinland „für Verdienste um die rheinische Kulturpflege" den „Rheinlandtaler". Schließlich erhielt ich am 7. November 1996 aus der Hand des NRW-Ministerpräsidenten Johannes Rau „in Anerkennung besonderer Verdienste um das Land Nordrhein-Westfalen und seine Bevölkerung" den Verdienstorden des Landes.

Es bleibt noch viel zu tun, um die jüngere deutsche Geschichte, die immer mit Menschenschicksalen verbunden ist, aufzuarbeiten. Diese Menschenschicksale dürfen nicht in Vergessenheit geraten – und doch, scheint mir, ist in unserer hektischen Zeit das Vergessen angesagt.

Ziehe ich die Bilanz meines bisherigen Lebens, dann erblicke ich darin zunächst einen nicht gerade „gutbürgerlichen" Weg mit vielen Schlingerkursen: Behütetes, christlich geprägtes Elternhaus, enthusiastische Jungvolkjahre, die in dem tiefen Wunsch mündeten, endlich die Uniform anziehen zu dürfen, die Grauen des Krieges, die den Enthusiasmus hinwegschossen, die Kriegsgefangenschaft, die den Verrat der Jugendideale aufdeckte und zugleich in den neuen Enthusiasmus des „Antifakämpfers" hinüberleitete, die Zeit des gläubigen und überzeugten Kommunisten, der die befremdende Untergrundarbeit mehr als Abenteuer denn als Zumutung erlebte, der Antikommunismus in der gerade gegründeten Bundesrepublik, der mir wie ein Ablenken von den aktuellen Problemen vorkam.

Bis Ende der sechziger Jahre erlebte ich, daß hierzulande nicht etwa die Bewältigung der eigenen Staatsvergangenheit auf der Tagesordnung stand, sondern der Aufbau des Feindbildes Kommunismus mit den sattsam bekannten und durch Jahrzehnte geschürten Weltuntergangsparolen. Die Demokratie wollte ich mit aufbauen und wurde enttäuscht. Frieden, Völkerverständigung, Antifaschismus sollten keine erstrebenswerten Ziele sein, weil Kommunisten sie erkämpfen wollten? Wollten „die anderen" das nicht auch? Statt die Mittäter und Ideologieträger der Naziherrschaft abzuurteilen, urteilten genau solche über mich. Wieder fühlte ich mich verraten: Ich landete im Gefängnis.

Aber der Glaube an die Demokratie konnte in mir nicht mehr erschüttert werden. Wohl aber die Zweifel an dem richtigen Weg. Die Zweifel an der Allmacht der Partei. Die Zweifel an der Redlichkeit und Ehrlichkeit der Funktionäre. Die eigene Erfahrung als Jungfunktionär mit großem Einfluß in der KPD prägte sicherlich unbemerkt die Erkenntnis mit, daß hier ein Apparat das Sagen hatte, der sich zur eigenen Machtsicherung mit einem Unfehlbarkeitsmythos umgab. Der eigene Weg, am Aufbau einer ehrlichen Demokratie – mit politischer Glaubensfreiheit – mitzuwirken, mußte in dieser Partei in die Irre und Ausweglosigkeit führen. Und zum Ausgestoßenwerden selbst solcher Menschen, die für die Politik der KPD mit dem Verlust vieler Monate persönlicher Freiheit bezahlt hatten.

Ideologie statt Versöhnung. Braune Ideologie, die Ideologie der Staatsmacht in den Anfangsjahren der Bundesrepublik, und nun also auch die Ideologie der Partei, in die ich während meiner Kriegsgefangenschaft „hineingeschult" worden war – wenngleich ich mehr um der persönlichen Vorteile willen, wegen der Chance, dem Lagerelend einen Schritt entfliehen zu können, der „Umschulung" zugestimmt hatte. Dennoch: Man pflanzte mir jungem Burschen Überzeugung ein – und Hoffnung.

Beides wurde wieder betrogen. Meine persönliche Konsequenz zunächst: Rückzug in eine Art „innere Emigration". Wenn schon die Ideologie nicht stimmt – die Einzelschicksale der Menschen, die durch gleich welche Ideologie auch immer geprägt wurden, bleiben unverfälschbare Zeitzeugnisse. Ich begann meine historischen Arbeiten, wuchs in sie hinein, erfuhr, wie sehr die Menschen, die mir halfen, die mir ihre Schicksale erzählten, auf die Aufarbeitung solcher Zeugnisse des Glaubens, der Überzeugung, der Verfolgung warteten. Und wieder stieß ich an Grenzen: Wie ein Schattenreich, das nicht betreten werden darf, wollte sich die Zeit der Nazidiktatur immer wieder ausklammern, wollte sie sich durch die, die sie mitbestimmt hatten, der Nachforschung entziehen. Unbewußt zunächst, dann sehr bestimmt, verstärkte das meinen Wunsch, genau diese Zeit und ihre Menschenschicksale offenzulegen, zu durchleuchten. Warum? Um der Menschen willen, die Demokratie gewagt und Folter und Tod erlitten hatten.

In der Alten Synagoge Essen fand ich den Ort, der all das, was ich fühlte und was die Menschen mir anvertraut hatten, symbolisiert. Und über die Zusammenarbeit mit denen, die mit mir diesen Ort für Menschlichkeit und Toleranz zu dem machten, was er heute ist – beispielgebend weit über die Stadtgrenzen – fand ich meine neue politische Heimat in der SPD. Daß mich meine geschichtliche Arbeit schließlich zum „Stadthistoriker" avancieren ließ und mir – als Unstudiertem – den Doktortitel eintrug, war nicht angestrebtes Ziel; gleichwohl bin ich stolz darauf.

Vom wegen staatsgefährdender Umtriebe ins Gefängnis geschickten Kommunisten zum anerkannten Stadthistoriker – ein ungewöhnlicher Werdegang. Ich habe versucht, ihn nachzuzeichnen. Jeder, der mit sich selbst um den besten Weg zur Demokratie ringt, möge erkennen: Man darf auch Umwege nicht scheuen, um dem Ziel näher zu kommen. Nur die Überzeugung, das Ziel als richtig erkannt zu haben, läßt die Prüfungen überstehen, dient dem Wandel eigener Anschauungen durch Erfahrung, bringt uns dem Ziel Schritt für Schritt näher.

Über meine politische Überzeugung – geprägt durch Krieg und Gefangenschaft – und über die allmähliche Veränderung meiner Überzeugung und inneren Einstellung fand ich zu dem, was nach wie vor meine Aufgabe bleiben soll, so lange ich mitarbeiten kann an der Aufarbeitung unserer jüngeren deutschen Geschichte: Den Menschen nachspüren, an ihren Beispielen der Demokratie das Wort reden und jeder Diktatur gleich welcher Richtung abschwören. Mahnen und erinnern – und damit versuchen, Zeichen zu setzen in einer Zeit, deren Medienflut und Kommunikationsangebote die Zeichen eher verdecken.

Mein eigenes Leben hat, das weiß ich heute, Zeichen gesetzt, aber sich auch an Zeichen orientiert und an Doktrinen und politischen Programmen. Ich habe, wie ich in meinen Vorbemerkungen bekenne, stets mit ganzem Herzen gelebt, geglaubt – und geirrt. Ob ich aus den Irrtümern meines Lebens gelernt habe? Der Leser meines Lebensberichts kann und wird mitentscheiden. Ich bin sehr gespannt auf seine Antwort.

Mein Dank gilt allen jenen, die mich begleitet haben und nicht irre geworden sind an mir. Sie haben es nicht immer leicht gehabt mit mir.

Ernst Schmidt
(Foto: von Henry Ries, New York, veröffentlicht in seinem Buch
„Abschied von meiner Generation", Argon-Verlag, Berlin 1992)

Abkürzungsverzeichnis:

AWo	= Arbeiterwohlfahrt
BDM	= Bund Deutscher Mädchen
BN	= Borbecker Nachrichten
CSSR	= Tschecho-Slowakische Sozialistische Republik
CDU	= Christlich Demokratische Union Deutschlands
DDR	= Deutsche Demokratische Republik
DGB	= Deutscher Gewerkschaftsbund
DJ	= Deutsches Jungvolk
DKP	= Deutsche Kommunistische Partei
FDJ	= Freie Deutsche Jugend
Gestapo	= Geheime Staatspolizei
HBV	= Gewerkschaft Handel, Banken und Versicherungen
HJ	= Hitlerjugend
KJVD	= Kommunistischer Jugendverband Deutschlands
KPD	= Kommunistische Partei Deutschlands
KZ	= Konzentrationslager
LKA	= Landeskriminalamt
NSDAP	= Nationalsozialistische Deutsche Arbeiterpartei
NRW	= Nordrhein-Westfalen
NRZ	= Neue Ruhr Zeitung
RGO	= Revolutionäre Gewerkschafts-Opposition
SED	= Sozialistische Einheitspartei Deutschlands
SPD	= Sozialdemokratische Partei Deutschlands
SS	= Schutzstaffel
VVN	= Vereinigung der Verfolgten des Naziregimes
WAZ	= Westdeutsche Allgemeine Zeitung
WN	= Werdener Nachrichten

Ausgewählte Publikationen

Bücher, Broschüren, Aufsätze

1. „Lichter in der Finsternis" Band I, Röderberg-Verlag, Frankfurt/Main 1979 und Klartext Verlag, Essen 1989
2. „Lichter in der Finsternis" Band II, Klartext Verlag, Essen 1988
3. „Lichter in der Finsternis" Band III, Klartext Verlag, Essen 1994
4. „Essen erinnert", Klartext Verlag, Essen 1991
5. „Freie Schule. Die Geschichte der bekenntnisfreien Volksschulen in Essen 1923 bis 1933", Herausgeber Arbeiterwohlfahrt Kreisverband Essen, Essen 1994
6. „Wir klagen an. NS-Richter und Staatsanwälte in Essen", Verlag Ernst Schmidt, Essen 1960
7. „Heinz Renner. Das Leben eines unvergessenen Menschen", Althoff-Verlag, Oberhausen 1965
8. „Der Stein der Republik. Ein Mahnmal für Freiheit und Demokratie gestern und heute", Eigendruck, Essen 1990
9. „Schulchronik im Weltkrieg" in: Lutz Niethammer, Bodo Hombach, Tilman Fichter, Ulrich Borsdorf (Hg.): „Die Menschen machen ihre Geschichte nicht aus freien Stücken, aber sie machen sie selbst", J.H.W. Dietz Verlag, Berlin-Bonn 1984
10. Heidi Behrens-Cobet, Ernst Schmidt, Frank Bajohr: „Freie Schulen. Eine vergessene Bildungsinitiative", Klartext Verlag, Essen 1986
11. „Franz Schwenniger 1822-1867. Leben und Wirken eines Revolutionärs der frühen deutschen Arbeiterbewegung" in: „Das Münster am Hellweg", 27. Jahrgang, Heft 6 und 7, 1974
12. „Erster Massenstreik der Bergleute, Essen im Jahre 1872", in: „Das Münster am Hellweg", 25. Jahrgang, Heft 8, 1972
13. „Die Vertreibung der Jesuitenpatres – erster Höhepunkt des Kulturkampfes in Essen", in: „Das Münster am Hellweg" 25. Jahrgang, Heft 9, 1972
14. „Einige Daten zu Ereignissen rund um die Zinkhütte" in: „Als die Zinkhütte noch lebte. Bergeborbeck. Zur Sozialgeschichte eines Stadtteils", Alte Synagoge Essen, Essen 1982
15. „Walter Rohr – 1938 aus Essen vertrieben, 1945 als US-Soldat zurückgekehrt" in: Alte Synagoge (Hg.): „Entrechtung und Selbsthilfe. Zur Geschichte der Juden in Essen unter dem Nationalsozialismus", Klartext Verlag, Essen 1994
16. „Das Schicksal der ungarischen Jüdin Rose Szego und ihrer Familie", in: Alte Synagoge (Hg.): „Jüdisches Leben in Essen 1800-1933", Klartext Verlag, Essen 1993
17. Frank Bajohr und Ernst Schmidt (Hg.): „Anton Klein/Fritz Labudat. Überleben und Widerstehen. Nationalsozialismus, Krieg und Nachkrieg in den Tagebüchern von Sozialdemokraten", Klartext Verlag, Essen 1985
18. „Heinrich Hirtsiefer 1933", in: „Nikolaus Groß und die katholische Arbeiterbewegung in der NS-Zeit", Begleitbuch zur Ausstellung des Bistums Essen in der Alten Synagoge Essen, 1995
19. „Der Kapp-Putsch 1920 und die Ereignisse am Essener Wasserturm", in: „Jahrbuch Essen 1988", Verlag Pomp, Essen
20. „Minna Deuper 1868 bis 1937 – eine fast vergessene Essener Sozialdemokratin und Kämpferin für die Rechte der Frau" und „Just Dillgardt – NS-Oberbürgermeister und SD-Mann" in: „Jahrbuch Essen 1990", Verlag Pomp, Essen
21. „Dr. Otto Weiß – am 20. März 1944 als Hitlergegner gehängt" in: „Mülheimer Jahrbuch 1998"
22. „Frisch, frei, stark und treu. Zur Geschichte und Entwicklung der Arbeitersportbewegung" in: „Zwi-

schen Alternative und Protest. Zu Sport- und Jugendbewegungen in Essen 1900-1933", Alte Synagoge Essen, Essen 1983
23. „Krupp-Direktor Dr. med. Hans Beusch, vor 40 Jahren im Zusammenhang mit dem 20. Juli 1944 verhaftet" in: „Das Münster am Hellweg", 38. Jahrgang, Januar-Dezember 1985
24. „Dokumente vermitteln Geschichte" in: „Widerstand und Verfolgung in Essen 1933-1945", Alte Synagoge Essen, Essen 1981
25. „Protokollbuch des Arbeiterausschusses der M.F. Thyssen & Co. AG (eingeleitet und annotiert von Theo Gaudig, Ernst Schmidt, Hans-Josef Steinberg)" in: Heinz-Gerhard Haupt, Annette Jost, Gerhard Leithäuser, Ulrich Mückenberger, Oskar Negt, Claudio Pozzoli, Hans-Josef Steinberg (Hg.): „Politischer Streik" (Jahrbuch Arbeiterbewegung; 1981) Frankfurt am Main: Europäische Verlagsanstalt, 1981
26. „Eine Flucht" in: „Ortstermin. Eine Dokumentation zu KZ-Außenlagern in Essen" Alte Synagoge Essen, Essen 1981
27. „Essen 1933-1945" in: „essen", München, Kunstverlag Josef Bühn, 1989
28. „Steele unter dem Hakenkreuz" in: Rainer Klaes: „Steele im Bild", Essen, Pomp-Verlag, Essen 1991
29. Theo Gaudig, Ernst Schmidt: „Aus dem Tagebuch einer Bonnerin 1914-1920 'Wann mag dieses Elend enden?'" in: „Journal für Geschichte" 5, September 1980
30. „Der Kapp-Putsch 1920 und die Legende um eine Gedenktafel am Essener Wasserturm" in: „Journal für Geschichte" 4, August 1987
31 „Essen unter Bomben. Märztage 1943" Klartext Verlag, Essen 1984
32. „Die SS ist eine Mördertruppe" in: „Hinweise. Nachrichten, Berichte, Anregungen des Bistums Essen" 14. Jahrgang, Heft 3, Juni 1985
33. „Reinhold Unterberg. Ein unerschrockener Christ in schwerer Zeit" in: „Hinweise. Nachrichten, Berichte, Anregungen des Bistums Essen" 15. Jahrgang, Heft 5, Dezember 1986
34. „70 Jahre Frauen-Wahlrecht. Die neue Zeit im Rathaus" „Herausgeber: Fraktion der SPD im Rat der Stadt Essen. Zusammengestellt und bearbeitet von Ernst Schmidt und Willi Rehm in Zusammenarbeit mit Horst Zimmer ... April 1989"
35. „Aus Finsternis dem Licht entgegen" in: „Foyer", November 1991
36. „Der Kapp-Putsch 1920 und die Wasserturmlegende" in: Gorlas/Peukert (Hg.): „Ruhrkampf 1920", Klartext Verlag, Essen 1987

Zeitungsartikel

1. „Damals in der Feldstraße ..." in: BN 25.11. – 16.12.1966
2. „Abschied vom alten Fachwerkhaus" in: BN 12.9.1969
3. „Borbecker Geschichte 1929 bis 1969 – Vierzig bewegte Jahre" in: BN 13.9.1969 – 9.1.1970
4. „Kumpels retteten den Schacht Wolfsbank" in: BN 20.3.1970
5. „Heute vor 25 Jahren in Borbeck: US-Truppen rücken ein" in: BN 10.4.1970
6. „1. Reichstagswahl vor 100 Jahren – Borbecker Knappenverein griff aktiv in den Wahlkampf ein" in: BN 26.2.-26.3.1971
7. „Für den sozialen Fortschritt gekämpft. Zum Tode von Karl Kegelmann" in: BN 14.1.1972
8. „Großangriff am 12. März 1943 forderte 152 Menschenleben" in: BN 9.3.1973
9. „Schwarzes Gold – Leere Taschen. Vertreibung der Jesuiten und erster Massenstreik der Kumpel" in: BN 2.6.-1.9.1972
10. „Borbeck am 30. Januar 1933. Mehrheit blieb bei Zentrum" in: BN 27.1.1973

11. „Vor 70 Jahren: Mai 1903: 'Kleine Weltausstellung' in Deutschlands größter Landgemeinde" in: BN 2.3.1973
12. „Borbeck unter dem Preußischen Adler" in: BN 13.7.-12.10.1973
13. „Ärztehaus an historischer Stätte. Erinnerung an den Schacht Neuwesel" in: BN 15. und 22.2.1974
14. „Ende 1874 brannten im Dorf die ersten Straßenlaternen" in: BN 28.12.1974-10.1.1975
15. „Ein Kämpfer für soziale Gerechtigkeit. Vor 30 Jahren starb Gewerkschaftsführer Heinrich Imbusch" in: BN 10.1.1975
16. „Zinkhütte im Rückblick. Ein Kapitel Borbecker Geschichte ging zu Ende" in: BN 24.9.-1.10.1976
17. „Vor 100 Jahren gingen katholische Arbeiter auf die Barrikaden" in: BN 12.-26.8.1977
18. „In memoriam: Pater Reinhold Unterberg. Die Geschichte vom Leben und Tod eines unerschrokkenen Christen" in: BN 2.5.-6.6.1980
19. „Erinnerungen überlebten in Paraguay – Das Tagebuch der Anna Loewenstein" in: BN 7.-21.1.1983
20. „In der Pax-Christi-Kirche in Bergerhausen steht sein Name. Ein Opfer der Gewalt: Ludger Zollikofer aus Werden" in: WN 14.10.1983
21. „Schaufensterpuppen an Straßenlaternen. Neue Berichte über die Nacht des Schreckens im November 1938" in: BN 28.10.1983
22. „'Reichskristallnacht' in Borbeck. 'Mädchen mach Dich auf alles gefaßt ...' Bei Stern sieht es furchtbar aus ..." in: BN 4.11.1983
23. „Im Herbst 1933: SA- und Polizeiterror gegen Borbecker Arbeiterviertel" in: BN 25.11.1983
24. „Lichter brennen für viele Opfer. Name von Pater Unterberg in der Pax-Christi-Kirche" in: BN 9.12.1983
25. „Silvester-Abend 1943 im Spiegel der National-Zeitung" in: BN Neujahr 1984
26. „Todesurteil für ein paar Worte. Vor 40 Jahren: Essener Bergwerksdirektor Ricken vor dem Volksgerichtshof" in: NRZ 8.3.1984
27. „Am 1. August 1914: Lieb Vaterland magst ruhig sein. Blick in eine alte Schulchronik" in: BN 27.7.1984
28. „Der alte Borbecker Markt. Treffpunkt mit Tradition" in: BN 17.9.-26.10.1984
29. „Krupp-Arbeiter Karl Lomberg aus Borbeck vor 40 Jahren in München hingerichtet" in: BN 19.10.1984
30. „Angriffe auf Essen forderten Herbst 44 zwölfhundert Leben" in: BN 23.11.1984
31. „Vor dem Fest kam die Feuerhölle. Vor 40 Jahren brannte Essen unter Phosphor-Bomben – Im Bombenhagel starben politische Häftlinge" in: WAZ 8.12.1984
32. „Vor 40 Jahren: Kriegsweihnacht und Silvester 1944" in: BN Weihnachten 1984
33. „Standrechtlich erschossen. Vor 40 Jahren geschehen – erst heute aufgeklärt" in: BN 20.-27.9.1985
34. „Borbecker Jungens starben in Werden" in: WN 24.-30.4.1987
35. „Am Fliegenbusch erschossen. Ernst Schmidt lichtet das Dunkel um tragischen Tod zweier Borbecker Bergleute" in: BN 6.-29.2.1987
36. „Der Empfang war überaus herzlich. Borbecker bei ehemaligen Borbeckern zu Besuch in Israel" in: BN 5.-19.6.1987
37. „Mit Steinen und Hämmern gegen jüdische Geschäfte. Wie ein elfjähriger Schüler die Pogromnacht im November 1938 erlebte" in: BN 28.10.1988
38. „1945: Frontflugplatz Frintrop. Der Bauernsohn Josef Ressing erinnert sich" in: BN 13.1.1989
39. „1935 in Bochold: Dokumente erinnern und mahnen" (Ernst Schmidt und Kurt Wohlgemuth) in: BN 17.3.1989
40. „6. Januar 1919: Streik im Straßenbahndepot. Frauenwahlrecht im Männer-Staat. 15. Januar: Mord an Luxemburg-Liebknecht/Kaiser-Geburtstagsfeier gestrichen" in: BN 20.1.1989

41. „Auch ein Borbecker kämpfte für die spanische Republik. Auf der Seite der Republikaner vor Madrid gefallen" in: BN 18.7.1989
42. „Gestapo-Sonderlager in der Frintroper Walter-Pleitgen-Schule. Rene Bonneux aus Belgien schildert seinen Leidensweg" in: BN 30.11.1989
43. „Die Werdener Ruhrbrücke anno 45. Erinnerungen an die letzten Tage des Zweiten Weltkrieges" in: WN 12.4.1990
44. „Ein jüdisches Schicksal. Egon Kornblum 1939 aus Deutschland vertrieben, lebt heute in Borbeck" in: BN 21.7.1990
45. „Die Loewensteins aus der Rechtstraße. Einst in Borbeck bekannt, heute fast vergessen" in: BN 10.8.1990
46. „Zwei Borbecker im Widerstand: Karl Lomberg und Anton Cretnik. Sie wurden vor 100 Jahren geboren – Tod durch die Gestapo" in: BN 11.1.1991
47. „Edmund Weller – ein Borbecker Lehrer setzte auf Menschlichkeit" in: BN 28.3.1991
47. „Dreimal dreißig Jahre für Gerechtigkeit und Fortschritt. Ernst Schmidt erinnert an die Gründung der SPD in Borbeck" in: BN 28.6.1991
48. „Borbeck vor 80 Jahren: Der verlorene Kampf der Bergleute" in: BN 13.-20.3.1992
49. „Nach 50 Jahren Verbannung kehrte Ex-Borbecker jetzt zurück nach Deutschland. Sein Vater und sein Bruder wurden 1938 in der UdSSR erschossen" in: BN 8.10.1992
50. „Feuer und Tod fielen vom Himmel. Vor 50 Jahren: Der erste Großangriff des Bombenkriegs auf Essen" in: BN 4.3.1993
51. „Hoffentlich gibt es in Rußland so eine Mutter für meine Söhne. Momentaufnahmen aus dem Leben einer einfachen Frau" in: BN 22.4.1993
52. „Im KZ Buchenwald öffentlich erhängt. Vor 55 Jahren töteten die Nazis den Borbecker Emil Bargatzki" in: BN 3.6.1993
53. „Ehemalige Essener Juden zu Besuch in ihrer alten Heimat. Grete Seelmann sieht Borbeck nach 57 Jahren wieder" in: BN 1.7.1993
54. „Vor 50 Jahren: Zu Silvester herrschte Trauer" in: BN Silvester 1993
55. „Bethesda-Chronik 1894-1945" in: „100 Jahre Bethesda-Krankenhaus Essen-Borbeck", BN Jubiläumsausgabe 20.10.1994
56. „Kriegsweihnacht und Silvester 1944" in: BN 22.12.1994
57. Eine Schule wird zur Hölle. Walter-Pleitgen-Schule im Neerfeld diente als Gestapo-Lager" in: BN 30.11.1995
58. „Heiligabend vor 50 Jahren" und „Weihnacht der Einsamen" in: BN Weihnachten 1995
59. „Das Tagebuch des Johannes Unterberg" in: BN 1.8.-5.9.1996
60. „Appell an die Frauen der Welt. Notruf aus Essen im Dezember 1946" in: BN Weihnachten 1996
61. „Essener NS-Richter und Staatsanwälte" in: BN 4.-18.9.1997
62. „Ein gedeckter Tisch für Schwarzhändler. Weihnachten und das Jahr 1947" in: BN Weihnachten 1997
63. „Trotz Zwangsarbeit und Krieg. Bei Krupp wurde Freundschaft fürs Leben geschmiedet" in: BN 15.1.1998
64. „Politische Kämpfe in Zeitungsspalten. Vor 150 Jahren: Revolution in Deutschland – Borbeck in bewegter Zeit" in: BN 12.-26.3.1998